일본어
부정의문문에
관한 연구

무드적 용법을 중심으로

이 저서는 2013년 정부(교육부)의 재원으로 한국연구재단의 지원을 받아 수행된 연구임(NRF-2013S1A6A4017905)

This work was supported by the National Research Foundation of Korea Grant funded by the Korean Government.

일본어 부정의문문에 관한 연구

무드적 용법을 중심으로

정상철 지음

HU:iNE

머리말

본서는 의문문에 나타나는 화자의 주체적인 태도를 규명하고자 하는 것이다. 필자의 두 번째 연구서이다. 두 권 다 일본어의 서법(양태, modality)에 관하여 고찰한 것인데 가장 큰 차이점 중 하나는 <대상적인 내용>과 <양태(modus)적 의미>에 대한 필자의 기본적인 생각이 발전적으로 변화된 점에 있다. 즉 정상철(2004)에서는 문장을 구성하는 두 요소(부분)를 정적(static)인 관계로 파악했었다면 본서에서는 동적(dynamic)인 관계로 파악하지 않으면 안 된다고 생각하고 있다. 바꾸어 말하자면 모든 문장에서 두 요소(부분)가 유기적인 관계 속에서 상호작용을 하는 것으로 보고 있는 것이다.

종래 일본어학이나 한국어학에서 문장을 구성하는 두 요소(부분)는 명제(proposition)와 양태(modality)라는 용어가 일반적으로 사용되어 왔다. 전자는 문장의 객관적인 의미를 실현하고 후자는 주관적인 의미를 나타낸다는 생각과 더불어. 구체적인 예를 하나만 들자면 90년대 일본어학에서 시제(tense)가 전자에 속하는가 아니면 후자에 속하는가 하는 비생산적인 논의는 아직도 이 분야의 많은 연구자들 기억에 남아있다.

반면 본서에서는 명제에 해당하는 부분을 <대상적인 내용>이라는 용어를 사용할 뿐만 아니라 이 <대상적인 내용>은 주체성과 객체성의 통일된 것으로 파악한다. 필자의 이러한 입장은 물론 부정의문문에 나타나는 화자의 주체적인 태도를 적절하게 기술하기 위해서라는 이유도 있다. 하지만 보다 큰 이유는 의문문을 비롯한 모든 문장은 <대상적인 내용>과 <양태(modus)적 의미>로 구성되고 이것이 문장의 <내용>과 <형식>의 관계에 해당한다고 생각하기 때문이다. 또한 전자인 명제는 문장의 객관적인 의미를 실현하는 것이 아니다. 화자의 주체적인 부분과 현실세계의 객체적인 부분이 통일되어 실현되는 것으로 <대상적인 내용>에서 어느 한 부분도 없어서는 안 되는 필수불가결한 요소들이다. 물론 <명령문>이나 <권유문>과 같이 화자의 주체성이 현저하여 전경화(foreground)되고 객체적인 부분이 배경화(background)된다거나 반대로 화자의 경험을 기술하는 <평서문>과 같이 객체적인 부분의 반영이 전경화되고 주체적인 부분이 배경화되는 경우는 있지만.

필자가 의문문에 관해서 관심을 갖기 시작한 것은 30년 전 유학시절부터이다. 첫 번째 저서 정상철(2004)은 『日本語認識モダリティの機能的研究』에서는 「ダロウ」라는 형식에 주목하여 의문문보다는 간접인식형식을 대상으로 모달리티라는 문법범주로 체계화를 시도한 것이다. 그 후 소논문을 발표하면서 의문문에 관한 연구를 해왔고 이번에 한국연구재단의 도움으로 이러한 논문들을 모아서 하나의 주제로 두 번째 연구서를 출간하게 되었다.

필자의 언어연구는 일본어의 진술논쟁과 寺村秀夫,仁田義雄씨의 모달리티론에서 출발하여 본서에서는 工藤真由美, 奥田靖雄선생님의 모달리티론을 비롯한 언어연구 방법론을 배우고 읽혀서 본인의 것으로 표현하고자 시도하였다. 이러한 시도가 과연 어느 정도 적절하고 유효한가 하는 판단은 독자에 맡길 수밖에 없다.

이 책은 많은 분들의 도움으로 출간되었다는 점을 밝히고 싶다. 먼저 한국연구재단의 재정적인 지원과 출간을 맡아준 외대지식출판원에 사의(謝意)를 표하고 싶다. 다음으로 바쁜 일정인데도 불구하고 마지막단계까지 교정 작업을 도와준 전자연(한국외대) 선생, 임지영(전남대) 선생, 김해연(건국대) 선생, 하재필(한국외대) 선생, 이경민(와세다대 재학) 님에게 고마운 마음을 표하고 싶다. 특히 전자연 선생과 임지영 선생은 부적절하고 논리적 모순이 많은 본서의 초고단계부터 성실한 독자가 되어 꼼꼼한 코멘트와 더불어 많은 도움을 마다하지 않았다. 진심으로 감사의 마음을 표한다.

마지막으로 본서 출간을 위해 본인이 많은 시간을 투자하도록 배려해 준 가족들의 인내와 희생과 도움에 감사한 마음을 전하고 싶다.

2018년 3월 9일

목차

본론 _ 75

제I부 전형적인 의문문 _ 77

제II부 비전형적인 의문문 _ 205

서론

1. 본 연구의 목적

2. 본서의 구성과 배경

3. 본서의 이론적인 배경

4. 의문문과 그 하위타입

5. WH(설명)의문문

서론

1. 본 연구의 목적

인간은 현실 세계의 단편을 반영한 내용이나 혹은 상상·사고내용에 대하여 말하기 쓰기 듣기 읽기 등의 언어활동을 통하여 상대방과 의사소통을 한다. 이러한 언어활동의 가장 기본적인 단위가 문장(sentence)이다. 즉 우리들의 일상 언어생활에서 언어가 일차적이며 구체적인 모습으로 나타나는 것이 바로 〈문장〉이라는 언어적 현상인 것이다.

이러한 문장이 의미적으로 크게 두 부분으로 구성된다는 점에 관해서는 대부분 연구자들이 공통적으로 받아들이는 점이며 별다른 이견이 없다. 문장의 두 부분을 가리키는 말로서 종래 일본어학에서 많은 종류의 용어가 사용되어 왔지만 그 중에서도 대표적인 것만을 보자. 먼저 〈고토(コト)〉와 〈무드〉(寺村秀夫(1982)), 〈명제(proposition)〉와 〈모달리티(modality)〉(Fillmore(1968)), 또한 〈언표사태(言表事態)〉와 〈언표태도(言表態度)〉(仁田義雄(1990)), 〈대상적인 내용(對象的な內容)〉과 〈양태(modus)적 의미(モーダルな意味)(奥田靖雄(1985))〉 등이 사용되고 있다.

이하 본서에서는 〈대상적인 내용〉과 〈양태(modus)적 의미〉라는 용어를 사용하기로 하는 데 奥田靖雄(1985)(1986a)(1996)(1997) 등에서 지적하듯이 문장의 두 부분이 객관적인 것과 주관적인 것으로 명확히 기계적으로 분류되는 것이 아니라 〈내용〉과 〈형식〉의 상호작용과 상호침투, 혹은 〈객체적인 측면〉과 〈주체적인 측면〉과의 대립과 통일로 파악해야 한다는 입장이다.

奥田(1996a) 등에 의하면 전자의 〈대상적인 내용〉의 관점에서 문장을 분류하면 크게 사람이나 사물의 구체적인 현상을 나타내는 《사건(出来事)》과 일반적인 《특징》을 나타내는 것으로 나누어 진다. 또한 전자에는 〈운동〉〈변화〉〈상태〉 등이 있고 후자에는 〈특성〉〈관계〉〈본질〉 등이 포함된다.

한편 〈양태(modus)적 의미〉의 관점에서나 전통문법의 분류법에 의하면 〈문장〉은 평서문, 의문문, 명령문, 감탄문 등으로 나뉘어진다. 이때 의문문이란 기본적으로 화자가 해당부분(문장 전체나 부분)의 진위관계를 모르기 때문에 정보적으로 우위에 있다고 생각되는 청자에게 그 부분에 관한 정보를 요구하여 사실관계를 파악하기 위한 문장이라고 할 수 있다.

이러한 의문문이 의문문으로서 성립하기 위해 갖추어야 할 조건 즉 의미적인 특징으로는 크게 두 가지를 생각할 수 있다. 우선 한 가지는 화자에게 모르는 부분(이하에서는 의문이라고 부르기로 한다) 즉 정보가 결여되어 있거나 부족한 부분이 있어야 한다. 이 부분은 의문문에서 초점(focus of question)이 된다. 그 다음 두 번째는 그 부분에 대하여 청자에게 묻는 행위(이하에서는 질의성(質疑性)이라고 부르기로 한다)로서 발화상대에게 응답을 요구하는 행위가 있어야 한다.

주지하다시피 언어를 심리학적인 측면에서 정의하자면 사상의 도구라고 하며 한편 사회적인 측면에서 정의하자면 의사소통의 수단이 된다고 한다. 물론 이 정의는 어느 쪽을 선택하거나 어느 쪽을 부정할 수 있는 문제는 아니다. 하지만 만약 언어를 후자의 관점, 즉 의사소통의 측면에서 바라보자면 평서문의 기능은 정보제공에 있으며 의문문은 정보요구의 기능이 있다고 할 수 있다.

이러한 의문문의 정보요구 기능은 일차적인 기능이며 기본적이고 대표적인 것임에 틀림없다. 하지만 정보요구보다는 정보제공에 가까운 기능을 하는 반어문이나 화자자신을 청자로 생각할 수 있는 자문(自問)등과 같이 모든 의문문이 여기에 해당하지는 않는다. 또한 실제 언어사용에서는 대부분의 의문문은 일차적인 기능 이외에 이차적이며 부차적인 기능도 수행하고 있다. 이러한 이차적인 기능의 다양성이나 원리적인 사실을 규명하기 위해서는 의문문의 시간구조에 주목할 필요가 있다. 왜냐하면 시간적인 측면과 주체적인 측면이 서로 무관계 속에서 무규칙하게 일어나는 것이 아니라 양자가 유기적인 상관관계를 유지하면서 다양한 표현을 만들어내기 때문이다.

본 연구는 기본적으로 의문문 속에 나타나는 화자의 주체적인 태도를 가능한 한 체계적이며 포괄적인 기술을 하고자 하는 데 그 목적이 있다.

세부적으로 말하자면 전형적인 의문문 중에서 특히 부정의문문을 연구대상으로 한다. 보다 구체적으로는 개별 부정의문문이 나타내는 〈대상적인 내용〉과 〈양태(modus)적 의미〉가 어떠한 상관관계를 이루면서 다양한 무드적인 표현을 실현하는가 하는 점을 밝히고자 하는 것이다.

한편 비전형적이며 주변적인 의문문에서는 긍정과 부정술어가 분화되기 이전인 의문문도 있고 또한 반어문에서는 부정술어의 내용을 긍정술어로 제시하는 반어적인 수사법을 사용하기 때문에 술어에 제한하지 않고 화자의 주체적인 측면을 규명하고자 한다.

2. 본서의 구성과 배경

필자는 일본 유학시절부터 일본어 모달리티에 관심을 갖고 연구해 왔다. 그 동안의 성과를 모아서 鄭相哲(2004a)로 발표했다. 그 후 후속연구라는 의도는 없었지만 계속해서 일본어 의문문에 관심을 갖고 연구하여 다음과 같은 논문을 발표하여 왔다.

鄭相哲(1996)「否定疑問文をめぐって」『日本学報』37. 韓国日本学会

_____(1998)「日本語反語文の研究」『日本学報』41. 韓国日本学会

_____(1999a)「日本語否定疑問文研究-中立疑問文を中心に-」『日語日文学研究』34. 韓国日語日文学会

_____(1999b)「問い返し疑問文の統語制約について」『日本学報』43. 韓国日本学会

_____(2002)「日本語認識モダリティの談話文法論的な研究」『日語日文学研究』43. 韓国日語日文学会

_____(2004a)「〈再構成〉の問い返し疑問文について」『日語日文学研究』48, 韓国日語日文学会

_____(2012b)「韓国語時相法研究のための幾つかの提言」『国語学』63, 国語学会(韓国)

_____(2014)「非分析的な否定疑問文をめぐって」『東亜歴史文化研究』4.東亜歴史文化学会

_____(2015)「「文の意味的なタイプ」を読む」『奥田靖雄著作集刊行記念国際シンポジウム要旨集』

_____(2017)「反語文の情報構造について」『日本語文学』76. 日本語文学会

본서는 기본적으로 필자가 이미 발표한 기존의 논의들을 모아서 〈의문문에 나타난 화자의 주체성〉이라는 하나의 논지로 통일하여 수정하고 다듬은 것이다. 하지만 다음과 같은 이유에서 각 장에 따라서는 처음부터 새롭게 다시 쓰기도 했고 또 어느 장은 전면적인 수정과 보완을 하지 않을 수 없었다.

첫 번째 이유는 연구의 이론적인 배경과 틀을 새롭게 하였기 때문이다. 하나는 일련의 奥田靖雄의 연구에 따라서 문장을 구성하는 가장 기본적인 〈대상적인 내용〉과 〈양태(modus)적 의미〉가 기계적인 이분법으로 나누어지는 것이 아니라 양자가 밀접한 관계를 이루면서 상호침투하기도 하고 상호작용한다는 점을 부정의문문의 구체적인 예문을 통해서 확인하고 고찰하고자 했다.

또 다른 한 축을 이루는 이론적인 배경은 문법화(grammaticalization) 현상이다. 언어연구의 통시적인 관점에서 보면 너무나 당연한 귀결이지만 부정의문문 특히 일본어의 「デハナイカ」문장을 고찰하는데 있어서도 문법화라는 관점이 필수불가결한 것으로 생각되기 때문이다. 다시 말하자면 이 형식은 발화장면이나 사용조건에 따라서 점진적으로 형식화되어 가는 특징을 보이므로 이점을 적절하게 기술하기 위해서는 문법화라는 관점이 필요한 것이다.

또 다른 이론적인 관점은 〈시간적한정성〉이라는 개념을 적용한 점이다. 그 동안 미발표논문으로 일부의 연구자들에 의해서 〈시간적한정성〉에 관한 논의가 진행되어 왔었지만 奥田(2015)에서 정식으로 발표되었다. 이로 인해 구문론연구에서 그 내연과 외연이 보다 명확해졌고 의문문 연구에서도 상당히 유익하고 적절한 관점과 설명을 제공하기 때문에 적극적으로 반영하여 논의를 구체화하였다.

두 번째 이유로는 한국어 연구자들과 소통하고 교류하고자 하는 목적으로 일본어로 발표한 논문을 한국어로 번역하거나 한국어로 다시 쓰지 않으면 안 되었다.

세 번째 이유로는 YES-NO(판정)의문문의 경우 한국어 예문들을 추가하여 한국어와 대조하면서 본서의 기본적인 논의가 양국어에 모두 다

적용가능한지 여부를 확인하고 공통점과 차이점을 밝히면서 수정 보완하였다.

본서의 구성은 서론, 본론, 결론으로 구성되어 있고 본론은 2부 구성으로 구체적인 내용은 다음과 같다.

제1부에서는 먼저 전형적인 의문문 중에서 YES-NO(판정)의문문을 대상으로 한 것이다. 부정의문문에 주목하여 특히 「デハナイカ」문장을 중심으로 논의를 진행한다.

먼저 제1장은 전제적이며 출발점적인 논의이다. 필자 나름대로 YES-NO(판정)의문문을 분류하고 기준을 제시하여 그 타당성을 검증하였다. 이 분류에 따라 제2장 중립의문문, 3장 분석적의문문, 4장 비분석적의문문에서는 한국어의 예문들도 추가하여 고찰하였다.

제2부에서는 비전형적이며 주변적인 의문문에 나타난 화자의 주체성에 관한 논의를 모은 것이다. 제1, 2장이 일본어를 중심으로 반어문에 관하여 논의한 것이고 제3, 4장이 메아리 질문문에 관한 논의이다.

반어문은 수사적인 의문문이라고도 하는 데 의문문의 형식을 취하면서 화자의 주체성이 가장 많이 반영된 의문문이기도 하다. 또한 메아리 질문문의 경우도 선행발화의 기계적인 반복이 아니라 화자가 선행발화를 다시 구성하여 묻는 경우도 있어 주변적인 의문문에서도 화자의 주체적인 태도가 반영된다는 논의이다.

3. 본서의 이론적인 배경

부정의문문 논의에서 중심이 되는 이론적인 배경으로는 〈대상적인 내용〉[1)]과 〈양태(modus)적 의미〉[2)]와의 상호작용, 문법화, 〈시간적한정성〉 등이 있다. 이하 각각의 개략적인 내용을 소개하기로 한다.

3.1. 〈대상적인 내용〉과 〈양태(modus)적 의미〉의 상호작용

奥田(1985c)에서 본인 스스로가 언급한 바와 같이 奥田靖雄씨 연구의 제4기는 「구문론연구의 단계(構文論研究の段階)」이다. 형태론이 단어의 문법적인 특징을 연구하는 분야라면 구문론은 문장의 문법적인 특징을 연구하는 분야라는 인식하에 제4기 구문론연구 초기 무렵에 발표된 논문 중에 (1985c)「文の意味的なタイプ-その対象的な内容とモーダルな意味とのからみあい-」가 있다.

이 논문에서는 「してもいい」의 문법적인 의미를 기술하면서 제목에서도 시사하는 바와 같이 문장의 〈대상적인 내용〉의 차이가 〈양태(modus)적 의미〉에 영향을 주는 법칙적인 관계, 양자의 상호작용이나 상호침투 등을 고찰하고 있다. 환언하자면 문장의 〈내용〉과 〈형식〉을 변증법적인 관계로 파악하고 이러한 두 측면의 상호작용을 규명하고자 하는 구체적인 실천이다.

또한 작업가설적인 전제로 문장의 분류를 전통적인 문법론에 따르면서 다음과 같은 체코판 『러시아문법(ロシア文法)』의 분류를 채택하고 있다.

---

1) 奥田(2002)에 의하면 〈대상적인 내용〉에서 대상이란 말, 이야기, 문장의 대상이란 의미다. 보다 상세한 내용은 佐藤里美(1999)를 참조.

2) 奥田(1986b) 등에 의하면 「modus(モーダルな意味)は，はなし手がとりむすんだ，文の対象的な内容と現実とのかかわり方であって，はなし手の，現実にたいする積極的な態度がそこに表現されている。(양태(modus)적 의미는 화자가 생산한 문장의 대상적인 내용과 현실과의 관계이며, 화자의 현실에 대한 적극적인 태도가 거기에 표현되어 있다)」(奥田(1986b:10))

I. のべたてる文

a ものがたり文 narrative sentence

b まちのぞみ文 optative sentence

c さそいかけ文 hortative sentence

II. たずねる文

奥田(1986a:22)

이하에서는 본 연구의 주요 고찰 대상인 부정의문문 연구를 염두에 두면서 鄭相哲(2015)를 참고로 하여「してもいい」의 구체적인 논의내용을 살펴보기로 하자. 또한 奥田(1985c)의 중요한 지적은 직접인용하면서 필자의 한국어 역을 덧붙여 소개하기로 한다.

3.1.1. 〈대상적인 내용〉과 〈양태(modus)적 의미〉의 상호작용

奥田(1985c)는 이 논문의 서두에서 전통적인 일본어 연구와는 달리 〈대상적인 내용〉과 〈양태(modus)적 의미〉와의 상관성에 대하여 다음과 같이 말하고 있다.

> 文の意味的な内容のなかで, その対象的な内容とモーダルな意味とはかたくむすびついていて, きりはなすことはできない。そして, それらは相互にはたらきかけあっている。この原稿では, 文の意味的な内容における, これらの, ふたつの側面のからみあいの具体的なすがたを, なかんずく対象的な内容における《地すべり》が文のモーダルな意味にはたらきかけて, それにどのような修正をくわえていくか, ということの具体的なすがたを,「してもいい」というかたちを述語にもっている文を例に, いくらかくわしくみてみようと思う。
>
> (中略)
>
> この文は, その対象的な内容の《地すべり》とともに, ものがたり文, まちのぞみ文,

さそいかけ文の，みっつの通達的なタイプにまたがる，さまざまなモーダルな意味を実現していて，これらのモーダルな意味とうつりかわりゆく対象的な内容との呼応の関係が，文の対象的な内容の，意味的なタイプへの一般化の方向をみごとにさししめしてくれる。 (pp.15-16)

문장의 의미적 내용 안에서 그 대상적인 내용과 양태(modus)적인 의미가 밀접하게 연관되어 있어 분리할 수가 없다. 그리고 이들은 서로가 영향을 주기도 받기도 한다. 이 원고에서는 문장의 의미적인 내용에 있어서 이들 두 측면의 상호작용의 구체적인 모습을, 특히 대상적인 내용이 문장의 양태적인 의미에 영향을 주어서 그것이 어떻게 수정되어 가는가 하는 구체적인 모습을 「してもいい」라는 형식을 술어로 하는 문장을 예문으로 해서 자세히 조사해 보고자 한다.

(중략)

이 문장은 대상적인 내용과 같이 평서문(平叙文) 희구문(希求文) 권유문(勧誘文)의 세 가지 전달적인 타입에 걸쳐서 다양한 양태적인 의미를 실현하고 있어 이들 양태적인 의미와 변화해 가는 대상적인 내용과의 호응관계가 대상적인 내용의 일반화 방향을 적절하게 제시해준다. (한국어 역은 필자.이하 同)

이러한 지적은 단순히 현대일본어 「してもいい」형식에 관한 연구나 기술이 아니다. 대상언어를 한정시키지 않고 모든 언어의 구문론연구에 관한 커다란 방향성을 시사하고 있다고 생각된다.

3.1.2. 「してもいい」의 분석

여기서는 구체적인 문장이나 콘텍스트에서 사용된 「してもいい」의 용법을 살펴보기로 하자. 鄭相哲(2015)가 이해한 奥田(1985c)의 「してもいい」

용법은 개략 다음과 같다.[3)]

A)／許可／(さそいかけ文)

- 「わたし, あれがほしくって」

  「平四郎さんのお金だから, 受取書さえもってかえれば, あるだけかってもいいわ。」(杏っ子)

B1)／可能というかたちでの承諾／(まちのぞみ文)

- 「ハハハハ, いよいよ妙になってきた。おい君, ビールでない恵比寿があるって, いうんだが, その恵比寿でものんでみるかね。」

  「うん, のんでもいい。その恵比寿はやっぱりビンにはいっているんだろうね, 姉さん。」と, 圭さんはこのときようやく下女にはなしかけた。

  (二百十日)

B2)／心がまえ／(まちのぞみ文)

- 「それは酒だ。ひじょうにふるい紹興酒だというんだが, ほしければ, ひとビンわけてもいい。」(たでくう虫)

B3)／許容／(まちのぞみ文)

- パンくずが虫歯の洞窟のなかでドンドンむれていってもいい。ただ口に味覚があればいいのだ。(放浪記)

B4)／《よしあし》の評価／(まちのぞみ文)

- 「この家は気にいった。思ったよりいい家だ。よっぽど森さんにお礼をいってもいいね。」(嵐)

C1)／状況可能／(ものがたり文)

- 「うそをいいなさい。あんた気がちいさいね。私はね, 次第によってはおかねをだしてもいいんだ。二十万でも三十万でもさしあげるよ。私

---

3) 工藤(2015)에서는 奥田(1985c)에 대하여 다음과 같이 소개하고 있다. 「「してもいい」の記述ではない。《内容と形式の弁証法》を追求したものである。(「してもいい」의 기술이 아니다. 《내용과 형식의 변증법》을 추구한 것이다.)」

は資料を買いたいんだ。だまって売ったらどうです。……」 (金環食)

C2)／規範可能／(ものがたり文)

- 文学はいきることだよ。みることではないのだ。生きると いうことは，必ずしもおこなうことでなくともよいかもしれぬ。書斎の中にとじこもっていてもよい。しかし，作家はともかく生きる人間の，のっぴきならぬ，ぎりぎりの相をみつめ，自分の仮面をはぎとってゆく苦痛に身をひそめて，そこから人間の詩をうたいだすのでなければ駄目だ。 (堕落論)

상기 예문에서 확인할 수 있듯이 「してもいい」라는 문장이 A)권유문(勸誘文,さそいかけ文)에서 B)희구문(希求文,まちのぞみ文), C)평서문(平敍文,ものがたり文)에까지 분포되어 있다. 이렇게 「してもいい」문장이 구체적인 문맥에서 이행되어 가는 것은 〈대상적인 내용〉과 〈양태(modus)적 의미〉가 유기적인 관계 속에서 상호작용이나 상호침투하기 때문에 가능하다고 생각된다.

奥田(1985c)의 지적과 논의에 따라서 〈양태(modus)적 의미〉의 변화에 따른 각 문장타입(권유문/희구문/평서문) 별로 〈대상적인 내용〉의 변화를 확인해 보자.

먼저 동작주의 관점에서 보면 권유문의 동작주는 상대방인 2인칭이 된다. 희구문에서는 화자 자신이 동작주이고 평서문에서는 동작주에 대한 관심이 희박해져서 C2와 같이 불특정한 경우도 있다. 또한 평서문으로의 이행에서는 「ノダ」, 「ダロウ」와 같은 평서문의 특징이 어느 정도 의무적이라고 한다.

다음은 〈대상적인 내용〉의 일반화의 방법에 대한 奥田(1985c)의 지적을 살펴보기로 하자.

3.1.3. 대상적인 내용의 일반화

奥田(1985c)에서는 〈대상적인 내용〉과 〈양태(modus)적 의미〉와의 유기적인 관계를 규명하기 위해서 먼저 〈대상적인 내용〉을 일반화해야 필요가 있다고 한다. 이러한 일반화 과정에서 문장의 일차적인 요소인 주어와 술어에 주목할 필요가 있고 또한 시제와 같은 문법범주가 일반화의 방향과 정도를 나타내 준다고 한다.

> まえにも述べてあるように, 文の対象的な内容は, 文をくみたてている要素のすべてと, その要素のあいだの構造的なむすびつきとによってつくりだされている。文のモーダルな意味は, このようにしてかたちづくられた, いちいちの対象的な内容につきまとうのである。ところが, このモーダルな意味は, みずからがつきまとう対象的な内容をえらんでいるし, 同一の意味的なタイプに所属する対象的な内容のすべてに共通である。したがって, 文の対象的な内容とモーダルな意味とのむすびつきを確認するために, つきまとうモーダルな意味との関係のなかで, 対象的な内容をタイプに一般化しながら, カテゴリーをとりだすことが必要になる。
>
> (中略)
>
> このとき, この意味構造の, かかすことのできない, 一次的な要素が, 主語と述語とであって, これらが対象的な内容の基本的な部分をつくりだしている。
>
> (中略)
>
> この一般化の作業は, モーダルな意味やテンポラルな意味のような, 重要な, 文法的な意味とのかかわりのなかですすめられなければ, その一般化の方向と程度とがみえなくなる。 (pp.25-26)

앞에서 이미 말한 대로 문장의 대상적인 내용은 문장을 구성하는 모든 요소와 그 요소간의 구조적인 결합에 의해서 만들어진다. 문장의 양태적 의미는 이렇게 해서 형식화된 하나하나의 대상적인 내용에 붙어다니는 것이다. 그런데 이 양태적인 의미는 스스로 따라다니는 대상적인 내용을 선택하기도 하고 같은 의미적 타입에 속하는 모든 대상적인 내용에 공통된다. 따라서 문장의 대상적인 내용과 양태적인 의미의 결합을 확인하기 위해서 연동하는 양태적인 의미와의 관계 속에서 대상적인 내용을 타입별로 일반화하면서 추출하는 것이 필요하게 된다.

(중략)

이 때 그 의미구조에서 필수불가결한 일차적인 요소가 주어와 술어이며 이것들이 대상적인 내용의 기본적인 부분을 만들어내고 있다.

(중략)

이 일반화 작업은 양태적인 의미나 시간적인 의미와 같은 중요한 문법적인 의미와의 관계 속에서 진행되지 않으면 그 일반화의 방향이나 정도가 안 보이게 된다. (밑줄은 필자.이하 同)

또한 〈대상적인 내용〉의 일반화에서 주어와 술어가 중요하고 일차적인 요소가 되는 이유에 대해서 다음과 설명하고 있다.

述語によって表現されている《動作》とか《状態》,《特性》とか《関係》,《質》とか《量》などをひとまとめにして,ここでは《特徴》という用語でよぶことにする。文は,その意味構造において,主語に《物》をさしだし,述語にその物の《特徴》をつけくわえるのである。こうすることによって,文は現実の世界の出来事についての,あるいは物の性格についての情報をつたえる,言語の単位としてはたらくことができる。

このような事情は,言語が直接にかかわっていく現実の世界では,特徴づけをうけていない物はどこにも存在してはいないし,物はつねになんらかの特徴づけをうけて，存在している，ということからおこってくる。われわれが物を認識するということは，特徴づけられている物をとらえることでもあるし，物の特徴をとらえることでもあって，物からきりはなされた特徴をとらえることもできないし，いかなる特徴をももたない物をとらえることもできない。

(中略)

人間は文によって現実の世界の出来事をとらえて，つたえるのであるが，この通達の行為は，出来事を《人》と《動作》とに，《物》と《状態》とにいちどくだいて，それらをくみあわせるというし方で行う。人間は《単語》という建築材料をたくさんたくわえて，これをつかって文をくみたてるのだが，この背後にはこのような分析と総合の過程が進行している。こうして，現実の世界の出来事をとらえる文にとっては，主語と述語との，ふたつの部分は，かかすことのできない，一次的な要素としてあらわれてくる。 (p.27)

술어에 의해서 표현되는 《동작》이나 《상태》, 《특성》이나 《관계》, 《질》이나 《양(量)》등을 모두 합쳐서 여기에서는 《특징》이라는 용어로 부르기로 한다. 문장은 그 의미구조에 있어서 주어로 《사물》을 제시하고 술어에 그 사물의 《특징》을 부가하는 것이다. 이렇게 하는 것으로 문장은 현실세계 사건에 대하여 혹은 사물의 성격에 대하여 정보를 전달하는 언어의 단위로서 기능할 수 있다.

이와 같은 사정은 언어가 직접 관계하는 현실세계에서는 특징을 갖지 않는 사물은 어디에도 존재하지 않으며 사물은 항상 무엇인가의 특징을 가지고 존재한다는 것에서 기인한다. 우리들이 사물을 인식한다는 것은 특징지워진 사물을 파악하는 것이기도 하고 사물의 특징을 파악하는 것이기도 해서 사물에서 동떨어진 특징을 파악할 수 없고 어떠한 특징도 갖지 않는 사물을 파악할 수도 없다.

(중략)

> 인간은 문장에 의해서 현실세계의 사건을 파악해서 전달하는 것인데 이 전달행위는 사건을《사람》과《동작》으로《사물》과《상태》로 일단 분리하여 그것을 다시 합치는 방법으로 이루어진다. 인간은《단어》라는 건축 재료를 많이 준비하고 있어서 그것을 사용하여 문장을 구성하는데 이 배후에는 이와 같은 분석과 종합과정이 진행되고 있다. 이렇게 해서 현실세계의 사건을 파악하는 문장에 있어서는 주어와 술어 두 부분은 필수불가결한 일차적인 요소로 나타나게 된다.

이상 奥田(1985)의 견해를 직접인용하면서 〈대상적인 내용〉과 〈양태(modus)적 의미〉와의 상호작용과 〈대상적인 내용〉의 일반화, 또한 〈대상적인 내용〉의 일반화에 있어서 주어와 술어가 일차적인 검토 대상이 되며, 일반화는 〈시간〉과 같은 문법적인 의미와 더불어 진행되어야 한다 등의 내용을 확인했다.

3.1.4. 의문문의 〈대상적인 내용〉과 〈양태(modus)적 의미〉

앞절에서 소개한 〈대상적인 내용〉과 〈양태(modus)적 의미〉와의 상호작용이 본서의 주된 논의 대상이 되는 의문문에서 어떻게 적용가능한지 간단히 살펴보기로 하자.

(1)「靴を脱がせたことは,『ダイ・ハード』の真似っこだよ」
「そういうシーンがあるの?」
「あるよ。お姉さん, 観てないの?」(人質)

(2)「何か飲む? 持って来てあげるわ」
「ああ。―ここに座ってるよ。ウーロン茶はあるかな」
「さあ, どうかしら」(哀しい)

(3)「建ちゃん。布団を敷いてやろうか?」
と云えば,
「うん」
と云ってうなずく。(鬼畜)

(4) 福光喜太郎は, また目をいからせた。
「どうしてくれるんじゃ, わしの顔を。わしは, そのために, わざわざこの宇都宮に, 君と談判をしにきたのじゃ。おい, 沖野君, 目ばかりむいて黙ってないで, なんとか返事をせんか!」(鬼畜)

(5)「分かった。—分かったよ。なあ, どこにいるんだ?会いたいな。いいだろう?」
はともかく, 河畑は嬉しそうな声を出している。
「いいとも」
と, 杉山は言った。「会おうじゃないか」(哀しい)

(6)「二階堂薫が佐々井晴夫の口を封じようとしたことですね」と, 待っていたように応じた。
「はい」と, 美緒はうなずき,
「それは, 佐々井さんが二階堂薫を疑って脅迫した結果ではないかと思われるわけですけど, 佐々井さんがどうして二階堂薫を疑ったのかがわからないんです」
「私も同じです。佐々井が富永光晴と兼田朱美の殺された事件を知って, もしかしたらこれは自分が以前調べたに関係しているのではないかと思ったところまでは想像がつきますが, そこからどうして二階堂薫に行き着いたのか, が」(Nの悲劇)

기본적으로 전형적인 의문문에서는 앞의 두 예문에서나 평서문과 같이 《본질》과 《현상》이 모두 다 가능해 〈대상적인 내용〉에 제한이 없으며, 동작주의 인칭, 그리고 동사, 형용사, 명사술어문 등 술어문 타입에 관한 제한도 없다. 물론 문장유형이 의문문이기 때문에 〈의문〉이라는 〈양태(modus)적 의미〉를 청자에게 〈질의성(質疑性)〉으로 전달한다. 즉 사실확인을 위해 질의하는 것이다.

하지만 뒤의 세 예문「敷いてやろうか」,「返事をせんか」,「会おうじゃないか」에서는 〈대상적인 내용〉에 변화가 생긴다. 즉 동작주도 1인칭과 2인칭, 1인칭으로 의무적으로 한정되며 술어부분에서도 의지동사로 제한된다.

이러한 〈대상적인 내용〉의 변화는 〈양태(modus)적 의미〉와 연동된다. 즉 발화시점에서 화자는 현실세계를 부정적으로 생각하여 현실세계의 변화를 원하게 되어 공통적으로 〈まちのぞみ〉[4]라는 〈양태(modus)적 의미〉를 갖게 되고 이들은 각기 〈제안〉〈명령〉〈의지표출〉로 전달하고 있다.

또한 마지막 예문에서는 동작주에 대한 관심은 없어지고 평서문의 간접인식에 가까운 〈확인〉이라는 〈양태(modus)적 의미〉와 더불어 〈ものがたり〉[5]의 기능을 수행하고 있다.

따라서 이들은 의문문의 형식을 취하고는 있지만 더 이상 의문문으로 기능하지 않는다.

---

4) 〈まちのぞみ〉라는 용어는 굳이 한국어로 번역하면 〈희구(希求)/희망(希望)〉이 가까울 것 같다. 하지만 둘 다 생소한 용어라서 일본어를 그대로 사용하기로 한다.

5) 〈ものがたり〉는 〈평서문〉이라는 번역도 가능한데 본서에서는 편의상 둘 다 사용하기로 한다.

3.2. 문법화

언어학이 역사과학이라는 명제를 승인(承認)한다면 개별언어에서 관찰되는 문법화(grammaticalization) 현상은 너무나 당연한 결과인지도 모른다. 문법화(문법화이론)에 관해서는 이미 이성하(1998) 등 이 분야의 논저에서 자세한 언급이 보이기 때문에 여기서는 간단한 정의부분만 소개하기로 하자.

하나는 Kuryłowicz(1975)인데 이것은 현대문법화론에서 가장 많이 인용되고 있고 또 다른 하나는 Hopper and Traugott(2003)의 해석이다.

> 문법화란 한 형태소가 어휘적 지위에서 문법적 지위로, 혹은 파생형에서 굴절형으로의 변화처럼 덜 문법적인 것으로부터 더 문법적인 것으로 범위가 증가되는 현상이다.
>
> (이성하(1998:23)에서 재인용)

> Grammaticalization likewise has been studied from these two perspectives. The chief perspective is historical, investigating the sources of grammatical forms and the typical steps of change they undergo. From this perspective, grammaticalization is usually thought of as that subset of linguistics changes whereby a lexical item or construction in certain uses takes on grammatical characteristics, or through which a grammatical item becomes more grammatical. The other perspective is more synchronic, seeing grammaticalization as primarily a syntactic, discourse pragmatic phenomenon, to be studied from the point of view of fluid patterns of language use. In this book we will combine these two points of views, but with greater emphasis on the historical

dimension.

(Hopper and Traugott(2003:2))

이하에서는 구체적인 영어의 문법화 예문으로 Hopper and Traugott(2003)에서 소개된「be going to」의 경우를 살펴보고 이러한 문법화의 단계가 다양한「デハナイカ」문장에서 어떻게 적용가능한지를 검토해 보기로 하자.

3.2.1.「be going to」의 문법화

개별언어에서 문법화(grammaticalization)현상을 보여주는 예는 많이 있다. 여기에서는 영어에서의 예를 한 가지 소개하기로 한다. 다음은 점진적으로 문법화 되어가는 구체적인 모습을 단적으로 보여주는 Hopper and Traugott(2003)에서 지적한「be going to」의 예이다.

Figure 3.2 *Schema on the development of auxiliary* be going to

Syntagmatic axis

Mechanism: reanalysis

Stage I	be	going	[to visit Bill]
	PROG	Vdir	[Purp. clause]
Stage II	[be going to]		visit Bill
	TNS		Vact
(by reanalysis)			
Stage III	[be going to]		like Bill
	TNS		V
(by analogy)			
Stage IV	[gonna]like/visit Bill		
(by reanalysis)			

Paradigmatic axis

Mechanism: analogy

(Hopper and Traugott(2003:69))

상기의 표에서는 영어의 「be going to」가 4단계에 걸쳐서 재분석(re-analysis)와 유추(analogy) 등에 의해 문법화되어 가는 모습을 확인할 수 있다.

3.2.2.「デハナイカ」의 문법화

이러한 문법화의 관점에서 아래의 일본어의 부정의문문을 검토해 보기로 하자. 먼저 본론에서 자세히 논의하겠지만 필자의 YES-NO(판정)의 문문의 5분류를 간단히 소개하기로 하자. 전체적인 분류는 다음 〈표 1〉과 같다.

〈표 1〉「YES-NO(판정)의문문의 5분류」

- 非前提型疑問文(中立疑問文) : 제1류
- 前提型疑問文
  - 分析的疑問文
    - : 제2류
    - : 제3류
  - 非分析的疑問文
    - : 제4류
    - : 제5류

분류기준 등에 관해서는 본론에서 자세히 살펴보기로 하고 이하에서는 이 분류에 따른 각각의 예문을 하나씩 보면서 문법화 측면에 관하여 살펴보기로 하자.

〈제2류〉[6]

(7)「世界酒類撲滅連合会で酒撲滅。人類に害と狂気とを与える酒類を撲滅しましょうと叫んでいる連中だ」
「……芸能界じゃないんですか」
「そう。醸造界の話。白岩ちゃん, お酒は好きだろ」

6) 부정의문문의 분류에 대해서는 본론에서 자세히 논의할 예정이니 본론을 참조바람.

(異端者)

〈제3류〉

(8)「あなたはあのとき, あの高所へ立ったら死にたくなるかもしれないとおっしゃいましたね」

「ふと, センチメンタルになったのかもしれません。昔読んだ詩をおもいだして, そんなことを口走ったのでしょう」

「もしかして, その詩の作者は加藤泰三ではありませんか」

「まあ, 加藤泰三をご存じでしたの」(純白)

〈제4류〉

(9)「坂井涼子さんや蓮沼さんについては, さらに別の探偵をって調べたのかしら?」

「そうだと思います。坂井さんと蓮沼さんの名前は富永光晴と兼田朱美について調べた段階で浮んできたのだと思いますが, 二人を利用して彼らを殺せないかと考えてからは別の探偵を使ったんじゃないでしょうか。面倒でも, その方が安全ですから」

「慎重を期したわけね」(Nの悲劇)

〈제5류〉

(10)「ふーん」

綾子の話を聞いて, 高木は感心したように言った。

「でもその年齢でさ, そんなに妬かれるなんて悪くないじゃないか」

「あなた, 実際にみてないから, そんなこと言ってられるのよ」

(ハムレット(上))

(11)「誰? 知ってる?」

「知らね。つうかマジいこうぜ。気分悪いよ」

「名探偵って, 蜜柑ちゃんじゃねえのかよ」

「ただのじじいじゃん」(名探偵)

Hopper and Traugott(2003)를 참고로 하여 일본어「デハナイカ」문장의 문법화 단계는 다음 〈표 2〉과 같이 생각해 볼 수 있다.

〈표 2〉「**デハナイカ**」의 문법화 단계

Syntagmatic axis

Mechanism: reanalysis

Stage I [芸能界 じゃない] んですか(제2류)
명사문 + 부정문 + 의문문

Stage II 加藤泰三 [ではありませんか](제3류)
명사문 + (부정문) + 의문문
(by reanalysis)

Stage III 別の探偵を使ったん [じゃないでしょうか](제4류)
명사문(화) + (부정문) + (의문문)
(by analogy)

Stage IV 悪くない[じゃないか](제5류)
(명사문) + (부정문) + (의문문)
(by analogy)

Stage V ただのじじい[じゃん](제5류)
(명사문) + (부정문) + (의문문)
(by reanalysis)

Paradigmatic axis

Mechanism: analogy

우선 제1단계에서의 부정의문문인 「芸能界じゃないんですか」의 경우는 「デハナイカ」가 부정문과 의문문, 그리고 명사문의 기능을 모두 갖고 있다.

하지만 제2단계에서는 「加藤泰三ではありませんか」에서 확인할 수 있듯이 재분석(reanalysis)현상이 일어나 「[加藤泰三]+[ではありませんか]」처럼 해석되고 부정문의 기능이 상실된다.

제3단계에서는 「別の探偵を使ったん + [じゃないでしょうか]」에서처럼 유추(analogy)현상에 의해서 형용사나 동사술어문장을 「ノダ」에 의해 명사화한다.[7] 또한 부정문뿐만 아니라 의문문의 특징도 상실된다.

제4단계에서는 「悪くない + [じゃないか]」와 같이 유추(analogy)현상이 더욱 더 확대되어 형용사나 동사술어의 기본형에 직접 접속된다. 따라서 이 단계에서는 명사문이라는 특성도 상실된다.

제5단계에서는 전 단계까지 일어난 문법화현상에 추가하여 「デハナイカ」문장이 상기예문의 「ただのじじい + [じゃん]」와 같이 「じゃん」으로 음운적인 축약현상(phonological reduction)도 보인다.

이상 문법화의 관점에서 일본어 부정의문문 「デハナイカ」문장을 검토하였다.

---

7) 이 단계에서 유추(analogy)현상이란 「명사 + ではないか」에서 확장되어 동사문/형용사문에 「ノダ」가 접속되어 명사문화 된 「別の探偵を使ったん」 등과 같은 문장이 접속되는 것을 의미한다. 두 번째 단계의 유추(analogy)현상은 「早いじゃないか」와 같이 형용사/동사 기본형에 직접 접속된 것을 의미한다.

3.3. 시간적 한정성

3.3.1. 〈시간적한정성〉이란?

〈시간적한정성(temporal localization)[8]〉이라는 개념과 범주는 본다르크나 불기냐[9] 등의 연구자들에 의한 주로 러시아 언어학의 성과라고 할 수 있다. 奥田(1996a)에서 이 개념에 대해 「時間的なありか限定」라는 용어로 비록 〈시간의 추상화〉라는 관점에서 주로 평서문을 대상으로 〈구체적〉〈반복적〉〈습관적〉 일반화된 사건을 설명하고 있지만 부분적이라고 할 수 있었다.

그 동안 언어학연구회와 관련된 몇 명의 연구자들에 의해 「奥田(1988)「述語の意味的なタイプ」琉球大学講義プリント(未公刊)」라는 이름으로 인용되어 왔었던 이 논문을 奥田(2015)에서 정식으로 발표되어 〈시간적한정성〉의 구체적인 내용과 각각의 개념들의 전모(全貌)를 누구나 다 확인가능하게 되었다.

奥田(2015)에서는 〈時間の局所限定〉이라는 용어를 사용하여 또한 불기냐의 〈질〉을 〈본질〉과 〈특성〉으로 세분화하여 일본어의 구체적인 예문에 적용하면서 소개하고 있다. 우선 술어 혹은 문장의 의미적 타입과의 관계에서 대상적인 내용과 밀접하게 연관되는 〈시간적한정성〉에 대한 지적을 인용하여 보자.

> 文が物のどのような特徴をとりたてて, えがきだすか, ということによって, 対象的な内容につきまとう, 時間の局所限定のし方もことなるものになる。つまり, 文が物の特性をえがくか, 状態をえがくか, ということで, 文のなか

8) Givón(1984)(2001)에서는 〈time stablity〉 〈temporal stablitiy〉 라는 용어를 사용하고 있다.

9) 러시아를 대상으로 〈시간적한정성〉에 관한 초기의 이론을 제시한 러시아 언어학자들이다. 보다 자세히는 奥田(1996ａ)(2015) 등을 참조.

の対象的な内容は，ことなるふうに時間の局所限定をうけとらなければならない。こうして，文のなかで特徴を表現することをつとめとする述語の意味的なタイプに一般化するにあたって，文における局所限定のし方は重大な意味をもってくる。 (pp.108-109)

문장이 사물의 어떠한 특징을 부각시켜서 묘사하느냐, 하는 점에 따라서 대상적인 내용에 따라다니는 〈시간적한정성〉의 방법도 다르게 된다. 즉 문장이 사물의 특성을 묘사하는가, 상태를 묘사하는가, 라는 점에 따라 문장의 대상적인 내용은 다른 시간적한정을 받지 않으면 안 된다. 이와 같이 문장 속에서 특징을 표현하는 것을 주된 임무로 하는 술어의 의미적인 타입으로의 일반화에 있어서 문장의 〈시간적한정성〉을 중요한 의미를 갖게 된다.

奥田(1985b)(1986a)(1988a)(1996a)(2015), 工藤(2002)(2012)(2014), Givón(1984)(2001) 등에 의하면 문장은 기본적으로 대상적인 내용의 관점에서 의미적인 타입으로 분류하자면 크게 다음과 같이 〈시간적한정성〉은 있는《현상(現象)》과 〈시간적한정성〉이 없는《본질(本質)》로 세분화된다.[10]

A.《현상(現象)》

(12) 花子が漫画を読んでいる。(動作)

(13) 紅葉が落ちている。(変化)

(14) 太郎がふるえている。(状態)

---

10) 奥田(2015)에서는 〈질(質)〉과 〈현상(現象)〉이라는 용어가 보이며 工藤(2002)(2014)등에서는 〈現象〉과 〈本質〉이라는 용어를 사용하고 있다. 또한 奥田(2002)喜屋武政勝(2009) 등에서는 〈出来事〉와 〈特徴(づけ)〉라는 용어가 사용되는데 개략적으로 같은 개념을 의미하고 있다고 생각된다. 본 연구에서는 이해의 편의상 기본적으로 工藤氏의 〈現象〉과 〈本質〉, 奥田氏의 〈出来事(사건)〉과 〈特徴(특징)〉이라는 용어를 병용하기로 한다.

B.《본질(本質)》

(15) 海は広い。(特性)

(16) 京都は北海道より狭い。(関係)

(17) 虎は肉食動物だ。(本質)

A는 〈시간적한정성〉이 있는 문장이다. 즉 구체적인 시간 속에서 액츄얼(actual)하게 일어나고 있는 우연적이고 일시적(一時的)인 사건을 묘사한 것이다.

한편 B는 〈시간적한정성〉이 없는 문장이다. 환언하자면 특정한 시간에 일어난 현실세계의 상황 묘사가 아니고 사고(思考)에 의해 일반화된 퍼텐셜(potential)한 항상적(恒常的)인 판단을 나타낸다.

《현상》과 《본질》에 관한 불기냐의 설명을 奥田(2015)에서 재인용해서 다시 한 번 확인해 보자.

> 質は時間から相対的に独立している, 対象の特徴づけをさしだしていて, 世界そのものを特徴づけている。その世界にとって, あたえられた陳述は真実なのである。はんたいに, 現象は客体の存在のあるモメント, あるいは断片を記述して, むしろうつりかわっていく, 特定の《世界の状態》のみを特徴づけている。 (p.111)

본질은 시간에서 상대적으로 독립한 대상의 특징을 나타내고 현실세계 그 자체를 묘사한다. 그 현실세계에 관한 진술은 진실인 것이다. 반대로 현상은 객체 존재의 한 순간 혹은 단편(斷片)을 기술하고 오히려 변화해 가는 특정한 〈현실세계의 상태〉만을 나타낸다.

鄭相哲(2012b)에서도 이미 언급한 바와 같이 이러한 〈시간적한정성〉이라는 개념은 형태론레벨의 텐스(tense)나 애스팩트(aspect)와 달리 템포

랄리티(temporality)나 애스팩츄얼리티(aspectuality)와 같이 문장레벨에서의 〈의미·기능적인〉 범주이다.

또한 상기에서 알 수 있듯이 〈시간적 한정성〉은 본 연구의 대상인 의문문의 〈대상적인 내용〉을 일반화하기 위해서도 필수불가결한 것이다. 이하에서는 특히 중요한 개념인 〈(본)질〉〈특성〉〈상태〉에 대해 자세히 살펴보고 의문문과의 관계를 검토해 보기로 한다.

3.3.2. 〈(본)질〉〈특성〉〈상태〉

상기 예문에서도 확인했듯이 《현상》은 〈운동(동작, 변화)〉〈상태〉라는 하위타입이 있다. 반면 《본질》은 〈관계〉〈특성〉〈본질〉이라는 하위타입이 있다.

먼저 《본질》에 관한 소개이다. 奥田(2015)에서는 불기냐의 〈질〉을 일본어에 비판적으로 적용하면서 〈본질〉과 〈특성〉으로 하위분류를 주장한다. 그 이유 중 하나가 다음과 같이 술어문의 품사 타입과도 관련이 있다고 한다.

> はっきりいえば, ブルィギナが《質》という, ひとつの用語でしめしているものを, ぼくの方は《質》と《特性》とにわけたいのである。<u>この《質》と《特性》とのちがいは, 名詞述語と形容詞述語との, 典型的な例をあげることでかなりはっきりするだろう</u>。
> <u>質というのは, 客体の存在からきりはなすことのできない, 本質的な規定性を表現するカテゴリーであって, ある客体をべつの客体からくべつする可能性をあたえる。このような客体の質は, その客体の《特性》の総体のなかにあきらかにされるだろう</u>。かんたんにいえば, 《質》は, ひとつの物からほかの物をくべつする, 本質的な特性のセットである。ところが, 《特性》は物のもっている, ひとつの側面, あるいはいくつかの側

面を表現するにすぎないカテゴリーであって，まだ物の質的な特徴づけをあたえるまでにはいたっていない。

(中略)

《質》はアクチュアルなものへ移行しないが，《特性》は移行する。もし質が特性のたばであるなら，ひとつの相互作用のなかでそれをさらけだすことは，まったく不可能である。《特性》の方は，はたらきかけ手との関係のなかで，あたかも現象のごとくふるまうことができる。 (pp.111-112)

정확히 말하면 불기냐가 《질》이라고 하나의 용어로 묶은 것을 나는 《질》과 《특성》으로 나누고 싶은 것이다. 이 《본질》과 《특성》의 차이는 명사술어와 형용사술어의 전형적인 예에서 매우 확실하게 나타난다. 질이라는 것은 객체의 존재에서 떼어낼 수 없는 본질적인 규정을 하는 범주이고 어떤 객체를 다른 객체로부터 구별하는 가능성을 부여한다. 이와 같은 객체의 질은 그 객체 《特性》의 총체(総体) 안에서 명확해질 것이다. 간단히 말하자면 《본질》은 어느 한 사물에서 다른 한 사물을 구별하는 본질적인 특성의 세트이다. 그런데 《특성》은 사물이 갖고 있는 하나의 측면 혹은 몇 가지 측면을 나타낼 뿐인 카테고리이고 사물에 질적인 특징을 부여하는 기능까지는 할 수 없다.

(중략)

《본질》은 액츄얼한 것으로 이행하지 않으나 《특성》은 이행한다. 만약 본질이 특성의 복합체라면 하나의 상호작용 내에서 본질의 특징을 모두 표현하는 것은 전적으로 불가능하다. 《특성》은 상황과 관계 속에서 마치 현상과 마찬가지로 실현될 수도 있다.

〈본질(특성의 복합체(feature-association))〉을 나타내는 명사 술어문이 아니라 〈특성(single-feature concept)〉을 나타내는 형용사 술어문이 상대적

으로 시간 속에 일어나기 쉽다.[11)]

다음은 주로 형용사술어문이 관여하는 〈상태〉와 〈특성〉의 차이에 관한 것이다. 여기에서의 〈상태〉는 종래의 동적인 사건과 대립되는 정적인 사건에서의 〈정적(static)〉이라는 용어와 차이가 있으므로 주의할 필요가 있다.

彼女は《状態》と《特性》とのちがいをつぎのように強調する。

> われわれが《状態の述語》としてとりあつかう述語の一般的な特殊性は《質》ではなく, 《現象》を記述していることである。性格づける述語は, 同一種類のほかの対象からくべつする質を, あるいはある種類の代表者としての対象に存在する特性を, 対象につけくわえるのだが, このような性格づくりの述語とはちがって, 状態の述語は, 時間のあたえられた断片にとってアクチュアルである特徴を, まさしくいちいちの物としての対象につけくわえながら, 対象の存在の時間的な《段階》を記述する。この意味で, 特徴はつかのまの, 偶発的なものである。

この記述からあきらかなように, 《特性》は, 特定の時間にしばられることのない, 物にコンスタントにそなわっている, 特徴である。それにたいして, 《状態》は, 特定の時間のなかにあらわれてくる, アクシデンタルな, つかのまの現象である。それゆえに, 「今日は一日じゅうたいくつしていた」, 「夜

---

11) 鄭相哲(2012a)에서도 지적한 바와 같이 이러한 견해는 다음의 Givón(2001)과도 같은 맥락으로 보인다.

One important reason for the great temporal stability of prototype nouns is that they are *multi-featured* bundles of experience. Further, like all categories, they exhibit strong feature-association(see Chapter 1 above). For example, the noun *horse* has prototypical size, shape, color, weight, sound, smell, part-whole composition, behavioral propensities, cultural uses, etc. Consequently, when either rapid change or deviance crop up in one feature, the relative stability of the rest insures that a deviant individual remains within a reasonable range(standard deviation) of the population's prototype(mean).

(Givón (2001:51))

は酒によっていた」のように, 時間の正確な局所限定をうけることができる。また, たえずとかときどきのような時間の副詞とくみあわさって, 時間のなかでの間断性, ひとつの状態からべつの状態への移行を表現している。状態はかぎられた時間のなかにおこってきて, つぎの時間にはきえてなくなる。かわりに, べつの状態があらわれてくる。 (pp.114-115)

그녀(불기냐)는《상태》와《특성》과의 차이를 다음과 같이 강조한다.

> 우리들은《상태의 술어》로 생각하는 술어의 일반적인 특수성은《질》이 아니라《현상》을 기술하고 있는 것이다. 성격을 규정하는 술어는 동일한 종류의 다른 대상으로부터 구별하는 질을, 혹은 어떤 종류의 대표자로서의 대상에 존재하는 특성을, 대상에 부가하는 것인데 이와 같은 성격규정의 술어와 달리 상태술어는 특정한 시간의 단편에 의해서 액츄얼(actual)한 특징을 개개의 사물로서의 대상에 부가하면서 대상이 존재하는 시간적인《단계》를 기술한다. 이러한 의미에서 특징은 한순간의 우발적인 것이다.

이 기술에서 알 수 있듯이《특성》은 특정한 시간에 얽매이는 일이 없이 사물에 변함없이(constant) 구비되는 특징이다.

그에 반해《상태》는 특정한 시간 속에 나타나는 엑시덴탈(accidental)한 한 순간의 현상이다. 그렇기 때문에 「오늘은 하루 종일 심심했다」, 「밤에는 술에 취했다」와 같이 시간의 정확한 국소한정을 받는다. 또 끊임없이 라든지 때때로와 같은 시간부사와 같이 사용되어 시간 속에서의 간단성(間斷性), 하나의 상태에서 다른 상태로의 이행을 표현하고 있다. 상태는 한정된 시간 안에서 일어나 다음 시간에는 없어진다. 대신에 다른 상태가 나타난다.

이상 문장의 〈시간적한정성〉에서 비교적 중요한 개념인 〈(본)질〉〈특성〉〈상태〉에 대해 살펴보았다.

3.3.3. 의문문과 〈시간적한정성〉

奧田(1996a)에서는 평서문에 관한 설명 중에서 평서문은 〈시간적한정성〉이 없는, 또는 있는 문장도 가능하다는 언급이 보인다. 화자가 자기가 알고 싶은 부분에 대하여 청자에게 정보를 요구하는 의문문도 역시 평서문과 기본적으로는 동일하다고 생각된다.

하지만 의문문이 본래의 기능을 상실하여 다음과 같이 다른 타입의 문장 즉 권유문, 명령문 등으로 이행하는 경우가 있다.

(18)「さあ, そろそろ帰りませんか」
(19)「もうごご2時だよ。早く起きないか!」
(20)「이제 그만 하산하시지 않겠습니까?」
(21)「벌써 점심때도 지났다. 빨리 안 일어나니!」

이러한 경우는 당연히 〈시간적한정성〉이 있는 〈현상〉 중에서도 〈운동〉에 한정되어 이행된다. 이 이행현상의 경우도 〈시간적한정성〉과 밀접한 관련이 있다.

하지만 여기서는 상기와 같은 의문문이 아니라 논의의 대상을 다음과 같은「デハナイカ」문장에 한정시켜 검토해 보기로 하자. 앞에서 살펴본 문법화의 1단계부터(필자의 분류에서는 제2류)「デハナイカ」의 부정의문문은「デハナイカ」와「ノデハナイカ」로 세분화된다.

전자는 명사술어문에 접속되며 후자는 동사나 형용사술어문에 접속된다. 후자의 경우 이미 언급한 바와 같이 먼저「ノダ」에 의해서 명사화가 이루어지고 그 다음에 부정의문문으로 기능하게 되는데 이 명사화의 의미에 주목해 보기로 한다.

(22) 「麻紗美さんと岩上さんはどんな関係だったのですか」

「知りません。岩上さんは五人パーティーの中で一人だけ浮いた感じでした。岩上さんは山のベテランということで, 麻紗美がガイド役を頼んだのではないでしょうか」(純白)

(23) 朝枝は開き直った。

「このカードがね, 嵐山町の山林の中に落ちていたんだ。きみが落としたんじゃないのかね」

「わ, 私が」(異)

상기 예문에서 만약 처음 문장이 「岩上さんは麻紗美がガイド役を頼んだ」, 「カードはきみが落とした」와 같은 동사술어문에서 「ノダ」에 의한 명사화의 절차를 거쳐 「岩上さんは麻紗美がガイド役を頼んだのではないか」, 「カードはきみが落としたんではないか」와 같은 명사술어문이 만들어졌다고 가정해 보자.

이러한 명사화를 〈시간적한정성〉이라는 관점에서 보면 기본적으로 〈시간적한정성〉이 있는 동사술어문이 〈시간적한정성〉이 없는 명사술어문으로의 변화를 의미한다. 바꾸어 말하면 《현상》이 《본질》로 〈대상적 의미〉가 변화하는 것을 의미한다.

이상 의문문과 〈시간적한정성〉과의 관계를 간단히 검토했다.

4. 의문문과 그 하위타입

4.1. 의문문이란?

인간은 언어를 사용하여 자신의 감정이나 사고, 현실세계에서 일어나는 사건 등을 반영하여 다른 사람들에게 전달하면서 의사소통(communication)을 한다. 언어를 구성하는 기본적인 단위는 단어와 문장, 텍스트(담화)를 들 수 있다.

이 중에서 문장에 주목해 보자. 문장(sentence)은 일상의 커뮤니케이션 즉 의사소통을 행하는데 사용되는 기본적인 단위이다. 전통적인 서구문법의 영향을 받아서 일반적으로는 평서문(declarative sentence)과 의문문(interrogative sentence), 명령문(imperative sentence)과 감탄문(exclamative sentence)이 문장유형(sentence type)으로 널리 알려져 있다.[12)]

奥田(2002:109)에서는 교과서을 해설하는 콘텍스트에서 아주 간단하게 의문문을 「はなし手が自分のしりたいことをたずねる文(화자가 자신이 알고 싶은 것을 묻는 문장)」라고 규정하고 있다.

또한 佐藤里美(1998)에서는 다음과 같이 의문문을 규정하고 있다.

> たずねる文は, はなし手が知りたいこと, 確かめたいことをあい手につたえて, それについての情報をあい手の答えのなかにもとめる。
> はなし手が, たずねる文をつかって, 現実の世界のできごとについてあい手に情報をもとめているとき, はなし手のなかに現実の世界のできごとについてのなんらかの判断が先行している。 (佐藤里美(1998:116))

의문문은 화자가 알고 싶은 것, 확인하고 싶은 것을 상대방에게 전달

12) Aikhenvald(2016) 등에서와 같이 감탄문에 관해서는 문장유형으로 인정하지 않는 경우도 있는 것 같다. 유형론의 관점에서 의문문에 관한 보다 심도있는 논의는 Dixon(2012)을 참조.

해서, 그것에 관한 정보를 상대방의 대답에서 구한다.

화자가, 의문문을 사용하여 현실세계의 사건에 대하여 상대방에게 정보를 구할 때, 이미 화자 자신 안에서는 현실세계 사건에 관한 어떤 식의 판단이 선행된다.

4.1.1. 의문문의 내용적인 측면

의문문을 내용적인 측면에서 보면 가장 대표적인 의문문은 다음과 같은 조건을 충족하는 것이다. 이하에서는 이러한 의문문을 「질문문」이라고 부르고 광의(廣義)의 의문문과 구별하기로 한다.

가) 화자는 해당 명제에 대하여 불확실한(의문) 정보가 있어서 판단이 성립하지 않는다.

나) 화자에게 불확실한 정보를 제공해 줄 수 있다고 생각되는 청자가 존재한다.

다) 의문문의 형식을 취하여 질의(質疑)의 화행을 수행하고 있다.

(鄭相哲(2004b:58))

다음 예문들이 상기 조건들을 모두 충족하고 있는 대표적인 전형적인 의문문, 즉 질문문에 속하는 것들이다.

(1)「何ですか」

「ちょっとお訪ねしますが, 後ろに乗っているのはお子さんですか」

「そうですけど」

「お嬢さんですか」

「いえ, 息子です」(疾風)

(2)「今夜, 暇?」

向かいの机の康子が, 紗織に小さな声で訪ねたのは, その二日後のことだ。
「あまり暇じゃありませんけど」と答えた後に, ふと気づいて
「岡崎関係?」と訪ねると, 康子はうなずいた。
「あいつ, また何かしたんですか?」(女たち)

(3) 「さっきから, いったい, 何をしてるんですか?」
つい, 悪ガキに苛立っている保母のような口調になってしまう。
「面白いことに気がつきました。この音を聞いてください」(鍵)

(4) 須賀礼は落ち着き払っていた。
「ちなみに, 須賀礼さんは, 舞台を退場してからは, どうされてたんですか?」
榎本質問にも, よどみなく答える。
「僕は, 新鮮な空気が吸いたくなったので, 楽屋口から外に出ました。」(鍵)

하지만 광의의 의문문 중에서는 상기의 조건 중 하나이상을 충족시키지 못하는 주변적인 의문문들도 있다.

(5) 紘子は面食らった。所長がこんな深刻ぶった顔をするなんて……。いよいよくるものがきたのか。
「あの……ここ, つぶれるんでしょうか?」
紘子が訊くと, 深田は目をむいて,
「何を言うか!」と怒鳴った。
「つぶれるなんて, 縁起でもない!」(結婚)

(6) 「どうなんですか。警視庁の人間と会ったんでしょう?」
早瀬が尚も訊いてくる。ここで嘘をつくのは得策でないような気がした。
「浦生さんには会いました。でも, 警察だとはいってなかったですけど」

「何といってましたか」

「自分は植物の専門家だって……」(夢幻花)

(7)「どうして, 承諾したの? そんな見ず知らずのねえちゃん」

「ちょっと負い目があったからな」

「負い目?」(ロング)

(8)「家内が狂っているという証言を君にしてもらうつもりだったんだが……」

「誰が, そんな証言するもんですか! あんたの方がよほど狂ってるわ!」(結婚案内)

(5)(6)의 「でしょう」예문은 소위 광의(廣義)의 확인요구표현인데 앞의 조건 나)에서 청자에게 해당 정보가 있는지 화자가 완전히 확신하지 못하는 경우이다. 예문(7)은 소위 메아리 질문에 해당하는 것인데 이 경우는 조건 가)를 이탈하는 것이다. 즉 상대방의 발언 중에서 문맥상 이해가 잘 안 되는 부분을 반복하여 되묻는 경우이다. 예문(8)은 소위 반어문에 해당되는 것인데 의문문의 형식을 취하고는 있지만 가)나)다) 모든 조건을 충족하지 않는다.

이상 의문문의 내용적인 측면을 전형적인 질문문과 주변적인 의문문으로 나누어 살펴보았는데 다음은 형식적인 측면에서 의문문을 검토해 보기로 하자.

4.1.2. 의문문의 형식적인 측면

의문문의 형식적인 측면이란 의문문이 어떠한 형식으로 나타나는가 하는 것이다. 다음 예문을 보자.

(9)「どういうつもりだ? 娘を殺すつもりなのか…!?」

正吾が突然, すごい形相で夏生の胸倉をつかみ上げた。

「殺すつもりなのか?」

驚く夏生に, 正吾はもう一度言葉を繰り返した。(サマ)

(10)「どうして?」

「あの女は町には一文だって寄付しねえと言ってるそうだ」

「誰がそういったの?」

「あの女だよ」

「いえ, つまり—江上恒子さんがそういってるってのを, あなたはどうして知ってるの?」

「町の人はみんな知ってるよ」(結婚)

(11)「なぜそうあっさりと持ち主が見つかったんだ」

「それまた難しい話じゃない。盗難届が出されていたんだ。だから照会すれば済む問題だ」

草薙が答えると, 湯川は低く唸った。厳しい目をしているのが, サングラス越しでもわかった。(容疑者)

(12)「私, 二十四年間生きてきてこんな嫌なことしたの初めてよ」美紗子の顔が翳った。

「一つ, 訊いていい?ホントに, 夏目とは何もなかったの?」

「何もなかった....。夏目くんはあの子が好きなのよ」

美紗子はため息をつく。(最後)

(13)「どうして, この列車だと分ったの?」と里加はボストンバックを田中へ渡しながら言った。

「妹さんからうかがいました」

「みのりから?」

「車があります。マンションへ帰りますか?」(十字路)

우선 대표적으로는「殺すつもりなのか?」등의 예문에서 알 수 있듯이 의문의 종조사인 「カ」에 의해서 실현된다. 다음으로는 「いったの?」, 「何もなかったの?」 등에서 확인할 수 있듯이 종조사 「ノ」에 의해서도 의문문이 생성된다. 마지막으로는 「なぜ~見つかったんだ」, 「みのりから?」 등과 같이 상승조의 인토네이션과 의문사에 의해 의문문이 만들어진다.

이상 의문문의 내용과 형식적인 측면에 대하여 간단히 살펴보았다. 다음으로는 협의의 의문문. 즉 질문문의 하위타입에 대하여 검토해 보기로 하자.

4.2. 의문문의 하위타입

여기에서는 의문문의 하위타입에 대하여 개괄하기로 하자. 이미 앞에서 언급했듯이 의문문을 의미적인 관점에서는 보면 전형적인 의문문인 질문문과 주변적인 의문문 등으로 분류할 수 있다.

또한 형식적인 관점에서는 긍정의문문과 부정의문문, 그리고 WH(설명)의문문과 YES-NO(판정)의문문 등으로 나눌 수 있다.

4.2.1. 긍정의문문, 부정의문문, 중립의문문

긍정의문문과 부정의문문이란 의문문 술어형식의 극성에 의한 것이다. 일반적으로 하나의 문장으로 보통의 대화가 진행되지 않고 몇 개의 문장이 모여서 하나의 담화가 이루어진다. 따라서 화자는 자신의 일반적인 지식과 발화시의 장소, 선행문맥 등으로부터 화자 나름대로 긍정이나 부정 어떤 쪽의 판단[13](BIAS)[14]을 가지고 그것을 확인하려고 한다.

이것과 유사한 내용이 奥田(2002)에서도 보인다.

Aタイプの疑問文においては, はなし手自身の, 出来事についての判断が

13) 奥田(2002)의 용어이지만 명확한 규정이 있는 것은 아니다.

14) BIAS는 太田(1980)安達(1999)鄭相哲(2004) 등에서 「片寄り」로 사용되던 용어이다.

土台によこたわっているといわなければならなくなります。その判断の正当さについて，確信的なものからうたがわしいものにいたるまであるでしょうが，それにおうじて，Aタイプの疑問文はさまざまなニュアンスをおびるものになっていくでしょう。(奥田(2002:110))

A타입 의문문(YES-NO의문문)은 화자 자신의 사건에 대한 판단이 토대에 깔려있다고 말하지 않으면 않게 됩니다. 그 판단의 정당함에 대해서는 확신적인 것부터 의심스러운 것까지 있겠지만 그것에 따라서 A타입 의문문(YES-NO의문문)은 여러 가지 뉘앙스를 갖게 되겠지요.

이러한 화자의 판단이 술어형식에도 반영된다. 즉 아래에 제시하는 예문과 같이 긍정술어면 긍정의문문이 되고 부정술어면 부정의문문이 되는 것이다.

(14)「どうしたの? 怒ったの?」
「何でもないのよ……」
「帰らない?夜露にあたっちゃ毒だ。こんなところで，蚊にでもさされて，病気しちゃア毒だよ……」
「あとで，一人で帰ります……」(浮雲)

(15)「(中略)でも後になってから，あの鉢植えのことが気になったんです。あの花，どうなったかなって。それでお葬式の後で改めて祖父の家へ見に行ってみたんです。そうしたら鉢植えはなくなっていて……。通報するのが遅くなったのは，そういう事情があったからです。だけどやってきたおまわりさんは，あたしがいくらそういっても取り合ってくれませんでした」
「なぜその鉢植えが気になったんですか」
「だからそれは，事件の後にもいいましたけど，その花は祖父が最後に咲かせた花だったからです。祖父はすごく喜んでいる様子でした」

(夢幻花)

(16)「春名教授の判断はですね, あくまで外科医としての意見なのですよ。その点, 私は内科医ですからね, 少々見解はちがう」

「どうしてそのことを, さっき言ってくれなかったんですか」

藤本が誠実な医師であるということはわかる。だが, その捉えどころのない慎重さにはかえって腹が立った。

「さきほどは春名教授のご意見を代弁しただけです。私見を述べる場ではなかった」(天国)

첫 번째 예문은 YES-NO(판정)의문문의 긍정, 부정의문문이고 뒤의 두 예문은 WH(설명)의문문의 긍정의문문과, 부정의문문의 예문이다. 하지만 술어의 극성이 긍정의문문과, 부정의문문을 결정하는 절대적인 요소라고는 할 수 없다. 다음 예문을 보자.

(17)「久しぶりに飲む?(≒飲まない)」

「ああ, どっちが先に潰れるか, 競争だ!」(結婚)

(18)「いつ, どこへ出かけたのか, 分りませんか(≒分かりますか)?」

十津川は, 丁寧にきいた。

「お出かけになったのは, 今朝です。三日ほど, 留守にするので, よろしくと, いって。腰の低い, いい方ですよ」(EF)

상기 예문에서는 술어의 극성을 상호 호환할 수 있기 때문에 이 의문문들을 긍정의문문이라고도 부정의문문이라고도 하기 어렵다. 이하에서는 위와 같은 의문문들을 중립의문문이라고 부르기로 한다. 물론 다음과 같이 일반적인 의문문에서는 술어의 호환이 불가능하다.

(19)「今, 何とおっしゃったんですか(≠おっしゃらなかったんですか)」

「私を逮捕していただこうと思いまして」
「何か…なさったんですか(≠なさらなかったんですか)。売店のおつりをごまかしたとか」
「いいえ。あの女を殺したんです」
「あの女…」
「室田香代です」(死神)

(20)「加藤さんは, イベント列車が好きなんですか?」
「いや, そんな男じゃないんですがね。あの時は, 急に, 乗りたくなったといっていましたね」
「そして, 切符を, ゆずられた?(≠ゆずられなかった?)」,「ええ」(EF)

아래의 WH(설명)의문문 예문들에서도 상기 예문들과 같이 술어의 극성을 치환할 수 없다.

(21) あの, と蒼田は口を挟んだ。「花の開発って, 実際にはどんなことをするんですか」
日野が皺だらけの顔を彼のほうに巡らせた。
「いろいろやります。単純な交配もやるし, 遺伝子組替えもやります。細胞融合なんてことをやることもあります。」(夢幻花)

(22)「彼女はバンドを辞める理由については, どういってたんだ?」
雅哉は唇を歪めた。
「家の事情で続けられなくなったってメールを送ってきて, それでおしまい。詳しいことを聞かせてくれってメールを返しても返事がないし, 電話も繋がらない。まるで狐に包まれたみたいだ」(夢幻花)

(23)「榎本と申します。こちらは青砥弁護士。会田さんのことは, ご存じですよね」
「それで, ここで, 何をされてるんですか?」

高澤の目は, 何の感情も湛えず, 紘子から会田, 美樹へと移っていった。まるで, 機械が順番にスキャニングしているようだった。(鍵)

만약 무리하게 긍정술어를 부정술어로 치환하면 부자연스럽고 문맥에 맞지 않는 어색한 문장이 된다.

4.2.2. WH(설명)의문문과 YES-NO(판정)의문문

다음은 의문부분의 종류에 따른 것이다. 의문요소를 공란으로 제시하는 WH(설명)의문문과 의문부분에 대하여 화자 나름대로의 예단(豫斷)을 제시하여 그 여부를 판정하는 YES-NO(판정)의문문이 있다.

(24) あの, と彼女は口を開いた。
「どうして今になって, 急にあの花のことを訊くんですか。あの花が事件に関係しているんですか」
早瀬は, やけにゆっくりとした動作でグラスを置いた。どう答えるかを考えるために時間稼ぎをしているように見えた。
「事件に関係しているかどうか……それはまだわかりません。」
(夢幻花)

(25)「ちょっと待って。ドアの下側の目張りは, どうなってたの? 横と違って, 床まで間隔がないから, ドアを閉める前にくっついちゃうんじゃない?」
「想像ですが, 端が床にくっつかない程度に, テープを軽く曲げてあったんだと思います。」(鍵)

(26)「仕事の内容は何ですか」浦生から質問され, ええと, と早瀬は手帳を取り出した。隣の柳川は, まるで答える気がなさそうだ。
「新しい植物を作っていたそうです。バイオ技術を使うんだとか」

「具体的には,どんな花を作っていたんですか」

さあ,と早瀬は首を傾げた。

「そこまでは聞いておりません」(夢幻花)

(27)「ほかにはどんな方法で連絡をとっていたんですか」

「電話です。毎晩,電話をかけました」

「彼女のところに?」

「彼女の携帯電話に,です。」(容疑者)

앞의 두 문장이 YES-NO(판정)의문문이고 뒤의 두 문장이 WH(설명)의문문의 예문이다. YES-NO(판정)의문문에서는 긍정과 부정의 술어가 어느 정도 균형있게 분포되어 있는데 WH(설명)의문문은 조금 사정이 달라서 긍정술어가 압도적으로 많다. 아래 예문과 같은 부정술어문은 드물다.

(28)「おかあちゃん。小林さんて,いい人だったな」

「ああ,いい人だった。神様みたいな人」

「どうして一緒にならなかったの」

言ってしまってから,これは愚問だと思った。(天国)

(29)「石神は典型的なストーカーだ。靖子と気持ちが通じ合っていると勝手に思い込んで,彼女に近づいてくる男を全て排除しようとした。元の亭主なんてのは,最も憎むべき存在だったんじゃないか」

「はあ……」

「何だ,浮かない顔だな。何が気にいらない?」(容疑者)

(30)「……あ,あの,まだ九十九回ですけど……」

「似たようなもんよ!女たちに見る目がないって,どうして思わないの?あたしとあなたが釣り合わない?そんなこと,誰が決めたのよ,けっこう似合いかもしれないじゃない。世の中に,無理な女なんていないのよ!」(101)

(31)「美樹ちゃん。……すまなかった」
会田は, 姪に向かって深々と頭を下げた。
「どうして?どうして, 今まで来てくれなかったの?
お母さんは……」
「美樹。叔父さんにも, 事情というものがあるんだ」(鍵)

(32)「まさか, 強盗殺人犯がそんなものは盗まんでしょう」
「だって……」
「そもそも, どうしてその時にいわなかったんですか」
「あの時は気がつかなかったんです。今日になって, ふと思い出したんです」(夢幻花)

이와 같이 WH(설명)의문문이 왜 긍정술어로 편중된 현상이 나타나는가 하는 문제도 흥미로운 문제이지만 여기서는 언어현상만 지적 하고 더 자세한 논의는 다음 기회로 미루기로 한다.

4.2.4. 전형적인 의문문과 주변적인 의문문

이미 전형적이고 대표적인 의문문을 질문문이라고 소개했고 주변적인 의문문에도 확인요구문 메아리질문문 그리고 반어문을 소개하였다. 하지만 주변적인 의문문에는 다음과 같은 것들도 있다.

(33)「ぜんぜん緊張してないね。大丈夫かな」
「このノータリンのところが, こいつの取り柄さ。ブルわねえからバレねえ。なにしろ, もしもということをてんで考えねえやつだからな。」
(地下鉄)

(34)「狂ってる! 何億円だぞ! それを寄付するだって? この相談所へも少し寄付してくれんかな」

「何言ってるんですか。」(結婚)

(35)「そうかしら。それにしても, あんな美人がどうしてお兄ちゃまなんかに興味もつんだろ」(春の飛行)

(36) ところが出かけようと腰を上げた時, 携帯電話が鳴った。着信表示によれば, 公衆電話からかけてきている。出てみると,「宮本さんですね」と落ち着いた声が聞こえてきた。

「遅くなってすみません。綿部です。」

「ああ……」康代は大きく吐息をついた。(祈り)

(37)「今, どこにいる」深刻な調子で武内は尋ねた。

「どこだっていいじゃない」

「あの……夕飯, まだ?」(女たち)

(38)「ウチの若い者にはよく言い含めてある!」

「先日の機関銃の件はどうなんです?」

「おい!俺を何だと思ってるんだ!」(セーラー)

(39)「どうするんだい?」

「いいから早く!—ただし, お金は自分持ちですよ」

「おい, どうして—」

「小野さんのこと好きなんでしょう?それぐらいの出費が何ですか!」,

「まさか……」(結婚)

(33)(34)(35)예문에서 밑줄 친「カナ」,「カシラ」,「ダロ(ウ)」는 청자 즉 대타적(對他的)인 질의성이 결여된 의문문이다. 그 다음 (36)(37)에서「ネ」,「ジャナイ(カ)」는 화자가 의문요소에 관하여 상당부분 확신을 갖고 확인하는 광의의 확인요구표현에 해당된다.

(38)(39)는 형식적인 측면에서 보통의 의문문과 같은데 화자의 주체적인 측면이 부각되어 청자의 정보를 확인하는 정보교류를 위해 사용한 것이 아니다. 바꾸어 말하면 이와 같은 의문문들은 예상외(unexpected)

라는 문맥에서 화자의 답답함이나 놀라움을 표현한다든지 혹은 청자를 비난하는 어조의 힐문(詰問)이 되는 경우가 많다.

전형적/비전형적인 의문문이외에 본서에서는 별도의 분류를 하지 않았지만 상대방에게 요구하는 정보단위의 관점에서 佐藤(1998)는 1)사건(できごと) 전체를 묻는 의문문[15], 2)사건(できごと)의 부분을 묻는 의문문의 분류를 소개하고 있다.

(40)「お留守中に大変なことがございました」
「なにがあったのだ」(佐藤(1998))

(41)「私, ちっとも知らなかったわ。おばあさんは遠藤さんが―あなたが殺してしまったの?」(佐藤(1998))

예문(40)이 사건전체를 대상으로 하는 의문문이고 (41)이 사건의 부분을 대상으로 하는 의문문이라고 한다.

이상 의문문의 하위유형에 대하여 검토했다.

15) 이것은 평서문에서는 〈전체초점문〉에 해당할 것 같다. 평서문의 〈전체초점문〉에 대해서는 소설 모두에 자주 사용된다는 大槻邦敏(1987)의 논의를 참조. 또한 본서 제II부 2장의 논의도 참조.

5. WH(설명)의문문

5.1. 들어가기

WH(설명)의문문은 YES-NO(판정)의문문에 비해 연구가 그다지 많지 않다. 이하에서는 工藤真由美(2014)催ビョル(2014) 등에서도 평서문과 의문문을 대상으로 지적했듯이 WH(설명)의문문의 경우도 무드, 텐스, 애스펙트(TAM)[16]가 〈시간적한정성〉과 밀접하게 관련된다는 관점에서 소개하기로 한다.

간단히 결론부분을 말하자면 WH(설명)의문문이 〈질의성〉과 술어의 시상법체계를 유지하면 사실〈확인〉이라는 〈양태적 의미(modus)〉를 실현하고 이러한 타입이 본연의 WH(설명)의문문이라고 생각된다. 하지만 WH(설명)의문문이 시상법범주에서 체계적인 변용이 시작되면 양태적인 의미변화도 수반하게 된다. 즉 사실〈확인〉에서 〈비난, 힐문, 질책〉 등의 양태적인 의미를 나타나게 되는 것이다.

하지만 이러한 논의의 주된 대상이 되는 것은 동사술어문이다. 왜냐하면 형용사술어문이나 명사술어문의 경우는 다음과 같이 기본적으로 〈시간적한정성〉이 없는 것이 일반적이기 때문에 시상법범주가 동사술어문에 비교해서 민감하지도 않고 이러한 사실이 술어의 형태론적인 어형변화에도 반영되어 있지 않다.

(1)「宝塚歌劇団の特別製の品で, 誰でも買えるものです。おたくのお嬢さ

16) 工藤真由美(1995)(2014) 등에 따라서 본서에서는 무드는 텐스와 애스팩트와 같이 기본적으로 동사의 어형변화에 의한 형태론적인 범주을 가르키는 용어로 사용한다. 동사의 어형변화만이 아니라 다양한 수단에 의해 만들어지며 화자와 현실과의 관계를 나타내는 보다 광범위한 의미로 〈양태적(modus) 의미〉라는 용어를 사용하기로 한다. 또한 모달리티(modality)는 temporality, aspectuality와 더불어 문장레벨에서의 의미/기능적인 범주를 의미한다.

んと, 同じ品を, 千田弓子という議員秘書が持っていたのですよ。」

二階堂の言葉に, 川原社長は, 口髭をピクッと動かした。

「議員秘書? …どの議員?」

「ご存じですか? …世界新歩堂の中条先生です。中条勝也先生…」

(宝塚市)

(2)「前にいた飯場でいっしょにいた男に似ているんです」

「飯場? どこの飯場です? 被害者の名前は? どこの出身ですか」

(花の骸)

(3)「ね, 尚美, その編集者の人とはどういう関係なの?」

「関係? 雑誌の取材で会っただけよ」

「信用できるの?だって, コラム書かせるとか, なんの実績もないのに話うま過ぎるじゃない」(愛と)

그러면 이하에서는 기본적으로 〈시간적한정성〉이 있는 동사술어문을 대상으로 하여 WH(설명)의문문에서 어떠한 현상이 일어나고 있는지를 검토해 보기로 하자.

5.2. WH(설명)의문문의 분류

여기에서는 WH(설명)의문문을 〈시간적한정성〉이 있는 경우와 〈시간적한정성〉이 없는 경우로 나누어 검토해 보기로 한다. 우선 아래 예문을 보자.

(4)「どうして, 承諾したの?そんな見ず知らずのねえちゃん」

「ちょっと負い目があったからな」

「負い目?」(ロング)

(5)「何時頃ですか」

「そうですねえ, 私が自宅に帰ってからかけたから, たぶん午前一時前後だったと思いますけど。彼女は十二時前に電話をくれたようですけど, まだ店が終わってなかったので, 出られなかったんです」

「どのぐらい話しておられましたか」

「あの時は, たぶん三十分ぐらいだったんじゃないでしょうか。」

(容疑者)

(6)「この幕は, いったい, どんなふうに張られてたんですか?」

榎本は, ゴミ袋を手に取って訪ねる。

「上は, 壁の天井に近い位置に, 大型の画鋲と両面テープで留めてありました。それから, 両側も, 上から下まで画鋲で固定してあったようです」(鍵)

(7)「どうなんですか。警視庁の人間と会ったんでしょう?」

早瀬が尚も訊いてくる。ここで嘘をつくのは得策でないような気がした。

「浦生さんには会いました。でも, 警察だとはいってなかったですけど」

「何といってましたか」

「自分は植物の専門家だって……」(夢幻花)

(8)「所長, 一体どうしたんです? また奥様に追い出されたんですか?」

「俺が?馬鹿いえ, どうして亭主が女房に追い出されなきゃならんのだ?あれは俺の家だぞ!俺が稼いだお金で買ったのだ。女房の奴にでかいツラされてたまるか!」(結婚)

(9)「そんなこと言っても……少なくとも会って話ぐらいはすべきだ!」

「一回会って話したくらいで何が分かるの?それなら全然会わなくなって同じことよ。うまく行かなキャ離婚すればいいのよ」(結婚)

(10)「悩みごと?」,「僕が?」

「だって, むずかしい顔してるわ」

「ボールを頭にくらったんだ」

容子は声をあげて笑った。

「何がおかしいんだよ!」(課外授業)

(11)「でも, どうして私を殺そうとするのかしら?」

と綾子が首をひねった。

「私が一体何を知ってるの?まだ何も分っちゃいないのに」

(ハムレット(上))

앞의 네 예문은 〈시간적한정성〉이 있는 경우인데 이러한 의문문에서는 텐스와 애스펙트의 문법범주가 분화되어 있으며 과거사실을 확인하는 무드와 연동된다. 반면 뒤의 네 예문의 경우는 〈시간적한정성〉이 없는 경우로 이러한 문맥에서는 텐스와 애스펙트 범주가 중화되며, 무드 또한 사실〈확인〉이 아닌 화자 주체적인 무드가 현저해진다.

이와 같이 WH(설명)의문문의 논의에서는 〈시간적한정성〉의 유무에 따라서 TAM(텐스/애스펙트/무드)체계가 연동되고 있기 때문에 의문문의 주체성을 고찰하기 위해서는 이러한 관점이 유효하리라 생각된다.

이하에서는 〈시간한정성〉의 관점에서 보다 구체적인 예문들을 확인하기로 한다.

5.3. 사실〈확인〉의 WH(설명)의문문

기본적으로 동사술어문에서는 〈시간적한정성〉이 있는 경우인데 이러한 콘텍스트에서는 WH(설명)의문문에 텐스나 애스펙트가 분화되어 과거의 사실이나 비과거의 사실〈확인〉 무드를 가지고 있다.

(12)「で, 今誘拐してある娘はどうします?」

「まあ少し金を握らせ, 威して黙らせるんですな」

「とんでもない!」(結婚)

(13)「一緒に来てください」

「どこ行くの?」

「警察です」

「警察…」(愛と)

(14)「美樹さんは, どう思ってるの? お兄さんは, 本当に, 自殺したと思いますか?」

肉親を失ったばかりの十五歳の少女には, 酷な訊き方かもしれないと思った。とはいえ, 避けて通ることのできない質問だし, 多少のオブラートに包んだところで, 辛さが減ることはないだろう。そして, どうやら, その判断は間違っていなかったようだった。

「お兄ちゃんは, 絶対に, 自殺なんかしません!」(鍵)

(15)「おいしい, このマリネ」と, みのりは旺盛な食欲を発揮して,

「お姉ちゃんはね, 怖がってるのよ」

「怖がってる?何を?」と, 田中が不思議そうに訊く。」(十字路)

(16)「じゃあ伺いますけど, これ, どこで買ったんですか」

「どこって…」

男は視線を宙に泳がせた。直子は表情をひきしめて,

「どこの店ですか」(愛と)

(17)「原因は何だったんですか?」と, 三田村はきいた。

「それが, よくわからないのですよ」

「わからない?」(十津川)

(18)「何回かお会いになってるんですか?」

「二回です。二度目は, あなたに頼まれて来たといってましたが」

「私に?」草薙の目が泳いだ。

「ええと, 彼はどんなふうにいってましたか」

「私に捜査協力を頼めるかどうか打診してほしいといわれたとかいって」(容疑者)

(19)「大石社長は, ふだん, どんな印鑑を使われてましたか?」

「仕事用には, 社長印と銀行印がありました。あとは,

社長個人の実印と, 三文判も」

田代芙美子が, 答える。(鍵)

앞의 네 예문에서는 비과형을 사용하고 있는데 「スル」형으로는 미래에 일어날 사실을 완성상(perfective)적으로 확인하고 있으며 「シテイル」형으로는 현재사실을 계속상(imperfective)의 사실로 확인하고 있다.

또한 뒤의 네 예문에서는 과거형이 사용되고 있다. 「シタ」형으로 과거에 일어난 사실을 완성상적으로 확인하고 있으며 「シテイタ」형으로 과거에 계속되고 있었던 사실을 확인하고 있다. 물론 (17)의 명사술어문은 상(aspect)적인 범주가 분화되지 않으므로 텐스(tense)적으로 과거사실을 확인하고 있다.

이상 위에서 살펴본 바와 같이 텐스와 애스펙트가 분화되어 있는 WH(설명)의문문에서는 화자가 과거나 비과거의 〈대상적인 내용〉에 관한 사실을 확인하는 정보요구형의 언어활동을 하고 있다고 생각된다. 이러한 의문문에서는 화자가 〈대상적인 내용〉을 청자에게 사실〈확인〉하는 무드와 밀접하게 관련되어 있다.

5.4. 무드적인 WH(설명)의문문

지금까지 검토해 온 바와 같이 아래의 예문들에서도 과거형 술어에서는 사실 〈확인〉이라는 양태적인 의미가 현저하게 나타나며 일반적인 정보교환을 위한 언어활동이라고도 할 수 있다.

(20)「なぜそうあっさりと持ち主が見つかったんだ」

「それまた難しい話じゃない。盗難届が出されていたんだ。だから照

会すれば済む問題だ」

草薙が答えると, 湯川は低く唸った。厳しい目をしているのが, サングラス越しでもわかった。

「何だ。今度は何が気に入らない?」

湯川は草薙を見つめてきた。(容疑者)

(21)「そんなことより, ここで一体何をやったんですか?」

「おい……僕は被害者なんだぞ!そんな訊き方ってあるか!」

「あら, 失礼。」(結婚)

(22)「どうして俺がおまえのことを怪しいと思うのか, その理由を訊かないのか」

「訊く必要がない。いつの世も科学者というのは, 人から怪しく思われる存在だからね」なおも一斗缶の中をつついている。

「何を燃やしてるんだ」

「大したものじゃない。不要になったレポートとか資料だ。」(容疑者)

(23)「被害者は電話に加入していましたよね。通話記録はどうなっていますか」

「それについては捜査資料に記してあるはずですが」

「読みましたが, 新たな情報があるかもしれないと思いまして」

(夢幻花)

(24)「この事件は, これまでに見てきた密室殺人とは, あきらかに異質な感じがします。第一, 計画性は皆無です」

「どうして, そう言えるの?」

「三流のミステリーならともかく, よりによって芝居を上演している舞台の真横にある楽屋で, 殺人を犯す必要があるでしょうか?……まあ, 芝居を宣伝することが目的の殺人だったら話は別ですが」(鍵)

하지만 다음 예문과 같이 의문문을 사용하여 사실을 확인한다기보다는 화자의 주체적인 태도 즉 무드가 현저히 나타난 예문도 있다.

(25)「あの……ここ, つぶれるんでしょうか?」と紘子が訊くと, 深田は目をむいて,
「何を言うか!」と怒鳴った。
「つぶれるなんて, 縁起でもない。わが〈ブライダル・コンサルタント〉は不滅だ」(結婚)

(26)「何をボンヤリしとるんだ?」
「すみません。あの, お昼のラーメンですか?」
「何を言っとる。今四時だぞ。どうしたっていうんだね?」
「いえ, 別に……」(結婚)

(27)「なにがおかしいのよ」貴子がムッとして言うと, 尚美は悪びれるどころか, 逆にあらためて貴子を正面からみつめ,
「自分はどうなの?」と訊いてきた。
「…あたし?」
「健吾と別れて寂しいから時男にいってるんじゃない」
「な, なに言うのよ」(愛と)

이들 예문들은 밑줄 부분과 같이 「何を言うか」로 형식화가 많이 진행된 것이다. 여기에서는 사실을 확인하기보다는 화자의 놀라움이나 말이 안 된다는 의미로 특정한 발화상황에서 금지 표현으로 사용되고 있다.[17]

다음 예문들도 「何を言うか」에 상응하는 연장선상에 있는 것으로 생각된다.

(28) 激しい音がして, ガラスが飛散した。君塚は, 割れた窓に手を突っ込も

17) 이 점에 대해서는 奥田(2002)를 참조.

うとしたが，どこかを切ったらしく，苦痛の声を上げて手を引っ込めた。
「馬鹿! 何をやってるんだ!」
池端専務が，君塚を怒鳴りつける。(鍵)

(29)「お願いだから離して」
「いやだ，おかあさんにそんなことさせない。だったら，あたしが自首する」
「何を馬鹿なこといってるの」
「だって，最初に殴ったのはあたしだもん。あかあさんはあたしを助けようとしただけだもん。あたしだって途中からおかあさんを手伝ったし，あたしも人殺しだよ」(容疑者)

또한 다음 예문과 같이 반어적인 표현도 화자의 주체성이 많이 나타난다.

(30)「やーい，本気にした!」と叫んで笑い転けた。
「お前ー」良介は真っ赤になって
「誰がー誰が，本気にするか!お前なんか……お前なんか，映画の招待券つけてくれたって，ごめんだい!」(死が)

(31)「ねえ，秋世」と，千春がベットの方へやって来た。
「うん? 借金の申し込み」
「誰があんたにお金なんか借りますか」
と，千春が顔をしかめて，
「高利貸になるに決ってる」(死が)

상기 예문에서 화자가 주장하고 있는 것은 의문문이나 긍정문이 아닌 「誰も本気にはしない」, 「誰もあなたにお金を貸さない」로 실제로는 평서문, 그 중에서도 부정 술어의 내용을 주장하고 있다.

5.5. 나오기

이상 WH(설명)의문문에 관해서 간단하고 개괄적인 설명을 마치기로 한다.

본론

제I부 전형적인 의문문

제II부 비전형적인 의문문

제I부 전형적인 의문문

제1장 YES-NO(판정)의문문의 분류

1. 들어가기

이미 설명한 바와 같이 화자가 알고 싶은 부분에 화자 나름대로의 판단을 제시하여 청자에게 확인하는 것이 YES-NO(판정)의문문이다.

또한 설명이 필요 없겠지만 「デハナイ」는 일본어에서 명사를 부정하는 역할을 하고 있으며, 「デハナイカ[1]」는 그것을 의문문화한 것이다. 그러나 다음 예문에서 확인할 수 있듯이 「デハナイカ」는 형용사술어나 동사술어에 직접 접속되는 예문이 보인다.

(1) 「だいたい, 永室だか何だか知らないけど, 赤の他人にきみという人間

1) 「デハナイカ」と「ノデハナイカ」는 각기 「ジャナイカ」, 「ンジャナイカ」, 「ジャアリマセンカ」, 「ンジャアリマセンカ」 등의 이형태(異形態)가 있는데 본서에서는 「デハナイカ」와 「ノデハナイカ」로 표기하기로 한다.

がわかるはずがないじゃないか?少なくともぼく以上には」(R邸)

(2)「複雑なものは, どうもいけません」

「近頃の学生は歴史や経済を, 漫画で覚えるというじゃないか」

「英語も漫画です」(ナチ)

논의의 편의상 부정의문문을 부정사「ナイ」를 수반하는 의문문이라고 정의내린 田野村忠温(1988)을 따르면 상기 예문들도 부정의문문이 된다. 그러나 상기예문에서의「ナイカ」는 부정의 역할도 청자을 향한 질의성(質疑性)의 기능도 상실하고 있다.

한편 한국어에서도「-지 않다」는 형용사나 동사술어에 접속되어 부정을 나타내는 기능을 한다. 그러나 다음의 예문에서「-지 않다」는 명사술어에 접속되어 화자의 놀라움이나 감탄, 발견 등 〈의외성〉의 의미를 나타내고 있다.[2]

(3)「어, 이거 지갑이지않아![3]」

(4)「아니, 이게 누구야. 상희잖아!」

물론 위의 예문에서「-지 않아」를「-가/이 아니야」로 바꾸어도 문법성의 판단에 변화가 없지만 문제는 일본어와 마찬가지로 예(3)(4)에서와 같이 명사술어문에 부정의 역할도 질의성도 상실한「-지 않아」가 사용된다는 언어사실이다. 한국어 연구에서는 임홍빈(1973)이나 서정수(1994)가 지정사「이다」는「-지 않다」를 붙여 장형(long form)부정도 가능하다고 언급하고 있으나, 예(1)(2)의 일본어와 같이 생각해 볼 때 그렇게 단순한 문제는 아닌 것 같다.

---

2) 제4장에서의 구체적인 논의를 참조.

3) 물론 이 경우에 한국어에서는「이/가 아니야」도 허용된다. 또한 명사술어에 직접 접속된다는 의미는 계사(繫辭)「이다」에 접속된다는 것을 의미한다.

본장에서는 일본어 의문표현의 전체상을 염두에 두면서 공시적(synchronic)인 관점에서 위와 같이 일본어와 한국어에 보이는 특수한 부정의문문도 포함한 YES-NO(판정)의문문의 전체를 대상으로 하여 의미·문법적인 특징을 근거로 명확한 분류 작업을 하고 개략적인 설명을 하는 것이 일차적인 목적이다. 그 다음 그 분류에 입각하여 각 타입의 의문문간의 유기적인 연관성을 규명하고자 한다.

2. 선행연구의 검토

2.1. 田野村忠温(1988)

선행연구 중 일본어 부정의문문을 정면에서 논의한 것은 우선 田野村忠温(1988)가 주목된다. 田野村(1988)는 구문적인 특징과 음조와 의미적인 특징에 의거하여 다음과 같이 「デハナイカ」를 예로 부정의문문의 하위유형을 지적하고 있다.

第1類：①よう, 山田じゃないか。
② 何をする, 危ないじゃないか。
③ 自分から言い出したんじゃないか。
第2類：① (不審な様子から)どうもあの男犯人じゃないか?
② (空模様を見て)雨でも降るんじゃないか?
第3類：① (1は素数でないことを教えられて)そうか, 1は素数じゃないか。
② (1ガ素数デナイト君ハ言ウガ心得デキナイ) 本当に1は素数じゃないか?

(田野村(1988:17))

본 연구는 부정의문문 중에도 성격을 달리하는 하위그룹이 존재한다는 점에 대한 선구적인 연구인 田野村(1988)의 주장을 기본적으로 평가하는 입장이지만 세부적인 문제로 다음과 같은 의문점을 제기하고자 한다.

우선 첫 번째 문제점은 모든 부정의문문이 상기 3분류 중 어딘가에 분류될 수 있는가 하는 망라성에 관한 점이다. 구체적으로는 다음과 같은 중립의문문은 어느 곳에 자리매김을 하면 되는가.

(5) (잘 모르는 가게에 처음 들어가서)
「ハサミありません(≒あります)か?」

(6) (잘 모르는 가게에 처음 들어가서)
「가위 있어요(≒없어요)?」

위의 중립의문문에서 부정사「ナイ」는 〈대상적인 내용〉을 부정하지 않는다는 점에서는 추정(推定)의 第2類와 유사한 면을 보이지만 화자의 예측/예단(予断)이 없다는 차이가 있다. 따라서 위에서 확인할 수 있듯이 부정술어를 긍정술어로 큰 의미변화 없이 치환이 가능하다.

두 번째 문제로는 연속성의 문제를 들 수 있다. 즉 어떠한 방법으로 第3類에서 第1類까지의 부정의문문이 연속되어 가는지 위의 분류에서는 용법간의 유기적인 연관성이 잘 보이지 않는다.

세 번째 문제로는「多分明日雨でも降るんじゃない」와 같은 추정표현이 과연 第2類를 대표하는 예문일까 하는 점이다. 필자의 생각은 부정적이다. 왜냐하면 第1類도 第3類도 추정표현은 유기적인 관련성이 보이지 않기 때문이다. 더 나아가서는 第2類는 추정의 의미를 가지는 것만으로 한정될 수 있는가 하는 의문이 생긴다.

네 번째 문제로서는 왜「デハナイカ」를 중심으로 하는 부정의문문에서 (특히 第3類) 유기적인 변화 또는 변용이 발생하느냐는 점이다. 긍정의문

문에서도 여기에 상응하는 현상이 일어날 수 있는 것인가, 아니면 부정의문문에서만 보이는 특수한 현상인가, 이러한 언어현상에 대한 적절한 설명이 필요하다고 생각한다.

2.2. 安達太郎(1999)

安達(1999)는 부정의문문의 분류보다는 의문문에 나타난 화자의 판단이라는 쪽에 논의의 초점을 맞춘 것이다. 安達는 부정의문문[4]을 다음의 세 가지로 나누고, 「デハナイカ」와 「ノデハナイカ」를 제각기 다른 문법형식으로 보고 있는 점이 특이하다고 할 수 있다.

1) 命題否定疑問文 : 本当に来ない? まだ来ない?
2) 「傾き」を持たない否定疑問文 : すみません, 誰かいませんか?
3) 「傾き」を持つ否定疑問文 : 君, 疲れてない?
4) 「お前は, そんな集まりなんかには行かない, と言っていたじゃないか」
5) 「きみ, 熱があるんじゃないか」

(安達(1999:28-44))

이와 같은 安達(1999)의 논의는 의문문에 나타나는 화자의 판단을 논의하는 데에는 도움이 될지는 모르지만 분류 그 자체로는 다음과 같은 두 가지 큰 문제가 있다.

첫째는 역시 용법간의 유기적인 연관성에 관한 문제이다. 특히 위의 분류에서는 1)2)3)과 4)5)가 완전히 단절되어 있어 어떠한 연관이 있는

4) 여기에서의 부정의문문은 田野村(1988)의 형태적인 규정과는 달리 기능적인 측면에서의 용어인 것 같다. 하지만 田野村(1988)의 第1類와 第3類의 부정사가 부정사로 기능하고 있지 않기 때문에 엄밀히 말하자면 기능적인 규정도 아니다. 이에 대해서는 본론에서 자세히 다루겠다.

지 찾아보기 어렵다.

두 번째는 문법형식에 관한 문제이다. 安達(1999)에서는 위의 예와 같이 「ノダ」의 유무(有無)에 따른 두 형식 「デハナイカ」와 「ノデハナイカ」를 별개의 문법형식으로 보고 있는데 이것은 두 형식의 공통점은 무시하고 차이점만을 지나치게 주목한 주장이라고 생각된다.[5] 또한 불필요한 형식의 인정은 〈언어의 경제성〉이라는 언어학의 기본원리에 저촉될 수 있는 제안이라고 생각된다.

3. 고찰

3.1. YES-NO(판정)의문문의 5분류

본 연구에서는 위와 같은 문제점을 해결하기 위해 이하에서 제시하는 바와 같이 부정의문문의 5분류를 주장한다.

모든 문장에서와 같이 부정의문문에서도 주체적인 측면과 객체적인 측면이 반영되어 있다고 생각된다. 필자가 제안하는 부정의문문 5분류의 기준은 이러한 화자의 〈주체성〉 정도에 따라서, 또한 〈주체성〉에 기인하여 발생하는 문법적인 현상들을 근거로 한다.

논의의 편의상 결론적으로 5분류를 먼저 제시하면 〈표 1〉과 같다.

5) 国立国語研究所(1951)(1960)(1963), 宮崎和人(2004)(2005)등에서도 두 형식을 각각 개별형식으로 인정하고 있다.

〈표 1〉「YES-NO의문문의 분류[6]」

非前提型疑問文(中立疑問文)		: 제1류
前提型疑問文	分析的疑問文	: 제2류
		: 제3류
	非分析的疑問文	: 제4류
		: 제5류

이러한 부정의문문 분류의 배경과 근거가 되는 奥田靖雄(1986b)의 〈대상(對象)의 논리〉와 〈화자(私)의 논리〉라는 개념과 이하 구체적인 논의에서 중요한 개념이기도 한 BIAS라는 용어에 대하여 검토해 보자.

3.1.1. BIAS

먼저 BIAS부터 검토하자. 일상적인 용어로서의 BIAS는 비호의적인 선입관이나 성향, 편견 등을 의미하지만 언어학적으로 다음과 같은 개념적인 규정이 보인다.

가. 太田朗(1980)

太田(1980)는 BIAS를 다음과 같이 정의하고 있다.

「「片寄り」とは, 疑問文が肯定, 否定いずれの答えをより多く予想するかということで, それぞれ肯定の片寄り(positive bias), 否定の片寄り(negative

6) 이 분류는 鄭相哲(1999a)에 따른다. 그 이후에도「デハナイカ」에 관한 연구는 의욕적으로 이루어지고 있으며 체계적인 성과로는 柳炅希(2008), 최근의 연구로는 中田一志(2017) 등을 참조바람.

bias)を持つと言う」(太田(1980:621))
(「片寄り(bias)」란, 의문문이 긍정, 부정 어느 쪽의 응답을 보다 더 많이 예상하는가 하는 것으로, 각각 긍정 바이어스(positive bias), 부정 바이어스(negative bias)를 갖는다고 한다)

나. Huddleston & Pullum(2002)

Huddleston & Pullum(2002)에서는 BIAS를 다음과 같이 정의하고 BIAS의 하위유형으로 다음의 세 종류를 소개하고 있다.

A biased question is one where the speaker is predisposed to accept one particular answer as the right one. A neutral question lacks such bias towards one answer rather than another: it is the default category on this dimension. (Huddleston & Pullum(2002:879))

(a) epistemic bias
- Doesn't she like it.

(b) deontic bias
- Aren't you ashamed yourselves?

(c) desiderative bias
- Can l have some more ice-cream?

(Huddleston & Pullum(2002:879-880))

Huddleston & Pullum(2002)의 (b)(c)는 분석적의문문과 직접적으로 관련되기 때문에 다음 장에서 보다 상세히 검토하기로 한다. 여기에서는 두 논의를 참고하여 정리하면 BIAS를 의문문에서 보이는 〈화자의 예상/

예측〉이라고 편의상 규정하고 논의를 진행하기로 하자.[7]

3.1.2. 〈대상(對象)의 논리〉와 〈화자(私)의 논리〉

다음은 의문문 연구에 있어서도 중요한 개념 중 하나인 奥田(1986b)의 〈대상(對象)의 논리〉와 〈화자(私)의 논리〉 라는 개념을 소개하기로 한다. 奥田(1986b)에서는 복문 특히 조건문의 논의 중에서 문장에 나타난 〈주체성〉과 〈객체성〉에 대해 다음과 같이 언급하고 있다.

> ものがたり文の対象的な内容は, 現実の世界の出来事の反映でもあるとすれば, 客体的であるが, それがはなし手の確認であるとすれば, そこには認識するはなし手の立場, 経験のありなし, 知的レベルなど, さまざまなファクターが作用して, 主体的なものになる。ものがたり文の対象的な内容も, それが主体的なレアリティーであるかぎり, ふたつの側面, 客体的なものと主体的なものとの統一をなしている。だが, この対象的な内容は, 主体的なものをぎりぎりのところまできりすてながら, 客体的なものになろうとする。こうして, ものがたり文の対象的な内容は, 《対象の論理》にしたがいながら, はなし手の立場からとおざかって, 現実に忠実な客観描写になってくる。つまり, 対象のもっている法則性にしたがいながら, 現実の世界をえがきだす。このことは, 現実の世界の出来事を確認することに使命づけられている《ものがたり文》の本性である。ものがたり文の対象的な内容が真であるか, 偽であるか, つねに議論の対象になるのは, このためである。
>
> ところが, まちのぞみ文, さそいかけ文の対象的な内容は, それがはなし手の意欲なり決心, 期待なり願望であれば, はなし手のあい手へのお願い, 許可, 命令, 忠告であれば, はなし手の立場から《私の論理》にしたがって

7) 서론 제4장에서 소개한 奥田(2002)에서의 〈판단〉은 BIAS보다는 보다 상위레벨에서의 광범위한 개념이라고 생각된다.

くみたてられている。《私の論理》の背後には《対象の論理》がひかえているとはいえ，直接的にははなし手である《私の論理》にしたがって，くみたてられている。ものがたり文では，はなし手の立場の主張，《私の論理》は背後にかくれているが，まちのぞみ文，さそいかけ文では，その対象的な内容ははなし手の主張そのものである。そこでは《対象の論理》が背後にかくれている。ここでは評価されるとしても，真偽はとわれない。

(奥田(1986b:10-11))

평서문의 〈대상적인 내용〉은 현실세계의 사건을 반영이라고 한다면 객체적이지만 그것이 화자의 확인이라고 한다면 거기에는 확인하는 화자의 입장, 경험의 유무, 지적(知的)레벨 등 다양한 요인이 작용하여 주체적인 것이 된다. 평서문의 대상적인 내용도 그것이 주체적인 리얼리티(reality)인 두 측면, 즉 주체적인 측면과 객체적인 측면이 통일을 이루고 있다. 그러나 이 〈대상적인 내용〉은 주체적인 것을 마지막 부분까지 버려가면서 객체적인 것이 되려고 한다. 이렇게 해서 평서문의 〈대상적인 내용〉은 《대상의 논리(対象の論理)》에 따라, 화자로부터 멀어져 가면서 현실세계에 충실한 객관묘사가 되어간다. 즉 대상이 갖고 있는 법칙성에 따라서 현실세계를 기술한다. 이것은, 현실세계를 확인하는 것을 사명으로 하는 《평서문》의 본성(本性)이다. 평서문의 대상적인 내용이 진짜인지 가짜인지 항상 논의의 대상이 되는 것은 이 때문이다.

그런데, 희구문(希求文), 권유문(勸誘文)의 대상적인 내용은, 그것이 화자의 의욕이나 결심, 기대나 원망(願望)이라면, 화자가 청자에게 부탁, 허가, 명령, 충고라면 화자입장에서 《화자의 논리(私の論理)》에 따라서 구성된다. 《화자의 논리》의 배후에 《대상의 논리》가 숨어있다고는 하지만, 직접적으로는 화자인 《화자의 논리》에 따라서 구성된다. 평서문에서는 화자 입장의 주장, 《화자의 논리》가 배경화되어 있지만 희구문, 권유문에서는 그 대상적인 내용은 화자의 주장 그 자체이다. 거기에서는 《대상의 논리》가 배경화되어 있다. 여기에서는 평가는 되지만 진위(眞僞)는 문제시되지 않는다.

위에서 살펴본 《대상(對象)의 논리》와 《화자(私)의 논리》는 본서의 논의대상인 부정의문문 연구에서도 적용이 가능할 것 같다. 즉 기본적으로 제1, 2류의 부정의문문은 《대상의 논리》에 따라서 만들어지고 제3류 이상의 부정의문문은 《화자(私)의 논리》에 따라서 생성된다는 것이다.

이 개념을 문장에서의 〈주체성〉과 〈객체성〉이라는 말로도 환언할 수 있다. 즉 의문문에서 필자의 용어로 말하자면 제1류에서 5류로 갈수록 점진적으로 〈주체성〉이 증가하여 전경화(foreground)되어 가고 반면에 〈객체성〉은 점진적으로 배경화(background)되어 간다고 생각하는 것이다.

3.2. 하위분류

우선 YES-NO(판정)의문문은 전제(前提)의 유무에 따라 전제형의문문과 비전제형의문문으로 대별된다. 그 다음으로 전제형의문문은 질의성의 유무에 따라 분석적의문문과 비분석적의문문으로 나누어진다.

또한 전자는 BIAS극성과 술어형식의 극성의 일치여부에 따라 제2류와 제3류로 나누어지며 후자는 문법화의 단계에 따라 제4류와 제5류로 구별된다.

이하에서는 이러한 분류기준이 되는 것을 구체적으로 제시해 상세히 검토하기로 한다.

3.2.1. 전체형의문문과 비전제형의문문

먼저 비전제형의문문과 전제형의문문과의 구별이다. 양자를 구별하는 근거가 되는 현상으로는 개략 1)술어형식의 호환성 2)응답방법 3)「そうだ」의 대용 등 세 가지 방법이 있다.[8] 1)에 대해서는 다음 절에서 검토하기로 하고 이하에서는 2)3)에 대해서 보기로 하자.

첫째로는 응답방법이다. 비전제형의문문은 그 응답방법에 있어서 다음과 같이 독특한 모습을 보인다. 예문을 보자.

(7)「はさみ, ありますか?」
　A :「はい, あります」
　B :「いいえ, ありません」
(8)「はさみ, ありませんか?」
　A :「はい, あります」
　B :「いいえ, ありません」

즉 예문(7)(8)에서 확인할 수 있듯이 비전제형의문문에서는 전제형의문문과는 달리 술어형식을 치환해도 응답방법에 아무런 변화도 보이지 않는다.

다음은「そうだ」의 대용문제이다. 우선 예문을 보자.

(9)「あなた, 学生ですか?」
　「はい, そうです」
(10)「彼は大丈夫ですか?」
　「#はい, そうです」

8) 田野村(1988), 安達(1999), 吉田吏沙(2012) 등도 참조.

상기의 예문에서 알 수 있듯이 전제형의문문에서는「そうだ」를 대용해서 사용할 수 있지만 비전제형에서는「そうだ」를 대용할 수 없다. 물론 이와 같은 현상은 화자가 비전제형의문문에서는 긍정이나 부정 어느 쪽으로도 치우치지 않고 중립적으로 제시하기 때문에 구체적인 지시대상을 갖지 않기 때문이다.[9]

3.2.2. 분석적의문문과 비분석적의문문

분석적의문문과 비분석적의문문을 구별하는 근거는 질의성(質疑性)의 유무이다. 뒤에서 자세히 논의하기 때문에 간단히 예문만 들어 두기로 하자.

(11) 尚人も, 照れ隠しだけでなく, 天井を見上げた。そして, わざとそっけなく言う。
「レポートのネタ, 仕入れたくない?」
「え?」
「よかったら……その……お茶でもおごるよ」(101)

(12)「下らないわよ。男って, どうして皆独り上がりなのかしら」
「ちょっと危険なファンタジーだと思わないかい」
「思わないわ。下手なドラマじゃあるまいし。」(妖怪)

(13)「しかし, 森川さんの私設事務所を訪問したことがあるそうじゃありませんか?」
「誰が, そんなことを言ったんです?」(裁判)

---

9) 하지만 명사술어문이 아니기 때문에「そうだ」를 대용할 수 없다는 반론이 예상되므로 다음과 같은 명사술어문이 아닌데「そうだ」를 대용한 예를 들어 두기로 하자.
「(けがの話を聞いて)じゃ, 彼は大丈夫じゃなかった?」
「そうなんですよ」

(14)「どうしたんだ?何か考えごとをしていたらしいじゃないか?」
「いやね, 君もこうやって顔を外に出してみろよ。今日の空気は, 雨上がりのせいか, ばかにうまい」(遠い声)

(11)(12)가 질의성을 가지고 있는 분석적의문문이며, (13)(14)가 질의성을 가지고 있지 않는 비분석적의문문이다.

3.2.3. 제2류와 제3류

제2류와 제3류의 차이는 BIAS[10)]의 극성과 술어형식의 극성이 일치하는가 안 하는가에 있다. 우선 예문을 보자.

(15)「あのーあの人, そっちへ行っていません」
「成田さん? 知らないわよ」
「そうですか……」
「帰らないの?」
「ええ。ーもうとっくに帰ってるはずなんですけど」(半分)
(16)「下らないわよ。男って, どうして皆独り上がりなのかしら」
「ちょっと危険なファンタジーだと思わないかい」
「思わないわ。下手なドラマじゃあるまいし。」(妖怪)

제2류에 해당하는 (15)는 선행발화에서「帰ってこない」라는 것이 암시되어 화자는 〈대상의 논리〉에 따라서 극성과 일치된 BIAS로 묻고 있다. 하지만 제3류의 (16)에서는 화자가 〈화자(私)의 논리〉에 따라서「ちょっと危険なファンタジーだと思う」라는 BIAS를 갖고 있으면서도「ちょっと危険な

10) BIAS에 대해서는 다음 장에서 더 상세히 설명하겠지만 의문문을 제시하는 화자가 그 응답에 대한 〈예상/예단〉이다. 〈片寄り〉〈傾き〉라고도 일본어역 되는 경우가 있다.

ファンタジーだと思わない」라고 하는 BIAS와는 반대의 극성으로 묻고 있다. 이러한 차이가 두 의문문을 구별하는 기준이 된다.

3.2.4. 제4류와 제5류

이번에는 같은 비분석적의문문인 제4류와 제5류의 구별이다. 양자는 형식화의 정도에 차이를 보이고 있다. 예문을 보자.

(17) 「あたしさ, おねえちゃんは, ひょっとしたらもう結婚しないんじゃないかって思ってたの。誰も好きにならないんじゃないか, って」
「……」(101)

(18) 「軽井沢に別荘がある。そこを基地にしてあの辺をドライブしてみたいとおもっている」
「軽井沢に別荘なんて凄いじゃない」
「ぜひ都合をつけてほしい。そのつもりでいるんだ」(異端者)

(17)이 제4류의 예문이며 (18)이 제5류의 예문이다. 양자는 형식화의 정도라는 점에서 차이가 있는데 이는 이미 선행연구에서도 지적되어 온 바와 같이 부정사의 접속방법이나 추량부사의 공기 등로도 확인가능하고 그 밖에 아래와 같은 「カナ」, 「カシラ」의 접속여부[11]의 문제도 이러한 사실의 근거가 되는 현상이다.

(19) 「あたしさ, おねえちゃんは, ひょっとしたらもう結婚しないんじゃないカナ/カシラって思ってたの。誰も好きにならないんじゃないか, って」

11) 이 현상에 대해서는 이미 田野村(1988)에 의해 지적된 것이다.

(20)「軽井沢に別荘がある。そこを基地にしてあの辺をドライブしてみたいとおもっている」
「軽井沢に別荘なんて凄いじゃない *カナ/カシラ」

즉 제4류의 의문문에는 「カナ」, 「カシラ」 등이 접속 가능하지만 제5류에서는 형식화의 단계가 더욱 더 진행되어 「カナ」, 「カシラ」 등을 접속할 수 없는 것이다.

3.3. 문법적인 특징

여기에서는 본고의 5분류의 타당성을 입증하기 위해 일부 중복이 되지만 가)질의성의 유무, 나)부정사의 접속방법, 다)부정사의 역할, 라)텐스의 분화, 마)술어극성의 치환 바)추량부사의 공기(共起), 사)긍정의문문 유무의 관점에서 5종류의 의문문을 검토해 보기로 한다.

이러한 특징들은 앞에서 제시한 화자의 〈주체성〉의 단계에 따라서 나타나는 현상이다.

3.3.1. 질의성(質疑性) 유무

먼저 질의성의 유무란 부정의문문의 형태를 취하고 있는 각 타입의 의문문이 기능적으로도 정말 질의성을 가지고 있는가 하는 것이다. 구체적인 예문을 보기로 하자.

(21) 皆川は言った。「どうしてんだ?」
「成田のこと, 何か分かりませんか」
皆川は首を振った。(半分)

(22)圭子は, また急いで食べ始めた。

「ゆっくり休んでられないの?」

「一人が足りないんで, 二十分ぐらいで戻らないといけないんです」

(半分)

(23)「それにしても, 五十嵐有紀の死がもしも殺人だとすれば, これはどうやってころしたものか, 謎が多いと思いませんか」

田丸に視線を戻しながら, 永室は言った。(R邸)

(24)「先生は血液検査のようなことはしないんですか」

「まだ, その気はないようね。大縞の方も, 金をせびるわけでもないし, 急に親子関係を認めようとも言わないでいるから」

「なるほど……もしかして, その婆さんはその道のプロなんじゃないかな」

「とすると, ナチは妙な人間に見込まれたわけね」(ナチ)

(25)「…だって, あの秘伝は誰にも教えない。ここに来る客がなくなるからって, いつも親父さんが言っていたじゃないか」

「何か, 気が変わったんだね」(狐)

상기 예문에서 알 수 있듯이 제1, 2, 3류 부정의문문에 해당하는 (21)(22)(23)는 질의성을 갖고 있으나 제4, 5류 의문문에 해당하는 (24)(25)은 질의성을 갖고 있지 않다. 이러한 사실은 「と訊いた/言った」의 보문(補文)으로 「#もしかして, その婆さんはその道のプロなんじゃないかなと訊いた/言った」, 「#いつも親父さんが言っていたじゃないかと訊いた/言った」가 상당히 부자연스러운 문장이 된다는 것으로도 확인할 수 있다.

3.3.2. 부정사의 접속방법

다음으로는 부정사의 접속방법에 관한 문제이다.

(21-1) 皆川は言った。「どうしてんだ?」
「成田のこと, 何か分かりませんか」
皆川は首を振った。

(22-1) 圭子は, また急いで食べ始めた。
「ゆっくり休んでられないの?」
「一人が足りないんで, 二十分ぐらいで戻らないといけないんです」

(23-1) 「それにしても, 五十嵐有紀の死がもしも殺人だとすれば, これはどうやってころしたものか, 謎が多いと思いませんか」
田丸に視線を戻しながら, 永室は言った。

(24-1) 「先生は血液検査のようなことはしないんですか」
「まだ, その気はないようね。大縞の方も, 金をせびるわけでもないし, 急に親子関係を認めようとも言わないでいるから」
「なるほど……もしかして, その婆さんはその道のプロなんじゃないかな」
「とすると, ナチは妙な人間に見込まれたわけね」

(25-1) 「…だって, あの秘伝は誰にも教えない。ここに来る客がなくなるからって, いつも親父さんが言っていたじゃないか」
「何か, 気が変わったんだね」

위의 예문에서 확인할 수 있듯이 제1에서 4류(예문(21-1)에서 (24-1))까지 부정사가 접속되는 데는 아무런 문제가 없으나 제5류에 해당하는 (25-1)에서는 본래 형태적으로 접속할 수 없는 동사의 과거형에 「デハナイカ」가 직접 접속되고 있다. 이러한 현상은 한국어 예문(3)(4)와 대조를

이루어 상당히 흥미로운 현상이다.[12)]

3.3.3. 부정사의 역할

부정사의 역할이란 본래 〈대상적인 내용〉을 부정하는 역할을 하는 부정사가 각기 타입별로 그러한 부정의 기능을 문중에서 과연 실행하고 있는가하는 것이다. 이 사실은 부정극성과의 공기관계를 살펴보면 알 수 있다.

(21-2) 皆川は言った。「どうしてんだ?」
「成田のこと, #全然分かりませんか」

(22-2) 圭子は, また急いで食べ始めた。
「全然ゆっくり休んでられないの?」
「一人が足りないんで, 二十分ぐらいで戻らないといけな いんです」(半分)

(23-2)「それにしても, 五十嵐有紀の死がもしも殺人だとすれば, これはどうやってころしたものか, #全然謎が多いと思いませんか」

(24-2)「なるほど……もしかして, #全然その婆さんはその道のプロなんじゃないかな」
「とすると, ナチは妙な人間に見込まれたわけね」

(25-2)「…だって, あの秘伝は誰にも教えない。ここに来る客がなくなるからって, #全然いつも親父さんが言っていたじゃないか」
「何か, 気が変わったんだね」

---

12) 일본어에서는 명사를 부정하는 「デハナイカ」가 동사, 형용사술어에 직접접속되는 현상이 일어난다. 반면 한국어에서는 용언을 부정하는 「-지 않다」가 체언에 직접 접속되는 현상이 일어난다.

위의 예들에서 확인할 수 있듯이 부정극성 표현 중인 하나인「全然」이 제2류의 (22-2)이외는 전부 비문법적이거나 부자연스러운 문장이 되어 버린다.[13] 따라서 제2류만이 부정사의 기능이 확인된다.

3.3.4. 시제의 분화

제1, 2류 부정의문문에서는 부정사를 〈대상적인 내용〉으로부터 분리하기가 어렵다. 하지만 제3류의「ノデハナイカ」문장부터는 〈[あなたが真紀子を殺した]+[のではないか]와 같이 소위 〈대상적인 내용〉과 부정사 양쪽시제 모두 문제가 될 수 있다.[14]

이하에서 시제란 형식적인 관점에서 〈대상적인 내용〉에 관한 것이 아니라 부정사「デハナイカ」가 과거의 형식을 갖추고 있고 시제의 대립이 성립되는가 하는 것이다. 다음 예문은 부정사를 과거형식으로 바꾸어 본 것이다.

(21-3) 皆川は言った。「どうしてんだ?」
「成田のこと, 何か分かりませんでしたか」皆川は首を振った。

(22-3) 圭子は, また急いで食べ始めた。
「ゆっくり休んでられなかったの?」
「一人が足りないんで, 二十分ぐらいで戻らないといけないんです」

(23-3)「それにしても, 五十嵐有紀の死がもしも殺人だとすれば, これはどうやってころしたものか, 謎が多いと思いませんでしたか」
田丸に視線を戻しながら, 永室は言った。

---

13) 물론「全然美味しいよ。このパン」과 같이「全然」이 긍정술어문과 같이 쓰이는 경우도 있다. 또한 제1류의 경우는 문법적인 문으로도 판단할 수 있으나 이미 제2류의 의문문이 되어 버린다.

14) 물론 필자가 일부연구에서와 같이 부정사가 〈대상적인 내용〉으로부터 분리된다고 생각하는 것은 아니다.

(24-3)「先生は血液検査のようなことはしないんですか」

「まだ, その気はないようね。大縞の方も, 金をせびるわけでもないし, 急に親子関係を認めようとも言わないでいるから」

「なるほど……多分, その婆さんはその道のプロなん#じゃなかったかな」

「とすると, ナチは妙な人間に見込まれたわけね」

(25-3)「…だって, あの秘伝は誰にも教えない。ここに来る客がなくなるからって, いつも親父さんが言っていた#じゃなかったか」

「何か, 気が変わったんだね」

상기 예문에서 확인할 수 있듯이 우선 제4, 5류의 (24-3)(25-3)이외의 타입은 모두 과거형을 갖고 있는 것으로 보인다. 하지만 제3류 (23-3)의 경우「これはどうやってころしたものか, 謎が多かったと思いませんか」와 거의 같은 의미로 해석된다. 따라서 형태적인 과거형은 가지고 있지만 실제의 시제 대립은 인정되지 않는다.

또한 제4류의「ノデハナイカ」예문에서도 다음과 같은 예문이 간혹 보인다.

(26) 角額は全員の名前を手帳に書き込み, 改めて手帳に目を落としてから言った。

「宮下歌雄は漁に出ていたんじゃなかったのかな」

「第七みしま丸は, この間, 帰ってきたばかりです」(妖怪)

이 예문에서는「漁に出ていた」에서 과거형이 사용되었고 또한 부정사「んじゃなかった」에서도 다시 과거형이 보인다. 전자가 〈대상적인 내용〉이 과거사건이라는 것을 의미하고 후자는 〈회상〉이라는 무드의 의미로 사용되었을 가능성이 있으나 현재로는 이 문제를 상세히 논의할 준비가

되어 있지 않다.[15]

다만 상기 예문은 제4류「ノデハナイカ」의 특수한 예문이라고 생각되어 여기서는 제4류의 부정사 과거형은 인정하지 않기로 한다.

3.3.5. 술어극성의 치환

술어극성의 치환이란 부정의문문 술어의 극성을 치환했을 때 문법적으로 가능하고 또한 논리적의미의 변화가 생기는가 하는 것이다. 다음 예문을 보자.

(21-4) 皆川は言った。「どうしてんだ?」
「成田のこと, 何か分かりません(≒ます)か」
皆川は首を振った。

(22-4)圭子は, また急いで食べ始めた。
「ゆっくり休んでられない(≠いられる)の?」
「一人が足りないんで, 二十分ぐらいで戻らないといけないんです」

(23-4)「それにしても, 五十嵐有紀の死がもしも殺人だとすれば, これはどうやってころしたものか, 謎が多いと思いません(?≠ます)か」田丸に視線を戻しながら, 永室は言った。

(24-4)「先生は血液検査のようなことはしないんですか」
「まだ, その気はないようね。大縞の方も, 金をせびるわけでもないし, 急に親子関係を認めようとも言わないでいるから」
「なるほど……もしかして, その婆さんはその道のプロなんじゃない(≠です)かな」
「とすると, ナチは妙な人間に見込まれたわけね」

---

15) 이 예문에서는「ノダ」도 두 번 나타난다. 工藤(1996)도 참조.

(25-4)「…だって, あの秘伝は誰にも教えない。ここに来る客がなくなるからって, いつも親父さんが言っていた
じゃない(≠です)か」
「何か, 気が変わったんだね」

상기 예문에서 확인할 수 있듯이 술어극성의 치환이 가능한 것은 제1류의 (21-4)에서만 가능하고 그 외의 경우는 비문이 되거나 부자연스러운 문장이 되어 버린다.

물론 (23-4)(24-4)의 긍정의문문인「謎が多いと思いますか」,「もしかして, その婆さんはその道のプロなんですか」는 성립가능하다. 하지만 이 두 경우는 BIAS와 술어의 극성이 일치하는 제2류의 의문문이 된다.

또한 (21-4)은 술어의 치환이 가능한데 제1류에서는 술어의 극성이라는 것이 아직 미분화된 상태라는 것을 단면적으로 보여주는 것이다.

3.3.6. 추량부사의 공기

추량부사도 너무 광범위하고 그 수가 많이 있지만 여기서는「多分/オソラク」와「モシカスルト/ヒョットシタラ」와 두 가지 타입의 부사공기 관계를 검토해 보기로 한다. 먼저 예를 보기로 하자.

(21-5) 皆川は言った。「どうしてんだ?」
「成田のこと, (#多分/#オソラク/#モシカスルト/#ヒョットシタラ)何か分かりませんか」

(22-5)圭子は, また急いで食べ始めた。
「(#多分/#オソラク/モシカスルト/ヒョットシタラ)ゆっくり休んでられないの?」
「一人が足りないんで, 二十分ぐらいで戻らないといけないんです」

(27) 共犯関係となってから, 二人は客とコールガールではなくなっている。だからといって大矢には恋人同士の意識はない。
「(#多分/#オソラク/モシカスルト/ヒョットシタラ)警察に見張られていないか」
「私は犯人ではないし, 見張られていないわよ」(異端者)

(24-5) 「まだ, その気はないようね。大縞の方も, 金をせびるわけでもないし, 急に親子関係を認めようとも言わないでいるから」
「なるほど……もしかして(多分/オソラク/ヒョットシタラ), その婆さんはその道のプロなんじゃないかな」
「とすると, ナチは妙な人間に見込まれたわけね」

(25-5) 「…だって, あの秘伝は誰にも教えない。ここに来る客がなくなるからって, (#多分/#オソラク/#モシカスルト/#ヒョットシタラ)いつも親父さんが言っていたじゃないか」
「何か, 気が変わったんだね」

우선 상기 예문에서 확인가능 하듯이 「多分/オソラク[16)]」는 제4류[17)]의 (24-5)에서만 공기 가능한 것 같고 그 외의 예문에서는 부자연스러운 문장이 된다. 하지만 「モシカスルト/ヒョットシタラ」의 경우는 (22-5)(23-5)(27)과 같이 제2, 3, 4류에서도 공기가 가능해서 「多分/オソラク」보다 광범위하게 나타난다.

---

16) 「きっと/えてして」 등의 부사도 여기에 속한다.
17) 물론 제4류에서도 평서문과 같이 정보제공형으로 문장 타입이 파생된 〈가설제시〉의 「(ノ)デハナイカ」문장의 경우에 한정해서 가능하다는 것이다. 그 외에 감탄문이나 명령문 등으로 파생된 경우에는 추량부사와의 공기가 불가능하다.

3.3.7. 긍정/부정의문문의 대립

대응하는 긍정의문문이란 각 타입 별로 평서문에서와 같이 긍정과 부정이 대립하면서 존재하느냐는 문제이다. 대립하는 긍정의문문이 존재하는 것은 다음과 같이 제2류와 제3류의 의문문뿐이다.

(28)「どうかな, そのとき大杉美奈子と話していたとい男は, この写真の主ではなかったかね」牛尾から示された写真をじっと見つめた金子は, 反応を表わした。

「この男です。この男にまちがいありません」

「断定できるかね」

「できます」(異端者)

(29)「近頃の学生がこんな説明で納得すると思う?」

「いや, 思わん」

(28)의 경우 선행발화인「この男です。この男にまちがいありません」에서 추론하여 화자는「断定できるか」라는 의문문을 만들어 제시하고 있다. 따라서 제2류의 의문문이라고 생각된다.

한편 예문(29)에서는 화자가「近頃の学生はこんな説明では納得しない」라는 판단 혹은 BIAS을 가지고 묻고 있다고 판단되므로 제3류에 속하는 의문문이라고 생각된다.

물론 제4, 5류에서는 긍정술어가 존재하지 않는다. 단지 제1류의 의문문에서도「成田のこと, 何か分かりますか(分かりませんか)?」와 같이 형식적으로는 긍정과 부정술어가 대립한다. 하지만 의미적으로 대립하지 않기 때문에 긍부정의 대립은 성립하지 않는 것으로 판단된다.

이상 본 연구에서 주장한 부정의문문의 5분류에 대하여 그 타당성을 검증하기 위해 문법적인 특징을 근거로 의문문의 타입을 분류했다. 이상의 결과를 알기 쉽게 〈표 1〉로 만들어 보면 다음과 같다.

〈표 1〉 부정의문문의 분류와 특징

	질의성	부정사의 접속방법	부정사의 역할	시제의 분화	술어문의 극성치환	추량부사		긍부정문의 대립
						A	B	
제1류	○	○	×	○	○	×	×	×
제2류	○	○	○	○	×	○	×	○
제3류	○	○	×	△	×	○	×	○
제4류	×	○	×	△	×	○	○	×
제5류	×	×	×	×	×	×	×	×

※ 추량부사에서 A는 「モシカスルト/ヒョットシタラ」 등이고 B는 「多分/オソラク」 등을 의미한다.

4. 나오기

이상 본 연구에서 본론의 구체적인 논의의 토대가 되는 YES-NO(판정) 의문문에 관한 분류에 관하여 그 배경과 분류기준을 세우고 그것에 근거하여 5분류를 주장하였다. 또한 각각의 타입의 부정의문문에 대해 구체적인 예문을 제시하면서 그 문법적인 특징에 대해서도 고찰해 보았다.

이 논의를 바탕으로 다음 장에서는 각 타입별로 상세히 논의하기로 한다.

제2장 중립의문문

1. 들어가기

다음 일본어나 한국어 의문문에서는 논리적인 의미 차이 없이 밑줄 부분인 부정술어문을 긍정술어문으로의 치환이 가능한 것으로 생각된다.

(1) 渋谷は,「なんでこの二人が……」と言いたげに首をかしげている。
「あの, 係長」と涼子。
「今夜, ちょっとお時間ありませんか?」
「えっ?」(101)

(2)「昼飯でもどう?ぼくもどうせこの辺で食べてから会社へ戻ろうと思ってたんだ。どこか安くて甘い所, 知らないか」
「お好み焼の店があるわ。お腹ももつわよ」(半分)

(3) 정서방 : 해보나 마납니다. 어제 내린 폭설 때문에 이 근처는 다 불통예요.
박형사 : 이 근처 어디 비상 전화 있는데 없습니까?
정서방 : 문철이네 가게에 가믄 전화가 있긴 한데……(사과)

(4) 지은 : (설거지 마무리하다 돌아보며 아무렇지도 않은 체)
엄마 또 뭐 할 거 없어?
심애 : 할 거 있어. (지은 팔 잡아 마주서게)얘기. (94)

즉 상기 예문에서 술어문의 극성을 치환한 「ちょっとお時間ありますか?」, 「どこか安くて甘い所, 知っていますか?」, 「이 근처 어디 비상 전화 있는데 있습니까?」, 「엄마 또 뭐 할 거 있어?」 등도 문맥상 거의 같은 의미를 실현한다는 것이다.

이러한 술어극성의 치환이 가능한 것은 이미 언급했듯이 화자가 긍정이나 부정술어, 어느 쪽으로도 치우쳐서 예상하지 않고 즉 전제나 BIAS 없이 중립적으로 〈대상적인 내용〉을 제시하여 청자에게 그 해답안을 요구하기 때문이라고 생각된다.

이하에서는 이러한 종류의 의문문을 중립의문문이라고 가칭하고 그 하위타입을 알아보고 또 그 의미적, 문법적인 특징을 검토하기로 한다.

논의의 순서로는 2장에서 선행연구를 검토하고 그 문제점을 지적한 후에 3장에서는 구체적인 분석으로 중립의문문의 종류를 개관하면서 그 의미적 문법적인 특징에 대해서 살펴보기로 한다.

2. 선행연구의 검토

2.1. 久野暲(1973)

현대일본어를 대상으로 해서 중립의문문에 대하여 고찰한 것으로는 久野暲(1973)와 太田朗(1980) 등이 있지만 여기에서는 보다 구체적인 논의가 보이는 전자를 간단히 소개하기로 한다.

久野(1973)는 부정의문문에 관하여 논의하는 중에 예문 (5)에 대해 질문자가 긍정적인 응답을 예상하고 있지 않는「중립적인 무색의 질문」인데 반하여, 예문(6)은 긍정적인 응답을 예상하고 있는 부정의문문이다 라고 하며 양자를 구별하고 있다.

(5) A:「昨日, 学校ニキマセンデシタカ」
　　B:「ハイ, 行キマセンデシタ」
　　　「イイエ, 行キマシタ」(久野(1973))
(6) A:「昨日, 学校ニイッタンジャアリマセンカ」
　　B:「ハイ, 行キマシタ」

「イイエ, 行キマセンデシタ」(久野(1973))

더욱 주목해야 할 것은 중립의문문의 문법적 특징으로서 「誰モ」, 「何モ」가 공기(共起)하는 점이나 부정사가 「ノデス」앞에 나타나는 점 등의 지적이 보인다는 점이다.

2.2. 문제제기

여기에서는 주로 久野(1973)의 논의를 대상으로 그 문제점에 관해서 검토해 보면 다음 세가로 정리할 수 있다.

우선 첫 번째는 중립의문문에 관한 규정에 관한 문제이다. 영어를 대상으로 해서는 이미 Jespersen(1933), 한국어에 관해서는 장경기(1986) 등에서도 중립의문문에 대해서 언급하고 있지만 제일 큰 문제점으로 일본어를 포함해서 모든 논의가 의미론적인 관점에서 중립의문문을 규정하고 있다는 점이다.

따라서 논자에 따라 중립의문문의 내연과 외연에 있어서 차이를 보이기 때문에 그 판정에 애매한 점이 적지 않게 남는다. 예를 들면 久野(1973)의 논의에서 예문(5)도 다음과 같은 상황이라면 중립이 아니고 부정의 응답이 예상되는(BIAS) 의문문이 된다. 물론 부정의 BIAS로 인해 「いいえ」로 시작하는 응답문도 어색하다.

(7) A:「昨日, 講義面白かったですか?」
B:「いや, ちょっと体の具合が悪くて」
A:「(え! 田中さんも)<u>昨日, 学校ニキマセンデシタカ</u>」
B:「ハイ, 行キマセンデシタ」
「#イイエ, 行キマシタ」

두 번째는 극성어(極性語)의 문제이다. 즉 久野(1973)에서는 긍정과 부정의 극성어에 관해서 다음과 같은 지적을 하고 있다.

> 否定疑問文が「何も」,「誰も」などの否定不特定詞を含んでいる場合は中立的な質問であるが, 「誰か」,「何か」などの肯定不特定詞を含んでいる場合は, 肯定の答えを予期した質問が多い。 (久野(1973:181))

> 부정의문문이 「何も」, 「誰も」 등의 부정불특정사를 포함하고 있는 경우는 중립적인 질문이지만 「何か」, 「誰か」 등의 긍정불특정사를 포함하고 있는 경우는 긍정의 대답을 예측한 질문이 많다.

(8) A: 何モ買イマセンデスタカ。
B: ハイ, 何モ買イマセンデスタ。
イイエ, 本ヲ買イマシタ。

(9) A: 何カ買イマセンデスタカ。
B: ハイ, 本ヲ買イマシタ。
イイエ, 何モ買イマセンデスタ。 (久野(1973:182))

하지만 다음 예문은 부정의 극성어가 사용된 것인데 선행발화나 청자의 분위기 등에서 부정의 응답이 암시 혹은 예상되기 때문에 중립의문문이라고는 보기 어렵다.

(10) 「どうです? 課長。薫さんと比べて, どちらがきれいですか?」
「……甲乙つけがたいね」
「<u>あれから全然会ってないんですか?</u>」
「…いや, 一度だけ会ったよ」(101)

따라서 부정 혹은 긍정의 극성어가 쓰였다는 사실만으로 중립인지 아닌지를 판단하기는 어렵고 久野(1973)의 주장은 보다 더 면밀한 검토가 필요하다고 생각된다.

세 번째는 「ノカ」의문문에 관한 논의를 들 수 있다. 이 문제에 대하여 久野(1973)에는 다음과 같은 구체적인 지적과 예문이 보인다.

> 疑問文が「ノデスカ」形で終わる際には, 否定辞が「ノデス」前に現れれば, 中立的な質問, 「ノデスカ」自体に否定辞が付加されれば, 肯定の答えを予期した質問となる。 (久野(1973:182))

의문문이 「ノデスカ」형태로 끝날 때에는 부정사가 「ノデス」 앞에 나타나면 중립적인 질문, 「ノデスカ」자체에 부정사가 부가되면 긍정의 대답을 예단(예상)한 질문이 된다.

(11) A: 行カナカッタノデスカ。
B: ハイ, 行カナカッタノデス／行キマセンデシタ。
イイエ, 行ッタノデス／行キマシタ。

(12) A: 行ッタノデハアリマセンカ。
B: ハイ, 行キマシタヨ。
イイエ, 行キマセンデシタ。 (久野(1973:182-183)

하지만 다음과 같은 예문은 어떻게 이해하면 좋을지 곤란한 예문이다.

(13) 「これから, どうするつもりなのかしら」
「兄貴が, なにか?」
「聞いてないの?」
純平は, 首を横に振る。それを見て, 今度は涼子のほうが唖然とする番だった。(101)

久野(1973)의 예상으로는 부정사가 「ノデス」 앞에 나타난 예문이므로 중립적인 의문문이 되어야만 한다. 하지만 상기 예문에서는 「兄貴が, なにか?」라는 선행발화의 암시로부터 화자는 청자로부터 해당명제에 관한 어떠한 정보도 듣지 않은 것으로 판단되기 때문에 청자의 부정 응답이 자연스럽게 예상된다.

따라서 이 예문은 중립의문문이라고 생각할 수는 없고 久野(1973)의 주장은 재고할 필요가 있다.

3. 중립의문문

본 연구에서는 비전제형의문문(중립의문문)의 문법적 특징으로 개략 1) 술어형식의 호환성 2) 응답방법 3) 「そうだ」의 대용 등 세 가지를 검토했다.

여기에서는 중립의문문이 성격을 다른 몇 개의 하위타입으로 나누어진다는 것을 지적하고 각 타입의 의미적 문법적인 성질에 대하여 고찰하기로 한다.

3.1. 중립의문문의 하위타입

비전제형의문문(중립의문문)의 문법적 특징 중의 하나가 술어형식의 치환이 가능하다는 점을 앞에서 논의했다. 하지만 사실은 모든 중립의문문이 술어형식의 치환이 가능한 것은 아니고 불가능한 중립의문문도 존재한다.

3.1.1. 술어형식의 치환이 가능한 경우

다음은 술어형식의 극성(極性)을 치환할 수 있는 타입으로 중립의문문의 대표적인 판단형이다.

(14)「一はい, お茶」と, 今日子が冷たいお茶を出す。

「がめつい子ね。お菓子か何かない?」

「うちの分しかない」と, 今日子は澄まして言った。(半分)

(15)「……いらっしゃいませ」

「どうも」と達郎は照れくさそうに会釈した。

「あの, 薫, あと三十分くらいで来ると思いますけど。

今日はピアノ教室の日なんで」

「いや, そうじゃないんです。」

「は?」

「あのですね。ピアノの教則本なんか売っていませんか。」

「はあ……。星野さん, ピアノ, 始めるんですか?」(101)

(16)「お尋ねしたのですが, たいしたことはないの一点張りでおしえてくださらなかったのです」

「そういうことですか。そのとき新美についてなにか不審な点は感じませんでしたか」

「不審な点とおっしゃいますと」(異端者)

(17)「行き掛かりで?」

「そう。交通事故みたいなもの。山本さん, そんなときの保険ってありませんかね」

「世界中探しても, まずないでしょう」(狐)

물론 상기 예문들은 술어의 극성을 치환한「お菓子か何かある?」,「ピア

ノの教則本なんか売っていますか」,「感じましたか」,「ありますかね」 등도 성립가능하다.

이 판단형이 대표적인 중립의문문이라는 것은 이미 앞에서 언급한 바와 같이 술어형식의 치환, 응답방법,「そうだ」의 대용(代用) 등 중립의문문의 문법적인 특징을 제일 많이 갖고 있다는 의미이기도 하다.

다음의 한국어 예문을 보자.

(18) →오박사, 담배를 꺼내 물고는 불을 찾는다.
오박사 : 불 어딨지? 당신 불 못 봤어?
김여사 : 당신, 담배 좀 피지 마. (오박사)

(19) 친구 : 왜 그러니?
성실 : 암말 말구 좇아와. 어디 가까운데 화장실 없을까?
친구 : 왜 그러는 건데? (사랑)

(20) 태하 : 야, 쥬스 같은 것 좀 없니?
며느리 : 네- (왔습니다)

상기 한국어 예문들에서도「봤어?」,「있을까?」,「있니?」 등과 같이 긍정술어와의 치환이 가능하고 일본어와 유사한 현상들이 보인다.

3.1.2. 술어형식의 치환이 불가능한 경우

중립의문문 중에서 긍정과 부정의 술어형식을 상호치환하지 못하는 타입에는 선택의문문, 형식화, 관용화 등 세 가지 하위 타입이 있다.

가. 선택의문문

선택의문문이란 화자가 해당 명제에 대하여 어느 쪽으로도 예측할 수 없는 즉 A와 –A(B)의 예측이 동등하게 성립하는 상황에서 사용되어 모든 선택지를 중립적으로 제시하여 그 해답을 요구하는 것이다. 그 선택지는 [A, -A]의 타입과 또 [A, B, C, D……]의 타입이 있다.

(21)「二階堂薫はどうして自殺したんでしょう?」

壮が真剣な顔をして問うた。美緒は今更なぜそんなことを言い出すのかと怪訝に思いながらも,

「どうしてって, 決まっているじゃない。逃げ切れないと思ったからでしょう」

「轢き逃げの罪からですか?それとも連続殺人の容疑からですか?」

「両方よ。」(Nの悲劇)

(22)「ただいま献花して出て行かれた女性は, どなたですか」

と受付係に問うた。

「役所関係ですか, それとも一般の方ですか」

受付係が問い返した。

「たぶん……一般の方だとおもいます」(純白)

(23) 교감 : 선생님이 뭐 구봉서예요? 이주일예요[1]?(지금은)

(24) 남식 : (나직이) 군자금이 좀 있어야겠어.

구두C : ………

남식 : 있어? 없어?

구두C : 네, 저 (돈을 내며) 지금은 거친 게 전부 이건 데요.

(까치)

선택지가 [A, -A]의 타입이 되는 경우는 동사술어나 형용사술어문의 가능성이 높다. 또한 다음과 같은 예문들은 선택의문문의 연속선상에 있는 것으로 보인다.

---

1) 이 예문은 의문문의 일차적인 기능보다도 비난이나 의외성 등의 의문문의 2차적인 기능을 나타내는 것일 가능성이 있다. 古座(1987)(1989), 佐藤(1998) 등도 참조.

(25)「機密の安全なことはペンタゴンだって負けんぞ!」

「パンタゴン? それ, TVの怪獣か何か?」

「アメリカの国防総省よ」(結婚)

(26)「誘拐か何かですか?」

「分からん。車を降りたという場所から家までの道わきで, 彼女のバックと……」(結婚)

나. 형식화

형식화란 선택지 중에서 어느 쪽인가를 예측할 수 없는 점에서는 선택의문문과 같지만 어느 한쪽을 제시하여 판정을 요구하는지가 형식화되어 있는 것이다.

(27) 今日子は, ちょっと興味が湧いて,

「会っても構いませんか?」

と病室のドアを見た。(半分)

(28)「そんなこと, 考えられないわ。里見クンは, 気が小さくて, 敵もいなかったんだから」

「それ, 間違いありませんか?」

「ええ, 間違いないわ。」(謀殺)

(29)「は, あの, 約束か何か……」

「おいでなんですね」

「はい……」

「じゃ, ほんの一五分ほどお邪魔していいですか[2)]……」

「では, ちょっとお待ちくださいませ」(雇われ探偵)

(30) 석구 : 그 일본 여자 때문이예요. 그 여자한테 온통 정신이 팔려

2) 「してもいい」는 긍정계통의 〈복합술어〉이지만 여기서는 같이 포함시켜서 논의하기로 한다.

서 그런 거라구요.

학재 : 이 사람, 말이면 다 하나?

석구 : 그럼 아니예요? 내 말이 틀렸어요? (운명)

(31)순자 : 여보 괜찮아요?

이사장 : (노려본다)

순자 : 일어나 보세요. 어디 안 다치셨수? (사랑)

이들은 모두 일본어에서는 「構いますか」, 「間違いありますか」, 「しなくてもいいですか」 등과 같이 긍정 혹은 부정형식이 처음부터 존재하지 않든지 또는 사용하지 않는 것이다. 한국어에서도 「틀리지 않았어요」, 「다치셨습니까」 등도 같은 발화상황에서는 어색하거나 특별한 뉘앙스나 콘텍스트에서 사용된다.

물론 형식화된 것은 상기 예문에서 전부를 망라한 것은 아니고 「~してはいけませんか?」 등의 종류도 여기에 속한다고 할 수 있을 것이다.

다. 관용화

관용화라는 것을 엄밀히 규정하는 것은 상당히 어렵지만 여기서는 편의상 「대응하는 부정 혹은 긍정의 선택지가 형식상 존재하지만 중립의 문문으로서 사용되기 어려운 것」이라고 잠정적으로 규정하기로 한다.

(32) 「失礼します」玄関の方で, 声がする。

「ーいらっしゃいませんか」

出ないわけにはいかない。明りがついて点いていて, 玄関も聞いていたのだから。(半分)

(33) ふくは坊主頭の方に向き直った。

「ご存じない?」

「井上……井上所長のことかな」(狐)

(34)「最近, ゆかりさんが, ここへ, 恋人と一緒に来たと思われるんですが, 見ていませんか?」
と, 日下が, 訊いた。
「聞いてみましょうか?」
と, マスターは, いい, レストランの従業員たちに, 聞いてみてくれた。
(謀殺)

이 타입이 위에서 언급한 형식화와 다른 것은 대응하는 긍정 혹은 부정술어가 존재한다는 점이다. 하지만 「イラッシャイマスカ」, 「ご存ジデスカ」, 「見マシタカ」 등은 중립적으로 사용하기 어렵다. 만약 사용된 경우에는 상대적이긴 하지만 긍정 혹은 부정술어 쪽으로 응답이 예상되는 (BIAS) 의문문이 된다.

이 타입들의 의문문에서는 「誰かいてほしい」, 「知ってほしい」, 「見ていてほしい」 등을 개인적인 것이라고 하기 보다는 사회 관습적으로 희망하고 바라는 마음이 저변에 깔려있다. 따라서, 논리적으로는 중립이지만 심리적으로는 이미 일종의 BIAS를 갖고 있는 의문문인지도 모른다.

다음 한국어 예문들도 유사하다.

(35) 학재 : 계십니까? 계세요?
나쓰에 : 응? 누구요?
학재 : 요시코씨 계십니까? 저 조학재입니다.(운명)

(36) 교감 : 가신 일은 잘 되셨습니까?
민창완 : 박 선생 문제는 더 이상 확대시키지 않고 견책 정도로 합의를 보았어요.
교감 : 정말 다행이군요. (까치)

(37) 영구 : (정중히) 사장님 나오셨습니까?
진국 : 오! 장 전무아니오? 그래, 하는 사업은 잘 되시오?

영구 : 덕분에. (감나무골)

(38) 윤태 : 윤옥아!

윤옥 : ………

윤태 : 잘 있었니? 윤옥아!

윤옥 : 오빠! (숲거리)

3.2. 의미·문법적인 특징

이하에서는 판단형의문문을 중심으로 중립의문문의 의미·문법적인 특징에 대해서 검토하기로 한다. 이미 언급한 특징을 제외하고 그 이외의 특징에 대해서 고찰하기로 한다.

3.2.1. 「ノカ」의문문

먼저 「ノカ」의문문이다. 이미 앞에서도 언급했듯이 久野(1973)는 구문론적인 관점, 즉 「ノカ」앞에 부정사가 오면 중립의문문이 되고 뒤에 오면 BIAS를 갖는다고 한다. 우선 예문을 보자.

(39) 「これから, どうするつもりなのかしら」

「兄貴が, なにか?」

「聞いてないの?」

純平は, 首を横に振る。それを見て, 今度は涼子のほうが唖然とする番だった。(=(13))

(40) 「だから, 覚えがないと言っている」

「カセットテープはあなたのものではないのですか?」

「ぼくのものではない」(異端者)

상기 예문은 모두 「ノカ」앞에 부정사가 오기 때문에 久野(1973)의 지적대로라면 중립의문문이 되어야 한다. 하지만 이미 언급한 바와 같이 선행문맥에 긍정의 응답이 암시되어 있기 때문에 이들을 중립의문문으로 해석할 수는 없다. 따라서 「ノカ」가 출연하는 구문론적인 위치만으로는 중립의문문인지 아닌지를 결정할 수는 없을 것 같다.

다만, 「ノカ」의문문과 중립의문문과의 연관성에 대해서 「중립의문문에서는 「ノカ」가 나타나기 어렵다」라고는 할 수 있을 것 같다. 다음 예문을 보자.

(41) 「一睡もしてないんでしょ?少し眠った方がいいわ」
「うん」
「その前に何か食べるのか(≠食べないのか)?」
「うん」(泥棒)

(42) 「ハサミ, あるのか(≠ないのか)?」

상기 예문들은 중립의문문으로 들은 것들을 「ノカ」의문문으로 바꾸어 본 것인데 선행문맥과 의미적으로 부합하지 않기 때문에 부자연스러운 예문이 된다. 또한 혹시 문법적으로 용인될 수 있다고 해도 술어의 극성을 치환할 수 있는 중립의문문은 아니다.

물론 이러한 성질은 「ノダ」가 갖고 있는 텍스트론적인 기능 즉 선행문맥이나 발화상황과의 연관이 있다는 것은 말할 필요도 없을 것이다.[3]

3.2.2. 부정극성어

다음으로 久野(1973)는 중립의문문에서는 부정극성어가 나타난다고

3) 「ノダ」의 의미와 용법, 기능에 관해서는 田野村(1990)野田春美(1997)奥田(1990)(1992)(1993a)(2001) 등을 참조.

하는 데 이 지적은 이미 지적한 바와 같이 부적절하고 다음 예문에서도 확인할 수 있다. 본 연구의 입장에서 극성어에 관해서 「중립의문문에서는 부정극성어는 나타나지 않고 긍정극성어만이 나타난다」라고 하는 지적은 가능할 것 같다.

(43) 「どうしたんだ?」
「私もお礼を言おうと思ったんだけど……。何だか, そんなのは苦手だからって, いなくなってしまったの」
「じゃー全然分からないのか」
「ええ」
「ご近所でもないのか」
「違うようよ。この辺で見かけたことない人だった。」(半分)

(44) 「と, とんでもないです。ただ……あの言葉はなんだったんだろう, って」
「え?」
「あの, 妹さんに授けられたプロポーズの言葉です」
「……弟さんから, なにも聞いてないんですか?」
「は? 弟がなにか」(101)

상기 예문은 「全然」, 「なにも」 등 부정극성어와 같이 사용된 의문문인데 중립의문문이 아닌 것은 「私もお礼を言おうと思ったんだけど……。何だか, そんなのは苦手だからって, いなくなってしまったの」, 「あの言葉はなんだったんだろう, って」 등의 선행발화로부터 부정응답에 대한 암시로 확인이 가능하다.

또한 「なにか」라는 긍정극성어가 같이 쓰인 것은 예문(14)(15)에서 다시 한번 확인할 수 있다.

(45) 「一はい, お茶」と, 今日子が冷たいお茶を出す。

「がめつい子ね。お菓子か何かない?」
「うちの分しかない」と, 今日子は澄まして言った。(=(14))

(46)「お尋ねしたのですが, たいしたことはないの一点張りでおしえてくださらなかったのです」
「そういうことですか。そのとき新美についてなにか不審な点は感じませんでしたか」
「不審な点とおっしゃいますと」(=(15))

극성어의 공기현상이 이와 같은 모습을 보이는 것은 중립의문문이 긍정과 부정술어가 미분화된 상태라는 사실을 상기한다면 당연한 현상일 것이다.

3.2.3. 명사술어문

다음으로 중립의문문은 선택의문문이나 관용화된 의문문이외에 명사술어문으로 나타나기 어렵다는 성질이 있다. 예문을 보기로 하자.

(47)「はさみ, あります(≒ありません)か?」
(48)「#あなた, 学生(≒ではない)ですか?」

위에서 확인 가능하듯이 동사술어문에서는 중립의문문을 만들기 쉬운데 명사술어문은 중립의문문으로 해석이 곤란하다. 이러한 현상은 동사나 형용사술어문이 「A, -A」라는 양자택일의 집합인데 반하여 명사술어문은 「A, B, C, D, E, F………」라는 무한집합에서 하나의 해답안을 선택하기 때문에 아무래도 BIAS을 갖는 경우가 많다고 생각되어 지기 때문이다.

3.2.4. 긍정술어 우선의 원칙

마지막으로 중립의문문에서 보이는 긍정술어 우선의 원칙에 대해서 검토한다. 이미 본 연구에 앞서 田野村(1991)는 다음과 같이 지적하고 있다.

(49)「ご結婚は恋愛ですか? 見合いですか?」
(50)「#ご結婚は恋愛ではないですか? 見合いではないですか?」
(51)「行くの? 行かないの?」
(52)「#行かないの? 行くの?」

즉 (47)과 같이 긍정술어의 선택의문문은 가능한데 반해 (48)과 같이 부정문은 긍정사태를 전제로 하기 때문에 부정술어의 선택의문문은 불가능하다. 또한 (49)과 같이 긍정술어를 선행하는 선택의문문은 가능한데 (50)와 같이 부정술어를 선행시키는 선택의문문은 불가능하다.

따라서 긍정과 부정의 범주가 미분화상태인 중립의문문에서 부정술어가 유표(marked)라는 것을 확인할 수 있다. 더욱이 이미 언급한 긍정극성어만이 중립의문문에서 나타나는 사실이나 응답의 방법 등도 긍정우선의 원칙을 지지하는 현상이라고 할 수 있다.

4. 나오기

이상으로 술어문 극성의 호환성을 기준으로 하여 중립의문문의 하위종류를 개관하고 의미적이고 문법적인 특징에 대하여 고찰했다.

제3장 분석적인 부정의문문

1. 들어가기

분석적인 부정의문문이란 기술(既述)한 바와 같이 화자가 청자정보를 요구하는 전형적이고 대표적인 부정의문문이라고 할 수 있다.

다음 예문은 명사술어문인데「デハナイカ」의 과거형인「デハナカッタノカ」의 형태로 사용되어 과거사실을 확인하는 기능을 수행하고 있다.

(1)「じゃあ, 僕と原田が見たのは, 彼女じゃなかったのか?」
「そうです。別人だったわけです」(EF)

하지만 다음 예문에서와 같은「デハナイカ」는 질의성(質疑性)을 아직 유지하고는 있지만 부정사「ナイ」는〈대상적인 내용〉중에서 명사술어의「そう」를 부정하고 있는 것은 아니다.

(2)「でも, 事件がおきてからはどうですか。犯人の見当があなたには最初からついていた。さっき言ったとおりです。そうじゃありませんか?」
「それは……うすうすは」(R邸)

오히려 위 예문(2)에서 화자는「そう(犯人の見当があなたには最初からついていた)」인 것, 즉 술어를 부정하는 것이 아니라 화자가 긍정 쪽으로 답을 어느 정도 예상하고 확인하고 있는 것이다. 이러한 사실은 거의 문맥적인 의미 변화없이「そうでしょう/ですね?」로 치환이 가능한 것으로 확인할 수 있다.

또한 앞에서 살펴본 바와 같이 비분석적인 부정의문문으로 분류한「デハナイカ」예문들은 형용사술어문이나 동사술어문에 직접 접속하는 경우도 있다.

(3)「—まあ!」

ジーパンの膝の所に黒くにじみ出ているのは血らしい。

「血が出てるじゃないの!痛いでしょう」

「いえ…。大したことは」(半分)

(4) タイヤが路面にきしりをたて, 車体がスピンしかかりながら, 人影の少し手前でようやく停った。

「危ないじゃないか」

大矢は窓から首を出して, 人影に怒鳴った。

「すみません」(異端者)

상기 예문(3)(4)에서「デハナイカ」는 이미 명사를 부정하는 기능도 청화에게 정보를 요구하는 질의성도 상실되어 문장 타입의 전환이 이루어진 예문들이다.

이하에서는 (1)(2)와 같은 분석적인 부정의문문에 주목하여 화자의 주체성과 연동하면서 발생하는 기능적인 변용(変容)의 자세한 사정(특히 제2류에서 제3류 사이)을「デハナイカ」의문문을 중심으로 고찰하기로 한다.

2. 고찰

이미 살펴본 바와 같이 분석적의문문과 비분석적의문문의 차이중 하나가 질의성의 유무에 있다는 점을 염두에 두고 이하에서는 전자인 분석적의문문에 대하여 구체적인 고찰을 하기로 한다. 먼저 BIAS 극성과 술어형식의 극성이 일치문제(P와 –P), 부정극성어, 긍정의문문과의 대립관계, 공기(共起)접속사 등의 관점에서 제2류와 제3류의 부정의문문을 검토하기로 한다.

2.1. BIAS극성

먼저 분정의문문의 분류에서 이미 부정의문문의 개략적인 분류에서 지적한 BIAS 극성과 술어형식 극성이 일치하는가 하는 문제부터 살펴보자.

분석의문문 중에서 제2류와 제3류의 차이는 BIAS의 극성과 술어형식의 극성이 일치하는가 안 하는가에 있다. 이것을 언어학연구회의 입장에서 바꾸어 말하자면 제2류의 의문문은 〈대상(對象)의 논리〉에 따라서 생산되는 것이고 제3류는 〈화자(私)의 논리〉에 따라서 구성된다는 것이다. 이점은「—シナカ」의문문의 경우도 동일하다.

(5)「あのーあの人, そっちへ行っていません」
「成田さん? 知らないわよ」
「そうですか……」
「帰らないの?」
「ええ。ーもうとっくに帰ってるはずなんですけど」(半分)

(6) 誕生パーティのあとも, 知恵は, 自分の部屋に閉じこもったきりだった。
薫が心配して中に入ると,
「お姉ちゃん, 尚人のプロポーズのこと, なんでみんなに話しちゃうの?
傷つくと思わないの?」
と涙声で言われた。(101)

제2류의 예문(5)는 선행발화에서 상대방에게「あの人, そっちへ行っていません」이라는 질문문에서 이미「帰ってこない」라는 것이 암시되어 있기 때문에 화자는《대상의 논리》에 따라서 현실세계를 반영한 BIAS로 묻고 있다.

반면에 제3류에 속하는 예문(6)에서는 선행발화에서 현실세계가 「尚人のプロポーズのことをみんなに話してしまったこと(傷つかない)」라고 생각된다. 그런데 화자가 현실세계와는 달리 그러면 「傷つく」라는 BIAS를 가지고 있다. 이 경우는《화자의 논리》에 따라서 「傷つくと思わない」라는 현실세계와는 반대의 BIAS를 제시하고 있다.

즉 선행발화를 포함한 현실세계(P)[1]와 화자의 신념이 대립되는(-P)[2] 상황에서 화자의 신념을 제시하여 확인하고 있는 것이다. 여기서 부정사의 역할은 대상적인 내용의 부정을 하는 것이 아니라 대상적인 내용을 뛰어넘어서 현실세계를 부정하고 있는 것으로 생각된다.

현실세계와 화자의 신념과의 관계는 일찍이 Lyons(1977)의 지적이 있다. 이 문제에 대하여 본서에 앞서 太田(1980), 井上(1994), 鄭(1994), 安達(1999), 宮崎(2004) 등 선행연구에서 이미 많은 언급이 보이지만 Lyons(1977)를 직접 인용해서 확인하기로 하자.

(21) Is the door open?

(22) Isn't the door open?

(중략)

The speaker utters (22) rather than (21) because there is some conflict between his prior belief that p is true and present evidence which would tend to suggest that ~p is true. He questions ~p because it is the negative proposition that occasions his doubt or surprise. (Lyons(1977:765))

---

1) Lyons(1977)를 참조.

2) 신념(belief)는 Lyons(1977)의 용어이다. 본서에서 쓰이는 비슷한 용어로 화자의 예상이나 예단(豫斷) 등도 있다. 또한 보다 넓은 의미로 의문문에 나타나는 판단이라는 奥田(2002)의 용어도 있다.

필자의 생각으로는 일본어나 한국어를 대상으로 생각할 때 제1, 2류의 부정의문문에서는 이와 같은 현상은 발견되지 않기 때문에 Lyons(1977)의 지적을 전면적으로 승인할 수는 없을 것 같다. 하지만 일본어나 한국어 제3류부터의 부정의문문에서는 [P와 –P]가 대립하는 문맥에서 만들어진다는 점을 상기하면 많은 시사를 주는 지적으로 생각된다.

다음 예문도 현실세계(P)와 화자의 신념(–P)가 대립되는 제3류의 부정의문문이다.

(7) 「休暇届は, 二日間だったんじゃないのかね?」

「用事は, 一日ですみましたから」(EF)

(8) 「週に十二回!」綾子は目を丸くした。

「月に, の間違いじゃないんですか? 大体どうやって一日に二回も一」

「多い日は午前, 午後, 夜と三回続けてやったこともあります」(結婚)

예문(7)에서는 휴가가 2일간이었는데(–P) 하루만에(P) 돌아온 청자에게 사실관계를 확인하는 경우이다. 또한 (8)에서는 맞선을 일주일에 12번 본다(P)는 선행발화와 한 달에 12번(–P)아니냐는 화자의 신념이 대립하여 그 점에 대한 확인이 이루어지는 상황이다.

이러한 현상은 다음과 같이 한국어에서도 동일하게 관찰할 수 있다.

(9) 강씨 : (물을 가져다 준다)

태수 : (마시고)

강씨 : 공장은 역시 마찬가집디까? 아무도 없어요?

태수 : 누가 공장엘 나오겠오? 사장이 달아나 버렸는데. (왔습니다)

(10) 박달재 : (돌아 누우며) 호박 ……호박같이 생긴 여자가왜 우리 동네를 망치려고 들어?

하성댁 : (잠깨며)여보 당신 아직 안 주무세요?

박달재 : (금방 또 코곤다) (밤비)

(11) 정섭 : 분명히 껐어요.

심애 : 그데 왜 이렇게 더워. 당신 안 더워요?

박이사 : 안 더운데. 오히려 약간 썰렁하다 싶어 자기전에 잠깐 돌려드려야겠다 싶은데. 위층 어른들 추실거 같아서요. 덥니? (정은에게) (사랑)

(12) 어머니 : 어머님 사둔 집에서 귤을 보내왔네요.

할머니 : 향이 좋구나

→ 어머니, 하나 얼른 까서 할머니 준다.

어머니 : 드셔 보세요.

할머니 : 시지 않나? (종자)

예문(9)(10)은 선행문맥이나 담화장면의 상황, 일반지식을 포함하여 현실세계의 암시대로 제시하여 확인하는 제2류의 의문문이다. 반면 (11)(12)는 제3류의 부정의문문이다. (11)에서는 현실세계 「안 덥다(P)」와 화자의 신념인 「덥다(–P)」가, (12)에서는 「맛있다(P)」와 화자의 신념인 「시다(–P)」가 대립되는 상황에서 화자의 신념을 제시하여 확인하고 있다.

이와 같이 제2류의 부정의문문에서는 P(발화장면과 문맥)와 술어의 극성이 일치한다. 반면 제3류에서는 〈P와 –P〉가 대립되는 것이 보통이다.

2.2. 부정사의 역할

이번에는 「デハナイカ」문이 부정문이라는 점에서 부정사 「ナイ」의 역할을 검토해 보기로 하자.

(13) 「……甲乙つけがたいね」

「あれから全然会ってないんですか?」

「…いや, 一度だけ会ったよ」(101)

(14) 今度は, おどしにかかった。

「妻子の無いきみなんかが, 真っ先整理される組だな」

「そうでしょうか」, 「きまってる」, 「ほう」

「おどろかないのか」

「きまっていることにおどろいても, 仕方がないでしょう。おどろくだけ, 損しますよ」(学)

(15) 「君の両親, 心配しない?」

と, 逸子は眼鏡くんに訊いた。

「オヤジさんは寝てる」と, 眼鏡くんは答えた。「仕事忙しくて, いつもヘロヘロに疲れてるんだ。オフクロさんは, 今夜は夜勤」

「お勤めしてるの?」

「うん。看護婦だから」(人質)

(16) 「コートの色はどうです?」

「赤と黒のチェックでしたね」

「グレーじゃなかったんですか?」亀井が, 口をはさんだ。

管理人は, 「違いますよ」と, 首を振った。(EF)

(17) 「痛くない?」その声に顔を向けると, あの少女が, 京子の方を見ているのだった。

「どうして?」と, 京子は微笑みながら訊き返した。

「盲腸の手術した人って, たいてい一日ぐらいは凄く痛がるもん」

(泥棒)

상기 예문(13)(14)(15)은 모두 제2류, 즉 대표적이고 전형적인 의문문이다. (15)는 긍정술어문이고 (13)(14)는 부정술어문이다. 여기에서 부정사「ナイ」는 긍정술어와 대립관계를 유지하면서 〈대상적인 내용〉의 일부인「会う, おどろく」를 부정하는 기능을 하고 있다.

하지만 제3류의 부정의문문인 (16)(17)에서는 「ナイ」가 「(コートの色が)グレーだ」, 「痛い」 등의 〈대상적인 내용〉을 부정하고 있다고는 생각할 수 없다.

우선 (16)(17)의 부정사 「ナイ」는 부정되는 대상이 〈대상적인 내용〉이 아니라 현실세계의 신정보(P)인 「コートの色が赤と黒のチェックであること」, 「痛くない様子」이다. 현실세계를 부정하고 화자의 신념(-P)인 「コートの色がグレーであること」, 「痛い」 것을 제시하는데 쓰여지고 있다. 따라서 여기서 부정하고 있는 것은 〈대상적인 내용〉이 아니라 현실세계의 신정보라고 생각된다.[3)]

이러한 현상은 물론 다음과 같은 한국어 예문에서도 기본적으로 동일한 것으로 생각된다.

(18) 강씨 : (물을 가져다 준다)
태수 : (마시고)
강씨 : <u>공장은 역시 마찬가집디까</u>? <u>아무도 없어요</u>?
태수 : 누가 공장엘 나오겠오? 사장이 달아나 버렸는데. (=(9))

(19) 박달재 : (돌아 누우며) 호박 ……
호박같이 생긴 여자가 왜 우리 동네를 망치려고 들어?
하성댁 : (잠깨며)여보 <u>당신 아직 안 주무세요</u>?
박달재 : (금방 또 코곤다) (=(10))

(20) 정섭 : 분명히 꼈어요.
심애 : 그데 왜 이렇게 더워. <u>당신 안 더워요</u>?

---

3) 부정사「シナイ」가 대상적인 내용을 부정하지 않는 예는 다음과 같은 예문에서도 확인할 수 있다.
① 「ぼくはコーヒーしか飲まない」
예문①에서 「飲まない」의 대상이 되는 것은 대상적인 내용의 일부분인 「커피(コーヒー)」가 아니다. 부정의 대상이 되는 것은 화자나 청자가 일반지식으로 인해 생각할 수 있는 「녹차, 보리차, 홍차, 우유, 코코아, 맥주 …」등의 음료범주 모두이다.

박이사 : 안 더운데. 오히려 약간 썰렁하다 싶어 자기 전에 잠깐 돌려드려야겠다 싶은데. 위층 어른들 추우실 거 같아서요. 덥니? (정은에게) (=(11))

(21) 어머니 : 어머님 사둔 집에서 귤을 보내왔네요.

할머니 : 향이 좋구나

→ 어머니, 하나 얼른 까서 할머니 준다.

어머니 : 드셔 보세요.

할머니 : 시지 않나? (=(12))

제2류에 속하는 (18)(19)는 문맥에서 〈사장이 도망간 공장에는 사원들은 없을 것이다〉, 〈말하는 소리가 들린다는 것을 보니 안 잔다〉 등이 암시되어 현실세계의 논리에 따르는 의문문이 제시되어 있고 부정사는 부정적인 〈대상적인 내용〉을 제시하는 기능을 한다. 이것에 반해 제3류에 해당하는 (20)(21)에서는 화자의 신념인 〈덥다〉 〈시다〉라는 〈대상적인 내용〉을 제시하면서 부정사를 사용하는데 여기서 부정사는 역시 〈대상적인 내용〉의 부정이 아니다.

하지만 Lyons(1977)도 지적하고 있듯이 「デハナイカ」문장이 이러한 현실세계와 화자의 신념이 대립되는 콘텍스트를 필요로 한다고 하는 것은 아직 하나의 형식으로 충분히 문법화나 형식화가 진행되어 있지는 않은 것 같다. 이러한 문법적인 의미가 화자의 무드적인 태도로 나타나는 것으로 보인다.

이상의 논의에서 제3류의 부정사 「ナイ」는 대상적인 내용을 부정한다는 본래의 기능을 완전히 상실했다고 할 수 있다. 이러한 사실은 부정극성어와의 공기문제에 관하여 살펴보면 더욱 더 확실해진다.

(22) 「すると, あんなふうに寝たきりなのですか?」

「寝たり起きたりというところでしょうな」

「そんな状態では, 奥さんの外出は**全然**できないのですか?」
三原はきいた。
「いや散歩ぐらいはできます」(点と線)

(23)「私もお礼を言おうと思ったんだけど…。何だか, そんなのは苦手だからって, いなくなってしまったの」
「じゃー**全然**分からないのか」
「ええ」
「そりゃ困ったな。ご近所でもないのか」(半分)

(24)「コートの色はどうです?」
「赤と黒のチェックでしたね」
「# **全然**グレーじゃなかったんですか?」

(25)「# **全然**痛くない?」その声に顔を向けると, あの少女が, 京子の方を見ているのだった。
「どうして?」と, 京子は微笑みながら訊き返した。
「盲腸の手術した人って, たいてい一日ぐらいは凄く痛がるもん」
(泥棒)

(26) 심애 : (지은이만 지켜보고 있다가) 아무래도 그래야겠니?
지은 : (엄마 보며) 결혼에 쓸 돈 공부에 쓸게 엄마, 처음 일 년만 집에서 도와주면 그 뒨 내 힘으루 어떻게 안되겠수?
심애 : (마침 참 좋은 생각이 있다) 애 저기, 공부하는 남자랑 결혼해서 함께 공부할 생각은 진짜 **전혀** 없니? (사랑)

상기 예문 (22)(23)는 제2류 부정의문문으로 부정극성어의 공기(共起)가 자연스러운 예문들이다. 반면에 (24)(25)은 제3류의 부정의문문에 〈全然〉을 같이 사용해 본 것인데 부자연스러운 문장이 된다.[4] 또한 한국어

4) 물론 이 예문들을 제2류의 부정의문문으로 해석하면 용인가능 해 진다.

예문(26)는 부정극어 〈전혀〉가 공기한 제2류 부정의문문이다.

이러한 현상은 부정사의 기능과 밀접한 연관이 있다. 즉 제2류에서는 〈대상적인 내용〉을 부정하는 부정사 본래의 기능을 수행하는 데 비해 제3류에서는 〈대상적인 내용〉을 부정하는 역할을 하지 않고 발화 장면이나 문맥 등을 부정하는 쪽으로 부정사의 기능이 변형되기 때문이라고 생각된다.

2.3. 접속사

다음으로는 공기하는 접속사 등을 검토해 보자.

(27)「誰からの電話だ?」
「別に。使用です」
「**そうか**。…関根恭子じゃなかったのか?」(結婚)

(28)「……三万」弘人の答えを聞いて, 夏生はハッとなった。
「三万?**それじゃ**, 店の金パクったの, お前だったのか?」
「すまない, 夏生さん……」(サマー)

(29)「もう一度ききますが, 井上かおるさんが殺された件ですが, 彼女を, 午後三時に, 見たというのは, どなたでしたかね?」
八木は, 三人の顔を見廻した。
「私たちですわ」と, 由美が, 京子と, ちらりと顔を見合わせてから, 八木に, いった。
「でも, 見たんじゃなくて, 三時頃, このペンションに戻ったら, 彼女の荷物が, 部屋に届いていたので, ああ, 彼女が着いたんだな, と思ったんです。(中略)」
「**じゃあ**, 実際に, 彼女をみたんじゃなかったんですか」
「ええ。」(EF)

(30)「縛らないの?」

「うん」

「**だけど**……あなたが困るんじゃないの?」

「あんたはいい人だよ。俺は恥ずかしい。どんな立派な目的があっても, 人をさらうなんて間違ってる!」(結婚)

(31)「あの部屋だ, 間違いねえや」

「**だけど**, いやに若くないか?」

「年齢まで知るかよ」(泥棒)

(32)「きみ。この売買代金領収書のコピーは, 一見したところ, 古くなって, 紙が黄ばんではいるが, ……**しかし**, ちょっと変だとは思わんか?」(中略)

「そう言われてみれば, そんな気もしますが……」(裁判)

먼저 (27)의 「そうか」는 선행발화의 내용이나 발화상황을 화자가 받아들인 것을 암시하기 때문에 제2류의 부정의문문과 자연스럽게 같이 사용된다.[5]

그 다음 제2류 부정의문문인 (28)(29)에서 사용되는 접속사는 「じゃ」와 같은 순접계통의 것이 자연스럽게 사용된다. 한편 제3류의 부정의문문인 (30)(31)(32)에서는 「だけど, しかし」와 같은 역접접속사가 자연스럽게 사용된다.

물론 이것은 제3류의 부정의문문이 현실세계(P)와 화자의 신념(–P)가 대립되는 상황에서 사용된다는 것이 반영되기 때문이라고 생각된다.

다음 한국어에서도 유사한 현상이 관찰된다.

(33)오박사 : 저희가 주는 약으로 양치질하시면 며칠이면 가라 앉을

5) 田野村(1988)의 지적을 참조.

겁니다.

문성길 : 네. **그럼** 따로 치료할 거는 없나요? 끝난 건가요?

(오박사)

(34) 본갑 : 그럼, 잘 생기믄 무조건 용모가 단정한 겁니까?

옥희 : 당연하지.

본갑 : **그럼**, 저 같은 놈은 아무리 와이셔츠 단추 같은 걸 목에까장 잠그고 그래도 용모가 단정한 게 아니네요?

옥희 : 자꾸 그렇게 따지지 말고 얼른 그렇게 써! 쓰라믄! (서울)

(35) 아비 : 신관이 좋으십니다. 유족해 보이구요.

할머니 : 아들 딸 덕분이죠. 사위 며느리도 물론이구요.

아비 : 그러실 테죠. 아, **그런데** 거어. 뭐냐, 아들 딸 사위 며느리가 너무 잘해 주니까 되려 부담시럽지 않던가요? 나는 그렇던데, 어떠신지요? (사랑)

「그럼」이 사용된 앞의 두 예문들이 제2류이고 「그런데」가 나타난 마지막 예문이 제3류에 분류된다.

다음 예문은 접속사가 쓰이지 않은 제3류의 부정의문문인데 여기에서도 순접접속사보다 역접접속사가 자연스럽게 공기한다.

(36) 「***だけど/#じゃ*** 休暇届は, 二日間だったんじゃないのか ね?」

「用事は, 一日ですみましたから」 (=(7))

또한 鄭相哲(2004a)에서는 긍정 부정을 포함한 제2류 의문문의 특징으로 다음과 같이 「スルト」와 같은 접속사이외에도 「ワケダ」 등과 같은 형식도 자연스럽게 공기하는 경향이 있다고 지적하였다.[6]

---

6) 보다 자세한 것은 鄭相哲(2004a)를 참조.

(37)「**すると,** 売買代金領収書の原本も手にはいらなかったのかね?」

「依頼者に返したんじゃないか, と言うんですがね。本人は……」

(裁判)

(38)「やっぱり, 旦那は絹子のところへ来たってわけかい」

「まず昨日の午前中に, 亭主が絹子のところへ電話をかけて来たそうよ」(愛人)

이러한 특징은 원리적인 문제는 아니다. 제2류와 제3류의 부정의문문 성립과정에서 화자가 문맥이나 발화상황을 받아들이는 것인지 아니면 화자의 신념을 우선시하는 것인지와 같이 경향적인 것으로 생각하는 것이 적절한 것 같다.

2.4. 부사의 공기(共起)

다음은 추량부사를 비롯하여 부사와의 공기라는 관점에서 두 의문문을 검토해 보자. 물론 의문문에서 추량부사가 나타나는 것은 의문문의 특징이라기보다는 평서문 중에서 추량문이 갖고 있는 특징이다. 추량부사의 공기에 관해서 앞에서 한 언급을 상기하자면 아래의 예문과 같이「キット/オソラク」류는 제3류에서만 가능한데「モシカシタラ/ヒョットシタラ」류는 2, 3류에서 모두 가능한 것이었다.

(39)「こんなところで立ち話も何だ。中へはいりませんか」

「**#キット·オソラク/モシカシタラ・ヒョットシタラ**お仕事の邪魔ではありません?」

「いや, 構いませんよ。寺沢君, お茶を」

「はい」(結婚)

(40) 沢村尚人。どこかで聞いたことのある名前だ。確か, 純平が……。

「あのお, ひょっとして, 矢吹薫さんと同じオーケストラで, バイオリンを弾いている沢村さんですか?」涼子の問いかけに, 尚人は少し驚きながらも,「ええ」とうなずいた。(101)

(41) 今度は, おどしにかかった。

「妻子の無いきみなんかが, 真っ先整理される組だな」

「そうでしょうか」,「きまってる」,「ほう」

「#キット·オソラク/#モシカシタラ・ヒョットシタラおどろかないのか」

「きまっていることにおどろいても, 仕方がないでしょう。おどろくだけ, 損しますよ」(=(14))

상기 예문(39)(40)(41)은 제2류의 의문문이다. (39)에서는 추량부사가 공기하여「キット/オソラク」는 부자연스러운 반면「モシカシタラ/ヒョットシタラ」는 자연스러운 문장이 되는 것을 보여준다. (40)은 실제로 추량부사가 사용된 제2류의 긍정의문문의 예문이다.

하지만 예문(41)은 동사술어문이고 제2류의 부정의문문인데 추량부사의 공기가 부자연스럽다. 즉 제2류에서 추량부사의 공기가 자연스러운 것은 술어문의 종류에 제한이 있어서 명사술어문의 일부에서만 가능한 것 같다.

다음은 제3류의 예문이다.

(42)「まあ, いずれにしましても今回のことは, わたしの不明を恥じるしかありません」

江川大造, 改めて頭を下げた。

「奥さんも**きっと**, 同じことをおっしゃるんじゃないですか」

(愛人)

(43)「ヘビの刺青だって? ひょっとしたら, その女, 極道者のヒモでもついているんじゃないのかね?」

「そのとおりです。」(裁判)

위의 (42)(43)은 제3류의 부정의문문인데 실제로 「キット/ ヒョットシタラ」 등의 추량부사가 공기된 예문이다.

마지막으로 추량부사가 아닌 「本当に/やはり(정말/진짜)[7]」 등의 부사와의 공기문제이다. 일본어에 관해서는 이미 鄭相哲(2004a)에서도 언급했으므로 다음에서는 한국어 예문만 보기로 하자.

(44) 석희 : 이거 어디 가는 건지 알아야지.
세중 : 오늘 저녁은 제게 맡기기로 하셨잖아요.
석희 : 그래도 어디 가는진 알아야 되는 건데, **정말** 말안 해 줄거야? (94)

(45) 동민, 살살 운동하고 덕수, 벽에 기대 길게 누워 음악을 들으며 발끝을 까딱거리고 있다.
동민 : (혼자 하는 게 억울해서) 장덕수, 너 **진짜** 안 할거야?
덕수 : 지금 숨쉬기 운동하기도 힘드니까 자꾸 말 시키지마. 어젠 내가 잠깐 착각했었는데 야, 솔직히 이두박근 삼두박근 이런 거 물 건너간 시대 아니냐? (육체미)

(46) 태하 : 형님… 날 좀 살려 주는 셈치구 부탁합니다, 형님!
태수 : ……
태하 : 아니, **정말** 안 되겠우?
태수 : 모처럼 니가 와서 그러는데 웬만하면야 나두……
(왔습니다)

(47) 고모 : 오빠, **정말** 오늘 담배 한 대도 안 피웠어?

---

7) 물론 이러한 부사가 제2류의 부정의문문에서만 나타난다는 것은 아니다.

오박사 : 그럼 임마, 니 오빠가 한 번 결심하면 안 지키는 거 봤어? (오박사)

일본어에서 「やはり/本当に」 등이 제2류의 의문문에서 많이 나타나는 것과 유사하게 위 한국어 예문에서도 「정말/진짜」 등의 부사가 제2류 의문문에서 자연스럽다.

2.5. 〈대상적인 내용〉의 차이

두 의문문이 위와 같은 차이를 보이는 것은 〈대상적인 내용〉의 차이에 기인한다. 환언하면 정보영역과도 관련이 있다. 정보영역이란 해당 정보가 화자하고 청자, 혹은 제3자 중 어디에 가까운 것인가 하는 것이다.[8] 개략적인 예를 들자면 전형적인 평서문은 화자 쪽의 정보를 제공하는 것이고 전형적인 의문문은 청자 쪽의 정보를 요구한다고 할 수 있다.

(48) 「あなたが勝手に堂埜との結婚を一方的に期待していただけじゃないかね」
「いいえ。はっきり約束してくれました」 (裁判)

(49) 「縛らないの?」
「うん」
「**だけど**……あなたが困るんじゃないの?」
「あんたはいい人だよ。俺は恥ずかしい。どんな立派な目的があっても, 人をさらうなんて間違ってる!」 (=(19))

(50) 「ヘビの刺青だって? ひょっとしたら, その女, 極道者のヒモでもついているんじゃないのかね?」

8) 정보영역에 관해서는 神尾(1979)(1990) 등을 참조.

「そのとおりです。」(=(43))

제2류의 부정의문문은 예문(48)에서 확인할 수 있듯이 청자 쪽 정보영역에 속하는 것이다. 반면 제3류의 부정의문문은 청자정보는 물론이고 청자도 화자도 아닌 제3자의 정보영역에 속하는 것도 가능하다. 예문(49)는 청자영역의 정보이고 예문(50)은 제3자 영역에 속하는 정보이다. 추량부사가 같이 사용되는 것은 (50)과 같은 제3자 영역의 정보일 경우가 대부분이다.

이러한 사실은 다음과 같이 동작주의 인칭과 응답방법으로 확인할 수 있다. 예문을 먼저 보자.

(51)「あなたが勝手に堂埜との結婚を一方的に期待していただけじゃないかね」
「いいえ。はっきり約束してくれました」
「#そうですね」

(52)「ヘビの刺青だって? ひょっとしたら, その女, 極道者のヒモでもついているんじゃないのかね?」
「そうですね」
「#はい, そうです」

요컨대 (51)과 같은 제2류 정보요구형 부정의문문에서는 주로 주격에 2인칭이 나타나는 경우가 많고 응답방법에서도「ハイ, ソウデス[9](예, 그렇습니다)」로 응답할 수 있다. 하지만 (52)와 같은 제3류 부정의문문에서는 주로 주격에 3인칭이 나타나며 응답도「ハイ, ソウデス」로는 할 수 없고「ソウデスネ」,「ソウカモ知レマセン」등의 대답이 보이는 경우가 많다. 물

9) 물론 부정 응답의 경우는「イイエ, ソウデハアリマセン(아니요, 그렇지 않습니다)」이라는 응답이 가능하다.

론 제3류라도 화자의 정보를 요구하는 예들은 제2류와 응답방법도 동일하다.

마지막으로 위의 사실과도 관계가 있지만 제3류의 술어문의 특징을 지적해 두기로 한다.

(53)「何度も会ってるのに, あんたの気持ちに気づかないってのは, ちょっと鈍いんじゃない?その人」
「おい, 涼子ちゃんの悪口は言うなよなあ」(101)

(54)「あ, そうね。うっかりしてたわ」
「でも, そんなこと知ったら, 成田さんまでが, のこのこ出て行っちゃうんじゃないの?」
「その心配はあるけど, 夫だよ。知らせないわけにはいかない」(半分)

요컨대 제3류의 부정의문문에서는 술어문의 제약은 없다. 하지만 제3류에서는 동사문이나 형용사문의 술어를 상기 예문과 같이 명사화하는 현상이 보인다.

이러한 예문이 이 타입에서 과반수가 넘을 만큼 대다수를 차지한다는 점도 문법화의 과정에서 제4류와도 연동되므로 주목하지 않으면 안 된다. 동사/형용사술어문이 명사화가 된다는 것은 〈대상적인 내용〉이 〈현상(出来事)〉에서 〈본질(本質)〉로 변화한다는 것을 의미하기도 한다.

3. 분석적 부정의문문의 성립배경

정보론적인 관점에서 보면 보다 전형적인 의문문이란 화자가 나름대로 해답안을 제시하는 YES-NO(판정)의문문이 아니라 미해결부분, 즉 화자의 의문부분을 그대로 제시하는 WH(설명)의문문일 것이다.

하지만 YES-NO(판정)의문문 중에서도 WH(설명)의문문에 상당히 가까운 것이 있다. 선택의문문이나 중립의문문이 그렇다. 이 중에서 중립의문문이란 이하의 예문과 같이 화자가 자신의 예상을 갖지 않고 긍정이나 부정의 어느 쪽의 해답안을 제시하여 묻고 있는 것이다. 따라서 긍정술어와 부정술어와의 치환이 가능하다.

(55)「何時頃だったか, わかります(≒わかりません)か?」
「確か, 十時頃でしたよ」(EF)

(56)「いつ, どこへ出かけたのか, わかりませんか
(≒わかりますか)?」
十津川は, 丁寧にきいた。
「お出かけになったのは, 今朝です。三日ほど, 留守にするので, よろしくと, いって。」(EF)

그러나 YES-NO(판정)의문문 중에서는 어떤 형태로든 화자의 예상이나 신념 등 화자의 주체적인 태도가 반영되는 것이 보통이다. 다음 예문은 〈대상의 논리〉에 따라서 현실세계와 일치하는 예상이나 신념 즉 BIAS을 갖는 경우이고 이것이 제2류의 부정의문문이다.

(57)「いいよ。でも一あの女は?」
と哲夫が言った。
「さあ。いないの?」
「チャイム鳴らしたけど, 誰もでないのさ」(セーラー)

(58)「どうだ?山田光男は, まだ裁判所荒らしを吐かんか?」
「なかなか, しぶといやつでしてね」(裁判)

또한 상기 예문(57)(58)보다는 화자의 예상이나 신념을 나타내는 방법에 있어서 상대적으로 유표(marked)적인 부정의문문도 있다. 즉 다음과 같이 〈화자(私)의 논리〉에 따라서 현실세계의 극성과 화자의 예상이나 신념 즉 BIAS의 극성이 일치하지 않는 의문문도 존재한다. 이것이 바로 제3류의 부정의문문이다.

(59)「ホームから, 地面におりた時は, 海は, 見えなかったんじゃないかね?」
「それは, 足元を見ていたから, 海を見ていませんよ」(EF)

(60)「あの部屋だ, 間違いねえや」
「だけど, いやに若くないか?」
「年齢まで知るかよ」(泥棒)

(61)「院長さん。こうなることをお望みだったんじゃありません?」
院長は静かに微笑んで,
「主のみ心のままに……」(結婚)

이러한 화자의 예상/예측, 보다 넓은 의미로 화자의 주체적인 판단이 YES-NO(판정)의문문 안에 나타나게 되는 것이 「デハナイカ」문장을 비롯하여 부정의문문에서 기능적인 변화가 일어나는 중요한 요인 중 하나가 되는 것이다.

4. 제4류 부정의문문과의 연속성

위에서 지적했듯이 제3류의 부정의문문은 술어문 종류의 제약이 없다. 하지만 제4류의 부정의문문으로 이행하는 것은 「ノデハナイカ」에 의한 〈가설제시〉의 용법에 제한된다. 즉 제3류의 「ノデハナイカ」의문문이 질의성을 상실해 가면서 화자의 간접인식에 의한 주장을 나타내게 되는

것이다.[10] 이하에서는 이 문제에 대하여 구체적으로 검토해 보기로 하자.

(62)「浦田君, いい考えはあるかい?」
「色々考えてみたんですけど, 誰かに拾ってもらうのが一番じゃないかと思うんです」(泥棒)

분명히 정보요구형의「デハナイカ」문장에서는 술어문의 제한이 없다. 하지만 술어문의 종류에 따라 약간 차이가 있는 듯하다. 즉 명사술어문에서는 화자가 〈대상적인 내용〉에 대한 자신이 없는 것 같은 뉘앙스가 있는 반면 다른 술어문에서는 그러한 뉘앙스가 느껴지지 않는다. 이 점은 다음과 같이 불확실성을 나타내는 부사와의 공기관계를 조사해 보면 확인할 수 있다.

(63)「お父さん, 電話よ」と呼んだ。
「そうか」
「女の人。会社の人だって」とうとうかかって来た! 塚原は, 興奮を押し隠して, 立ち上がった。
「(ヒョットシタラ/モシカシタラ)お父さんの彼女じゃないの?」
(64)「(#ヒョットシタラ/モシカシタラ)寂しくありませんか, お一人で」
「自分でそうしているんですもの」
(65)「(#ヒョットシタラ/モシカシタラ)一句わないかい?」
と, 塚原は, くり返した。
「大丈夫。外を歩いていれば消えちゃいますよ」

10) 물론 형용사술어문이나 동사술어문이 직접「デハナイカ」앞에 오는 경우도 있지만 그러한「デハナイカ」문은 제3류가 아니고 제5류의 부정의문문이 된다.

이러한 현상에 대한 설명에는 久野(1973)의 지적이 시사적이다. 우선 久野(1973)가 지적한 대로 기본적으로 질문문의 초점(focus)은 술어에 있다. 따라서 술어문 선택지의 집합은 「A, - A」가 되는데 여기서 명사술어문 - A의 내연(內緣)은 동사나 형용사술어문의 경우와 약간 성질을 달리한다.

즉 동사나 형용사술어문에서는 [- A]가 [A]의 부정형식인 단일 선택지이다. 반면 명사술어문의 [- A]라는 것은 「B, C, D, E, F……」와 같은 멀티초이스(multichoice)식의 집합이 된다. 그리고 그 중에서 선택된 선택지는 양자택일의 동사나 형용사문의 경우와 비교할 경우 아무래도 정답의 가능성은 통계적 확률로도 낮아진다.

이러한 점에서 명사술어문의 경우는 화자가 선택지에 대하여 자신이 없는 것 같은 뉘앙스가 나오는 것이다.

이와 같은 명사술어문의 성질은 제3류의 「デハナイカ」문장이 제4류의 〈가설제시〉로 이행해 갈 때 중요한 요인으로 작용하기 때문에 주목하지 않으면 안 된다.

다음으로 명사술어문과 동사문과의 연속성에 관하여 알아보기로 하자. 구체적인 예문을 보기로 한다.

(66) 「南千代子さんが, 社長の命令で近づいて来たとは考えられませんか?」

塚原はギョッとした。

「そ, それは……君……」(鄭相哲(2004a))

(67) 「あなたを襲ったのが女だったとは考えられませんか?」

「女? まさか!」(鄭相哲(2004a))

이미 鄭相哲(2004a)에서도 지적한 바와 같이 보통 의문문에서는 의문의 초점(focus)은 술어에 있다. 하지만 상기 예문에서 조사 「ハ」에 의해

의문문의 초점이 술어에서 조사「ハ」를 포함한 명사구로 바뀌었다. 따라서 선택지의 집합도「A, - A」타입에서「B, C, D, E, F……」의 멀티 초이스식의 집합으로 바뀌어 명사술어문과 연속해 가게 되는 것이다.

5. 나오기

이상으로 〈대상(對象)의 논리〉와 〈화자(私)의 논리〉라는 관점에서 제2류와 제3류의 분석적인 부정의문문을 대상으로 양자의 유사점과 차이점에 관하여 살펴보았는데 그 결과를 정리하면 다음과 같다.

- 의문문의 특성을 거의 모두 유지하고 있고 〈대상의 논리〉 즉 현실세계의 논리에 따라서 〈대상적인 내용〉을 제시하는 제2류의 부정의문문이 대표적/전형적인 의문문이다. 또한 제3류의 부정의문문은 〈화자(私)의 논리〉에 따라서 〈대상적인 내용〉이 제시된다. 따라서 제2류에 비해 상대적으로 주체적인 측면이 전경화된다.
- 제2류와 제3류의 차이는 [P]와 [- P]가 대립하는 상황의 유무와 부정사「ナイ」의 기능(부정극성어), 부사공기, 접속사 등에서 그 차이점이 보인다.
- 제3류에서 제4류 부정의문문으로의 이행 경로 중 하나는「제3류 명사술어의 부정의문문 → 제4류의 〈가설제시〉」와 같은 경로가 생각된다.
- 부정의문문이 변용되어가는 하나의 중요한 요인은 화자의 신념이나 판단 등 화자의 주체성이 의문문 안에 반영되어 나타나기 때문이다.

제4장 비분석적(非分析的)인 부정의문문

1. 들어가기

다음은 모두 한국어 예문들이다. 앞에서 논의한 일본어 예문들과 같이 종래의 형식적인 정의에서 보자면 모두 부정의문문이라고 불리는 것이다. 하지만 예문(1)(2)(3)과 예문(4)(5)사이에는 약간의 차이점도 있는 것 같다.

(1) 윤상철 : 박씨, 어디 다친 데는 없어요?
박 씨 : 다치기는요. 선생님 체면 때문에 내가 가만 있었지 젊었을 때 기분만 매같으면야 제깐놈들 한두 놈 해치우는 건 식은 죽 먹깁니다요. (까치)

(2) 석희 : 이거 어디 가는 건진 알아야지.
세중 : 오늘 저녁은 제게 맡기기로 하셨잖아요.
석희 : 그래도 어디 가는 진 알아야 되는 건데, 정말 말안 해 줄 꺼야? (언제나)

(3) 오박사 : 그러니까 간이 안 좋다는 얘기야. 박 먹어, 밥 먹자 얘들아.
김여사 : 그거 위험한 거 아니야?
오박사 : 괜찮아,괜찮아. 나도 의사지만 이거 의사들이 노상하는 소리야, 걱정하지 마.(오박사)

(4) 민성 : 가만히 있나 봐라… (이불 뒤집어 쓴다)
민경 : (이불을 확 제친다) 너, 일어나지 못 해?
민성 : 누나가 무슨 참견야! (왔습니다)

(5) 어머니 : 방법이 없다는 말씀이군요.
민박사 : 의사로서 단언하지만 방법은 없습니다. 사람의 뇌는 대뇌든 소뇌든 또는 뇌간이든 한 번 파괴되면 다시는 살아

나질 않습니다. 재생이 불가능해요. 그런 것을 안 다면 차라리 다른 방법으로 준이를 살리는 것이 현명한 일이 아니겠습니까.(열세살)

전자와 후자의 제일 큰 차이점은 일본어의 예문들과 같이 의문문의 의미와 기능적인 점에 있다. 즉 문장이 전달하는 의미와 효과가 다르다는 것이다.

예를 들면 분석적의문문인 (1)(2)(3)은 보통의 의문문의 기능을 수행하고 있기 때문에 질의성(質疑性)을 갖고 있다. 따라서 청자에게 청자쪽의 정보를 요구하는 문장으로 기능하고 있다.

반면에 비분석적의문문인 (4)(5)는 그렇지 못 하다. (4)의 경우는 청자에게 「일어나!」라는 명령문과 같은 행위를 요구하는 문장이며 (5)는 「차라리 다른 방법으로 준이를 살리는 것이 현명한 일이다」라는 화자의 정보를 청자에게 제공하고 있는 문장이다.

다음은 (4)(5)와 유사한 기능을 하며 비분석적의문문으로 분류되는 일본어 예문이다.

(6)「自殺する原因が何も見当たらないから悪魔の仕業だ, と騒ぐのもいいが, それは, こういうふうにも置き換えられるんじゃないか。自殺する原因が何も見当たらないから, ロバート・レイノルズ氏は自殺ではなく, 他殺だったのではないか……と」
「先生……」(謀殺)

(7)「複雑なものは, どうもいけません」
「近頃の学生は歴史や経済を, 漫画で覚えるというじゃないか」
「英語も漫画です」(ナチ)

이하에서는 문법화(grammaticalization), 〈대상적인 의미〉, 〈시간적한정성〉등의 관점에서 후자의 의문문인 비분석적인 부정의문문에 주목하여 고찰해 보기로 한다. 일본어와 한국어의 구체적인 예문을 음미하면서 분석적의문문과 대조를 통해 그 하위타입을 개관하고 의미·문법적인 특징에 대하여 살펴보자.

2. 선행연구의 검토

일본어 의문문에 관한 선행연구로는 이미 앞에서 田野村(1988)와 安達(1999) 등을 검토하였고 문제점에 대해서도 살펴보았다. 이하에서는 한국어 의문문에 관한 배채주(2002)를 검토하기로 한다. 배채주(2002)에서는 한국어「-잖」[1]구문을 대상으로 하여 의미와 문법적인 측면에서 고찰한 것이다. 즉 한국어의 부정의문문을 다음과 같은「-잖」[2]구문과 구별하여 양자의 차이점에 주목하여 전자인 (8)만을 부정의문문이라고 한다. 이러한 점은 일본어를 대상으로 한 安達(1999)와 같은 입장이다.

(8) 누가 <u>오지 않았니</u>? (부정설명의문문)
(8-1) 누가 <u>왔지 않니</u>? ('잖'구문) (배(2002:225-226))

또한 배채주(2002)는 양자가 의미적으로 형태적으로도 유사한 데도 불구하고 문법적으로는 전혀 다른 형식으로 취급한다. 하지만 모어화자의 직감으로도 두 형식의 연관성은 부정할 수 없다고 생각된다. 예를 들면 명사술어문인「누가 온 거 아냐?」도 의미적으로 예문(8-1)와 상당히 유

1) 한국어는 일본어와 달리「-안 해」,「-지 않다」라는 두 가지 부정의 방법이 있다. 일반적으로 전자를 단형부정, 후자를 장형부정이라고 하여 구별한다.
2) 이「-잖」구문을 장석진(1973)에서는 부가의문문, 김동식(1980)에서는 확인의문문, 장경기(1986)에서는 장형부정의문문의 이차전제용법을 위한 특수구문, 구종남(1992)에서는 부정융합의문문이라고 부르고 있다.

사한 의미를 실현하기 때문이다.

3. 필자의 입장

이하에서는 한국어의 부정의문문도 크게 2분류하기로 한다. 즉 일본어의 논의를 받아들여 분석적의문문과 비분석적의문문을 구별하는 것이다.[3)]

전자는 의문문의 특징인 〈의문〉과 〈질의성(質疑性)〉을 갖고 있는 전형적인 의문문이다. 한편 후자는 〈의문〉과 〈질의성〉을 상실한 혹은 상실 중에 있는 비전형적이며 주변적인 부정의문문이다. 일본어 분석에서 지적했듯이 이 두 가지 의문문을 구별하는 방법 중 하나는 질의성 유무이다. 한국어에서도 동일한 기준으로 구별 가능한지 검토해 보자.

(9) 석희 : 이거 어디 가는 건진 알아야지.
세중 : 오늘 저녁은 제게 맡기기로 하셨잖아요.
석희 : 그래도 어디 가는 진 알아야 되는 건데, 정말 말안 해 줄 꺼야? (=(2))

(10) 어머니 : 방법이 없다는 말씀이군요.
민박사 : 의사로서 단언하지만 방법은 없습니다. 사람의 뇌는 대뇌든 소뇌든 또는 뇌간이든 한 번 파괴되면 다시는 살아나질 않습니다. 재생이 불가능해요. 그런 것을 안다면 차라리 다른 방법으로 준이를 살리는 것이 현명한 일이 아니겠습니까. (=(5))

---

3) 이 용어에 관해서는 田野村(1988)나 井上(1994) 등을 참조. 또한 Jespersen(1933)에서는 unemotional question과 emotional question이 여기에 상당하는 것이다.

예문(9)가 분석적의문문이고 예문(10)이 비분석적의문문이다. 전자는 〈질의성〉을 유지하는 반면 후자는 〈질의성〉이 없다는 것은 다음과 같은 인용동사의 내포문이 가능한지 아닌지 하는 것으로 확인할 수 있다.

(9-1) 석희 : 이거 어디 가는 건진 알아야지.
세중 : 오늘 저녁은 제게 맡기기로 하셨잖아요.
석희 : 그래도 어디 가는 진 알아야 되는 건데,
정말 말 안 해줄 꺼야? 라고 물었다/*생각했다

(10-1) 어머니 : 방법이 없다는 말씀이군요.
민박사 : 의사로서 단언하지만 방법은 없습니다. 사람의 뇌는 대뇌든 소뇌든 또는 뇌간이든 한 번 파괴되면 다시는 살아나질 않습니다. 재생이 불가능해요. 그런 것을 안다면 차라리 다른 방법으로 준이를 살리는 것이 현명한 일이 아니겠습니까 라고 물었다/*생각했다

즉 〈질의성〉을 갖고 있는 분석적의문문은 (9-1)과 같이 「~라고 묻다」의 보문(補文)이 될 수 있는데 반해 (10-1)와 같은 비분석적의문문은 「~라고 묻다」의 보문(補文)이 될 수 없다. 이러한 현상은 전자만이 질의성을 갖고 있기 때문이다.

이 점을 지지하는 사실은 두 의문문이 나타나는 문맥적인 위치가 다르다는 점이다. 예를 들면 전자의 경우는 청자의 정보를 요구하는 문맥에서 사용되는 반면 후자의 경우는 상대방의 질문에 응답하는 위치에 나타나서 청자에게 정보를 제공하는 문장으로 기능하고 있다.[4]

또 다른 한 가지는 두 타입의 의문문은 부정사(否定辞) 「안 하다(가/이 아니다)」의 기능에도 차이가 보인다. 즉 예문(9)에서는 부정사가 〈대상적인

4) 물론 모든 비분석적인 부정의문문이 정보제공을 하는 구문적 위치에 나타난다는 것은 아니다.

내용〉의 일부분으로 기능하는 데 비해 예문(10)의 「이 아니다」는 이미 부정사의 기능을 상실하고 있다. 이러한 점은 일본어에서와 같이 「조금도, 하나도」 등의 부정극성어[5]와의 공기(共起) 여부로 확인할 수 있다.

(9) 석희 : 이거 어디 가는 건진 알아야지.
세중 : 오늘 저녁은 제게 맡기기로 하셨잖아요.
석희 : 그래도 어디 가는 진 알아야 되는 건데,
조금도/하나도/전혀 말 안 해줄 꺼야?

(10) 어머니 : 방법이 없다는 말씀이군요.
민박사 : 의사로서 단언하지만 방법은 없습니다. 사람의 뇌는 대뇌든 소뇌든 또는 뇌간이든 한 번 파괴되면 다시 는 살아나질 않습니다. 재생이 불가능해요. 그런 것을 안 다면 차라리 다른 방법으로 준이를 살리는 것이 #조금도/#하나도/#전혀 현명한 일이 아니겠습니까

상기 예문에서 확인할 수 있듯이 예문(9)에서는 「조금도, 하나도」 등의 부정극성어(否定極性語)와의 공기(共起)가 가능하다.[6] 하지만 (10)에서는 부정극성어가 같이 쓰이면 어색하고 부자연스러운 문장이 된다.

이상 일본어 부정의문문을 대상으로 하여 분류한 기본적인 틀을 한국어 예문에 적용하여 분석적, 비분석적인 부정의문문의 분류근거가 한국어분석에서도 유효하다는 점을 확인하였다.

이상의 논의를 참고하면서 이하에서는 비분석적인 부정의문문의 하위타입과 그 문법적인 특징에 관하여 고찰하기로 한다.

---

5) 한국어학에서는 「否定極語」라는 용어가 사용되는 것 같다.
6) 일본어의 논의에서 알 수 있듯이 부정사가 부정사로 제 기능을 하는 것은 제2류의 부정의문문에 한정된다.

4. 비분석적인 부정의문문

앞에서 논의한 대로 의문문의 본질적인 특징인 〈의문〉과 〈질의성(質疑性)〉[7]을 상실한 비분석적인 부정의문문에는 제4류와 제5류 부정의문문과 같은 하위 타입이 있다. 일본어를 대상으로 보면 양자의 중요한 차이는 문법화의 정도의 차이이다. 즉 제5류에서는 제4류와 달리 유추(analogy)현상이 일어나 술어문의 제한이 없어진다.「デハナイカ」문을 대상으로 다시 확인해 보기로 한다.

(11)「加藤という部長が, 最近, ここへ来たのは, いつですか?」
　「一昨日じゃなかったかしら?」(EF)

(12)「占い?」
　「はい, 私, 最初は市川湧水が犯行にからんでいるのではないかと思っていました。彼が殺されたことでその考えは違ったのかと思う反面, やっぱり共犯者だったのではないかと」
　「どういうことだ, 舞」(R邸)

(13) 男二人は, ぎょっとして顔を見合わせたが, 次の瞬間,
　「おい, のろじゃないか」
　「勇みか」
　高校時代の同級生野呂久作であった。(学)

(14)「そんなー 会いもしないで断るなんて, この子が傷つくじゃないか!」
　「そりゃしかし, 見合いってのは, そういうものだからな」(やり過し)

(15)「おじさま! 珍しいじゃない, 電話してくるなんて」(やり過し)

7) 의문문의 특징에 관해서는 仁田(1987) 참조.

(11)(12)는 제4류의 부정의문문이다. 여기에서 「デハナイカ」는 당연히 명사술어문에만 접속된다. 반면 제5류의 (13)(14)(15)에서는 명사술어문뿐만 아니라 문법화가 더욱 더 진행되어 형용사나 동사술어문에 직접 접속된다.

이와 같은 현상이 한국어에서는 어떠한지 보기로 하자.한국어의 경우 일본어와 달리 명사를 부정하는 형태가 아니라 용언 즉 형용사나 동사를 부정하는 「-지 않다(잖다)」 쪽에서 문법화가 진행된 것으로 보인다. 하지만 일본어와 같이 제5류의 부정의문문에서는 다음과 같이 「-지 않다」가 동사나 형용사술어문이 아닌 명사술어문에 접속된 특수한 예문도 보인다.

(16) 기자1 : 왜 끝까지 해결하지 않습니까?
수사관 : 수사의 단서는 제3국에서 나올 수 있지 않는가.
기자1 : 그러면 김형욱 씨가 국경을 넘어갔을 수도 있다는 말 입니까?
수사관 : 그렇다.
기자1 : 그렇다면 누구와 어디로 갔단 말 입니까?
수사관 : 그것은 한국 기자들이 더 잘 알지 않겠는가.(김형욱)

(17) 소영 : 엄마, 물은?
김여사 : 보면 모르겠니.
지영 : 빈 통이잖아? 오다 다 마셨어요?
김여사 : 마시긴… 니 아부지가 중간에서 퍼지는 바람에 약수터까지 가지도 못했다.(오박사)

(18) 민석 : 오늘 과외하는 날인데
봉창 : (듣고 일부러 느물거리며) 야, 그까짓 과외 한번 빠지는 게 뭐 그렇게 대수냐. 안 그래? 에잇, 니가 평소 하던 말이잖아. (언제나)

(19) 민경 : 작은아버지 말씀두 전혀 틀린 건 아니잖아요?
태수 : 아, 선산을 팔아 먹자는데두 말이야?
민경 : 아이, 그건 그냥 해보신 말씀이잖아요? 그래두 작은아버진 큰마음 잡수시구 그러시는 건데.(왔습니다)

(16)은 용언에 접속되었고 의미도 〈가설제시(仮説提示)〉[8]에 해당하는 제4류의 부정의문문이다. 하지만 (17)(18)(19)는 체언에 접속되었고 의미적으로도 제4류와는 다른 제5류의 부정의문문이다. 따라서 문법화의 정도로 양자를 구별하는 것은 물론 문법화의 정도는 차이가 있지만, 한국어에서도 유효하다고 생각된다.

이하에서는 두 종류의 비분석적인 부정의문문을 보다 자세히 검토해 보기로 하자.

4.1. 제4류의 부정의문문

먼저 제4류의 부정의문문 하위 타입으로는 〈가설제시(假說提示)〉, 〈인식요구(認識要求)〉, 〈행위요구(行為要求)〉 등이 있다.

4.1.1. 가설제시

부정의문문이 〈의문〉과 〈질의성〉이라는 본래의 특징을 상실해 가면 2차적인 기능을 하는 용법으로의 이행이 시작된다. 이러한 용법 중 하나가 〈가설제시〉용법이다. 일본어 예문부터 보자.

(20) 「あたしさ, おねえちゃんは, **ひょっとしたら**もう結婚しないんじ

8) 이 용어는 安達(1999)에서 사용된 것을 사용한 것이다.

ゃないかって思ってたの。誰も好きにならないんじゃないか，って」

「……」

よかったね，と知恵。ありがと，と薰。(101)

(21)「占い?」

「はい。私は，最初は市川湧水が犯行にからんでいるのではないかと思っていました。彼が殺されたことで，その考えは違ったのかと思う反面，やっぱり共犯者だったのではないかと」

「どういうことだ，舞」(R邸)

(22)「今，思ったの。圭子さんが，岩井に会いに行ったとして，どこへ行くかって」

「僕もです。**たぶん**，彼女は，例の女のやっているスナックに行ったんじゃないでしょうか」

「私も同感よ」(半分)

(23)「まあ，いずれにしても今回のことは，わたしの不明を恥じるほかありません」江川大造は，改めて頭を下げた。

「奥さんも**きっと**，同じことをおっしゃるんじゃないですか」

(愛人)

다음은 한국어 예문이다.

(24) 그 양반과 만난 것이 사실이고 또 김형욱 씨 가족들이 김형욱씨가 파리에 가면은 모든 그 일정이든가 이것을 심용석 특파원이 **혹시** 알고 있지 않을까 하는 그런 생각도 했다고 합니다.

(김형욱)

(25) 이두표 : 우리나라도 이 상태로 계속 나가다가는 아까 말씀드린 영국의 런던이나 마드리드 같은 이런 도시처럼 농도가

올라가지 않을까 이런 생각이 들어요. (도시)

(26) 강씨 : (안방에서 나온다) 지금 오니?

민경 : 아버지한테서 연락 없었어요?

강씨 : 가실 때 연락이 없거들랑 일을 시작한 줄 알라구 그러셨다.

민경 : 그래두 용케 일꾼을 구하셨나 부죠.

강씨 : 그러니까 여태 안 오시는 거 아니냐?

민경 : 아이, 잘 됐다. (왔습니다)

(27) 용진 처 : 여보! 마음 속으로 누굴 좋아해 보세요. 소설 속에 주인공도 좋구 아님 영화 배우나 탈렌트도 좋구-.

용진 : 정말?

용진 처 : 애틋하게 누굴 그리워하구 사랑하면 시가 나오지 않겠어요? 그 아픔 같은 것 을 써 봐요.

용진 : 시는 당신이 써야겠어. 난 실물을 사랑하지 않구는 가슴이 안 뜨거워진단 말야.(종자)

이러한 〈가설제시〉 용법은 구문적인 특징으로 〈응답의 문맥〉이라는 사용조건이 보이고 형식적으로는 의문문이지만 기능적으로는 화자의 정보를 청자에게 제공하는 평서문과 같은 기능을 한다.

또한 제3류의 부정의문문 중「ノデハナイカ」,「가 아닙니까」라는 형식에서 질의성의 상실과 더불어 특화(特化)되었다고 보여진다. 이 사실을 승인(承認)한다면〈대상적인 내용〉의 변화, 즉 시간적한정성이 있는 동사나 형용사술어문의 〈사건(出来事, 現象)〉도 시간적한정성이 없는 〈특징(特徴, 本質)〉으로의 변경에도 주목해야 한다. 환언하면 〈특징〉이라는 〈대상적인 내용〉으로의 변경과 〈확인(추량)〉이라는 〈양태적(modus) 의미〉의 변화가 연동되어 평서문과 유사한 기능을 하게 이행된다는 것이다.

제3류의 부정의문문에 이어서 제4류의 경우도 객체적인 측면보다는 주체적인 측면이 전경화된다.[9] 따라서 〈화자(나) 논리〉에 따라서 즉 화자의 상상과 추론에 의해서 〈대상적인 내용〉이 구성되는 것으로 생각된다.

이 타입의 문법적인 특징으로는 다음과 같은 것을 지적할 수 있다.

먼저 문말형식으로 사용되는 것은 일본어에서는 일반적인 「ですか」 이외에 「かしら, かな, だろうか」 등이 자연스럽게 사용된다는 점이다.[10] 한국어에서도 〈아닙니까〉이외에 청자지향성이 조금 떨어지는 〈아닐까(요)/아니겠어(요)〉 등의 형식도 보여진다는 점이 특징이다.

두 번째로는 예문(20)(22)(23)에서 「ひょっとしたら, たぶん, きっと」와 같이 추량부사와 같이 쓰인다는 점이다. 아주 드물지만 다음과 같이 「えてして」가 쓰인 예문도 있다. 이러한 특징은 평서문의 기능을 시사한다.

(28) 伊地岡はつぶやいた。

「たしかにいい天気です。良過ぎるほどの天気です。

こんな日には, **えてして**何か悪いことが起きるんじゃないですか」

銀行員たちは笑った。(学)

한국어 예문에서도 (24)에서 「혹시」가 사용되었지만 문맥에 따라서는 「아마(도)[11], 어쩌면」도 다음과 같이 가능하리라고 생각된다.

(29) 또 김형욱 씨 가족들이 김형욱 씨가 파리에 가면은 모든 그 일정이든가 이것을 심용석 특파원이 **아마/어쩌면** 알고 있지 않을까.

---

9) 奥田(1985b)를 평서문은 객체적인 측면이 전경화되고 주체적인 측면이 배경화되는 것으로 이해할 수 도 있다. 하지만 필자의 이해로는 평서문 중에서도 객관묘사가 주된 소위 단정문보다 화자의 상상이나 추측을 표현하는 간접인식문은 상대적으로 주체성이 강하다고 생각된다. 각각의 의문문에서도 같은 것으로 이해된다.

10) 물론 이 현상에 대해서는 제4장에서도 논의하겠지만 田野村(1988), 安達(1999). 宮崎(2001)(2004)(2005) 등에서 이미 지적되어 온 것이다.

11) 〈아마(도)〉라는 부사는 〈혹시〉와 달리 질문문에서는 사용되지 않는 것 같다.

세 번째로는 예문(20)(21), (24)(25)와 같이 일반적인 의문문과 달리 「~라고 생각하다/말하다」의 내포문(보문)이 된다는 점이다.

이러한 특징이 보이는 것은 이미 지적했듯이 이 타입에서는 질문문의 특징을 상실하여 더 이상 청자에게 정보요구를 하는 문장이 아니기 때문일 것이다.

네 번째로 부정사 「デハナイ」, 「아니다(지 않다)」의 시제문제이다. 이 타입에서도 아주 드물게 다음과 같이 과거형이 보인다.

(30) 角額は全員の名前を手帳に書き込み, 改めて手帳に目を落としてから言った。
「宮下歌雄は漁に出ていたんじゃなかったのかな」
「第七みしま丸は, この間, 帰って来たばかりです」(妖怪)

(31) 김형욱이 의심하지 않고 누구보다도 신뢰했던 사람으로 파리에 오면 함께 어울렸던 사람입니다. 그래서 더욱 사람들은 그가 김형욱을 파리에 혼자 오도록 유인하지 **않았을까**.(김형욱)

(32) 사고 후에 함석헌 씨가 수소문해서 알아봤다는 이 얘기가 사실이라면 오랜만에 장 씨를 만나기 위해 등산에 참가했던 김용환 씨가 **아니었을까요**? (재야인사)

하지만 이들은 〈대상적인 내용〉을 과거로 한 「그래서 더욱 사람들은 그가 김형욱을 파리에 혼자 오도록 유인했었지 않을까」, 「사고 후에 함석헌 씨가 수소문해서 알아봤다는 이 얘기가 사실이라면 오랜만에 장 씨를 만나기 위해 등산에 참가했던 김용환 씨였지 않을까」라는 문장으로 치환이 가능하고 거의 같은 의미가 된다. 또한 (30)의 「ノデハナカッタ」는 「ノデハナイ」로 치환 가능하다.[12] 따라서 이것들은 부정사의 과거

12) 물론 (30)의 「ノデハナカッタ」는 시제가 아닌 〈회상〉이라는 무드적인 의미로 해석이 가능하다.

형이 아니라 〈대상적인 내용〉이 과거인 것을 의미하는 것 같다.

이상의 특징들은 제4류의 부정의문문이 형태적으로는 부정의문문의 형식을 취하지만 이미 부정문이나 의문문의 기능을 하지 않고 긍정평서문, 그 중에서도 추량문에 상당하는 기능을 하기 때문에 나타나는 것이다.

4.1.2. 행위요구

제4류의 비분석적인 부정의문문의 또 다른 하나는 상대방에게 행위를 요구하는 타입이다. 제2류의 부정의문문에서 이행된 것으로 생각되는 다음 예문들은 의문문의 형식을 취하면서 기능적으로는 행위요구문(명령문, 권유문, 의뢰문)과 유사한 기능을 한다.

이러한 이행현상이 일어나는 것은 于日平(1984) 등에서도 지적되어 있듯이 특정한 〈대상적인 내용〉에 한정된다. 예를 들면 앞에서 살펴보았듯이 제2류의 부정의문문은 평서문과 같이 〈대상적인 내용〉에 제한이 없었다. 하지만 행위요구문으로 이행하는 의문문은 술어가 의지동사문이고 동작주는 2인칭이며 미래시제 등의 조건이 필요하다. 이 조건과 더불어 공통적으로 현실과의 관계에서 〈まちのぞみ〉라는 〈양태(modus)적 의미〉를 필요로 한다.

우선 일본어의 구체적인 예문부터 보기로 하자.

(33) 伊地岡の帰りを待って苛立っている上役や同僚, さらに 客たちの顔が, まざまざと目に浮んでくる。

「<u>早くせんか</u>」

望月は, 運転手と警官のどちらにともなく言い, ドアを 開けて下り立った。(学)

(34) 福光喜太郎は, また目をいからせた。

「どうしてくれるんじゃ, わしの顔を。わしは, そのために, わざわざこ

の宇都宮に，君と談判をしにきたのじゃ。おい，沖野君，目ばかりむいて黙ってないで，なんとか返事をせんか!」(鬼畜)

(35)「二十歳の三浪中の予備校生です」

「ちょっとその部屋を覗かせてくれませんか」

「結構ですよ」(異端者)

(36)「何とか，早坂部長に言ってもらえませんか」

「オ，オレが?」(101)

(37)「この間の約束だけど，どうだろう，次の週末に一緒にドライブにいかないかな」(異端者)

(38)「あなたは手早いんで助かるよ」

と，伝票を受け取って，運転手がニヤリと笑った。

「今度，一杯やらないか」

「私は下戸ですの，残念でした」(半分)

(33)(34)는「早く」와 같은 부사가 같이 쓰인 명령문, (35)(36)는「くれる, もらう」등과 같은 수수동사의 어휘적인 의미가 밀접한 관계가 있는 의뢰문, (37)(38)은 동작주가 1, 2인칭인 권유문으로 문장기능이 이행된 예문이다.

〈행위요구〉용법에서 보이는「まちのぞみ」라는〈양태(modus)적 의미〉는 화자가 현재의 현실세계를 부정하고 보다 바람직하고 새로운 현실에 대한 갈망이라고도 생각된다. 이것은 일반적인 행위요구문과 동일한 조건인 것이다.

다음은 한국어 예문들이다.

(39) 아비 : 이거 낭패났네. 보소, 선장! 선장요! 이 배를 구주 탄광 가차분(가까운) 장소에다 대줄 수 없겠능교?(정팔도)

(40) 태수 : 한 십만 원만 줄 수 없겠오?

강씨 : 아, 그 정도두 없을라구요.(왔습니다)

(41) 대발 : 쇠주 한 잔 안 할라우?

경찬 : 집사람 깡깡거려 야. 어제 좀 펐거든.(사랑)

(42) 친구A : 하하하, 해두 너무했군. 참 자네 바쁘지 않으면 말야, 우리 공장 신축하는 거나 보러 가지 않겠나? 영등포니까 잠깐만 보구 나서 들어오는 길에 내려주지.

태수 : 글쎄. 그래두 좋지만…… (왔습니다)

예문(39)(40)는 의뢰문의 예문이고 일본어의 경우와 같이 「주다」 등 동사의 어휘적의미와 밀접한 관계가 있다. (41)(42)는 상대방에게 제안이나 권유를 하는 권유문의 예문이다. 이 경우도 일본어와 유사하며 약간 차이를 보이는 것은 다음 소개하는 명령문의 경우이다.

한국어에서 의문문에서 명령문으로 기능이 이행하는 경우 형식적인 측면에서 「-안 해[13]」와 「-못 해」타입으로 크게 나눌 수 있다.

(43) 김선생 : 손 내려!

→ 학생들의 시선 일제히 쏠린다. 동민, 머뭇머뭇 손 내리는데 김선생, 다시 동민의 가슴을 만지려 한다. 동민, 얼른 피한다.

김선생 : 이 자식이, 똑바로 서 안 서! (육체미)

(44) 이사장 : (불끈 일어나며) 빨리 들어와라.

순자 : ……

이사장 : 안 따라 나와?

순자 : (별수 없이 일어선다.) (사랑)

(45) 민경 : 아버지가 나오서야죠.

강씨 : (안방에다 대고) 아, 안 나오실 꺼유?

---

13) 한국어에서는 부정명령문과 동일한 형태를 사용하기 때문에 구별이 어려울 경우가 있다.

민경 : 엄마가 또 뭐라구 그러신 거죠? (왔습니다)

(46) 명자 : (이제야 덜컹) 응? 고슴도치 할아버지? (걸음아 나 살려라……)

강씨 : 게 서 있지 못해? 내가 너희들을 놓칠 상 싶냐?(밤비)

(47) 민성 : 정말 나한테 이러깁니까?

윤비디 : 어서 나가지 못해?

민성 : 괜히 그러지 말라구요. 오늘은 내가 힌트를 하나 드리려구 왔습니다.(왔습니다)

(48) 강씨 : (목소리)민성아! (문을 열더니 들어와서 깨운다) 일어나지 못 해. 학원엔 안 갈래 안가[14]!(하면서 엉덩이를 때린다)

민성 : 아아, 아직 멀었어요. (귀찮은 듯 이불을 끌어 당긴다)

강씨 : 이 녀석이! 학원두 학원이지만 아침나절에 시원할 때 공부를 해야지 (한 번 더 때리며) 일어 나지 못 해.

(왔습니다)

먼저 (43)에서 (45)까지가 「-안 해」타입이고 (46)(47)은 「-못 해」타입의 문장이다. (48)은 두 형식이 다 보이는 예문이다. 이러한 타입의 문법적인 특징으로는 다음과 같은 특징을 지적할 수 있다.

먼저 예문(43)의 「이 자식이, 똑바로 서 안서!」와 같이 명령문과 같이 중복해서 사용된다는 점이다. 물론 명령문뿐만 아니라 예문(48)의 「학원엔 안 갈래 안가!」와 같이 형식적인 부정의문문이 반복되는 경우도 있다. 또 다른 예문(47)의 「어서 나가지 못해?」와 같이 「어서/빨리/냉큼」 등의 부사와 같이 사용된다는 점이다.

물론 위와 같은 특징이 보이는 것은 이 타입의 비분석적인 부정의문문

14) 전자는 의문문, 후자는 부정명령문이라는 해석도 가능하다.

이 기능적으로는 명령문과 같은 기능을 하고 있기 때문일 것이다.

마지막으로 「-안 해」타입과 「-못 해」타입과의 유사점과 상의점에 관한 문제이다. 위의 예문에서 「-못 해」타입 문장은 「-안 해」타입 문장과 치환이 가능한데 비해 그 반대는 반드시 성립하지 않는 것 같다. 예를 들면 예문(43)(44)의 「안 따라 나와?」, 「안 나오실 꺼유?」를 각각 치환하면 「#못 따라 나와?[15]」, 「#못 나오실 꺼유?」 등과 같이 약간 부자연스러운 문장이 된다. 그 이유에 대해서 현시점에서 생각할 수 있는 것은 다음 두 가지이다.

우선 하나는 「-못 해」타입이 「-안 해」타입과 비교해 문법화가 보다 진행되어 명령문의 뉘앙스를 많이 띈다는 점이다. 환언하면 현실세계의 액츄얼(actual)한 것을 가능세계의 퍼텐셜(potential)한 것으로 바꾸어 화자의 주체성을 과도하게 포장하여 표현한 것으로 생각된다.

또 다른 하나는 화자와 청자와의 사회적인 관계이다. 즉 화자가 청자에게 명령할 수 있는 입장이 아니라는 것이다.

이상 제2류의 의문문에서 이행된 제4류의 행위요구문에 대하여 검토하였다.

4.1.3. 인식요구

제4류 부정의문문 마지막 타입은 〈인식요구〉의 용법이다. 다음 예문들은 화자와 청자 둘 다 기지(既知)정보인데 청자의 인식상태가 불명확한 상황에서 청자에게 그 해당명제의 인식을 활성화하도록 요구하는 용법이다.

이 점이 〈가설제시〉와 다른 점이다. 즉 〈가설제시〉의 용법은 화자의 개인적인 생각이나 주장을 나타내는 반면 〈인식요구〉는 공유가능한 정

15) 부사와 같이 「어서 못 따라 나와?」로 하면 자연스럽다.

보에 대한 인식의 활성화를 촉구하는 것이다.

먼저 일본어의 예문부터 보자.

(49)「きみのところの時計は, いつも止まってるんじゃないか」
いつか, 伊地岡に言われたことがある。
「きみのところこそ, 針が滑り過ぎるんじゃないか」
野呂はそう言い返したが, (学)

(50)「……とすると, 犯人はどこから逃げて行ったと思う?」
「普通に, ドアから出て行ったんじゃないですか」
「だが, ドアにはちゃんと内側から錠が掛っていたんじゃないか」
「ですから, 外側から錠が掛けられるような, 何か特別の道具を使って」(妖怪)

(51)「お父さんが, 厳しいんだろう」
「別に……」
「だって, 門限があったりするし, 外泊も禁じられているんじゃないか」
「あら, それは常識じゃないかしら」(愛人)

(52)「しかし, 三島に戻る列車はあるかも知れません。沼津から三島まで, 5, 6分しか, かからないんじゃありませんか。それなら, 戻る時間は, ほとんど, 無視できます」
「問題は, 適当な列車があるかどうかだね」(EF)

鄭相哲(2004) 등 이미 많은 지적이 보이듯「ダロウ」에도 청자 인식의 활성화를 요구하는 유사한 용법이 있다. 하지만 위 예문들에서「デハナイカ」를「ダロウ」로 치환하면 약간 부자연스럽다. 이것은 두 형식의 개별적인 특성에 의한 차이인지「ノダ」의 문제인지 현시점에서는 입장을 보류한다.

다음은 한국어 예문이다.

(53) 아버지 : (보지만 모른다)

태수 : 이거 아네유, 여기 백점이라구 썼지 않아유?

아버지 : 하하하, 일등을 했어? (94)

(54) 김여사 : 이게 다 오씨 들 치다꺼리 하느라구 이렇게 망가진 거라구.

오박사 : 괜찮다니까 그러네. 내가 또 푹신한 거 좋아하잖어.

김여사 : 이게 다 당신 탓이야, 알어?

오박사 : 왜 내 탓이야?

김여사 : 당신이 호강만 시켜 줬어 봐 지금 내가 이런가? 젊을 때 모습 그대로지.

오박사 : 젊었을 때 당신 모습이 어땠는데?

김여사 : 당신이 그랬잖아. 나타리우드 닮았다고…….

오박사 : 내가? 그런 말 한 기억 없는데……술 마셨나?(오박사)

(55) → 만원을 내민다. 민석, 무슨 돈인가 하는 표정.

봉창 : 전에 내가 꾼 돈.

민석 : 오천 원 꿔갔잖아.

봉창 : (부드럽게) 아냐, 그 전에도 내가 오천원 꾸고 안 갚았잖아.

민석 : (영찬과 마주보며, 별일이네 하는 표정 짓다) 고맙다.

(언제나)

(56) 김씨 : 모두들 자기 것부터 해 달래니까 저는 통 정신을 못 차리겠네요.

박달재 : 이 사람아, 그게 아니고, 부탁받은 순서대로 해야지, 무슨 소리야?

김씨 : (다가가며) 달재 아저씨는 콤바인 안 쓰시고 손으로 하시겠다고 그러셨잖아요.

박달재 : 글쎄, 어제 한 마지기 베보니까 힘이 들어 안되겠더라
구. (밤비)

예문(53)은 아직 음성적인 융합화가 진행되지 않은 것이지만 거의 같은 의미로 융합된 형태인 「썼잖아유」로 바꾸어 쓸 수가 있다.

〈인식요구〉의 용법은 제5류의 부정의문문과의 연속성을 보여주는 용법이다. 제4류의 부정의문문에서는 청자와 공유가능한 정보인데 상대방의 인식상태가 불확실하여 해당정보에 대한 인식의 활성화를 요구하는 것이다. 하지만 제5류에서는 형식적으로도 문법화가 더욱 더 진행되고 보다 다양한 의미적인 변화도 보이게 된다.

4.2. 제5류의 부정의문문

제5류의 부정의문문은 문법화가 더욱 더 진행된 경우이다. 예를 들면 일본어의 「デハナイカ」의 경우 1)부정문, 2)의문문, 3)명사문의 특징을 모두 다 상실한 용법이다. 한국어의 경우도 「-지 않다」가 유사한 특징을 보인다.

또한 田野村(1988)에서 지적한 대로 음성적인 융합현상도 일어나 「デハナイカ」의 경우 「ジャン[16]」으로 축소된 형태도 보인다. 한국어의 경우도 「-지 않다」가 「-잖다」로 음성적인 축약현상도 보인다.

이러한 제5류의 하위 타입으로는 〈인식요구〉 〈의외성〉 〈부정적평가〉 등이 있다.

16) 田野村(1988)나 安達(1999)도 참조.

4.2.1. 인식요구

제5류의 〈인식요구〉의 용법은 한국어보다 일본어의 예문에서 문법화의 유추(analogy)현상이 보다 현저하게 나타난다. 따라서 먼저 일본어 「デハナイカ」예문을 중심으로 살펴보기로 한다.

(57) 達郎はテーブルにメモと預金通帳を広げ, 電卓のキーを叩きながら息をついた。
「もうさあ, 兄貴も彼女もイイ年なんだから, 披露宴なんて内輪でやりゃあいいじゃないか」
キッチンで洗い物をしている純平は, 子供をなだめすかすように言った。(101)

(58)「黙れと言ってるんだ」
「それに, あなたの部下がかわいそうじゃない? あなたたちのおかげで会社が潰れてしまったんでしょ。少しは面倒をみてあげなくちゃ」(学)

(59)「風邪を引いたの?」
「どうして?」
「咳してるじゃない」
「いやそうじゃないよ」(泥棒)

(60)「彼女と, 沢木さんは, どの程度の関係だったのかしら?」
「それは, 京子の方が, よく知ってるんでしょう? かおりと, 時々, 会って, 話をしてたって, いったじゃないの」(EF)

(61)「きょうの昼めしは何にする?」
「わたしはウナギですよ」矢野は言った。
「またウナギか。きのうもウナギだったじゃないか?」
「きのうはウナ重。きょうはウナギどんぶりです」(裁判)

앞의 두 예문은 イ형용사와 ナ형용사에 접속된 것이고 뒤의 두 예문은 동사의 비과거형과 과거형에 직접 접속된 것이다. 마지막 예문은 명사 술어의 과거형에 직접 접속된 경우이다. 물론 화자와 청자의 공유정보가 인식요구의 구체적인 내용이 된다.

「デハナイカ」의 이러한 특이한 접속은 일반적으로는 용인되는 것이 아니고 이 용법에서만 보이는 현상이다. 물론 뉘앙스의 차이가 있지만 유사한 인식요구 용법이 「ダロウ」에도 있다는 것은 이미 많은 지적이 보인다. 이와 같은 형식적인 문법화현상을 제외하면 의미적으로는 제4류의 〈인식요구〉의 용법과 유사하다.

〈대상적인 내용〉에서는 평서문과 같이 제한이 없어져서 〈현상(사건)〉과 〈본질(특징)〉 등이 모두 다 가능한 것으로 생각된다.

하지만 문법화는 직접인식을 나타내는 단정형에 한정되지 않는다. 다음과 같이 간접인식의 경우도 있다.[17]

(62) 「それだけで愛人関係というのはひどいぜ。用があって及川さんの部屋を訪ねたのかも知れないじゃないか」
「リセプションのとき, 望月先生が及川先生の肩によりかかっている姿を見たひともいるわ」(魚)

(63) 「最高裁は, きょうの裁判官会議で, 国会の訴追委員会に対し, あなたの罷免を求める決定をしたそうじゃありませんか」
「もし, そうであれば, 不当このうえない。」(裁判)

(64) 「でも, 何だか, 雨が降りそうじゃない? 大丈夫?」
「かまわないさ。雨の城ケ島というじゃないか」(二人で)

(65) 「きみも親しい友だちの欄に, ぼくの名を書いたとか」
「ええ, 女ばかりじゃ, いかにも発展力がないみたいじゃない?」

---

17) 물론 이 점에 관해서도 이미 많은 선행연구에서 지적이 보인다.

「ぼくの名を消したほうがいいかもしれないぜ」(若葉)

(66)「なあ, ところで, おまえの好きな奴って誰なんだよ」

「え?」

「兄貴があのバイオリン弾きから聞いたらしいんだけど, おまえ, いまの本命はあいつじゃないらしいじゃないか」(101)

(67)「警察の方じゃ, どうも手がかりがつかめないようじゃないか」

「あの化粧水のびんからも, お父さんの指紋しか採れなかったって」

(鏡)

또한 다음과 같이 「べきだ」, 「はずがない」 등과 같은 형식에도 접속된다.

(68)「ねえ, 君。あまり我をはってはいけないよ。関根君もああして, 心から詫びているんだ。素直に受けるべきじゃないかね」

「人一人, 死んだのに, ですか?」(セーラー)

(69)「そうだ, 啓子, お前, 今夜は何か予定があるのか?」

「今夜? 私に予定なんてあるはずないじゃありませんか」(泥棒)

간접인식형식에 접속된 경우도 기본적으로 「ダロウ」도 가능하지만 「ようだ・らしい + ダロウ」와 같은 추정형식과 같이 쓰이는 것은 의미적인 혼동 때문인지 약간 부자연스러운 경우도 있는 것 같다.

한편 이미 앞에서 지적했듯이 한국어에서도 다음과 같이 「-지 않다」가 동사나 형용사술어문이 아닌 명사술어문에 접속된 특수한 예문도 보인다.

(70) 봉창 : 어쩐지 그 여자 애기만 나오면 눈에 불을 켜드라니.

영찬 : 야, 설마 그럴 리가 있겠냐. 민석이 아버진 대학교수잖아.

봉창 : 임마, 대학교수는 남자아니고 그 여잔 여자 아니냐.

(언제나)

(71) 박형사 : 아직까지 늙지두 않았구, 기운도 세니까.

용훈 : 에이……할머니가 그러는데요, 할아버지 보고 저 영감이라 그러셨어요. 영감이믄 할아버지잖아요.

박형사 : (힘겨운 듯) 옘병할 할망구…… 난 임마, 아저씨야, 할아버지가 아니구! (사과)

(72) 삼식 : 참으세요, 만수형……

봉구 : 예, 이제 이미 결정이 나버린 일이잖아요.

만수 : 너희들은 나서지 말어. (밤비)

(73) 민석 : 아니요, 그런 건 아니고…… 뭐 잘하지도 못하는데요.

석희 : 그거야 니가 열심히 안 하니까 그렇지. (하다 민석의 풀 죽은 모습을 보자 돌아앉으며) 그래, 공부가 다는 아니란 거 안다. 하지만 현실을 무시할 순 없는 거잖아. 그래도 대학은 들어가야지.(언제나)

마지막으로 일본어에서만 나타나는 것으로 생각되는데 동사 의지형에 「デハナイカ」가 접속된 다음과 같은 예문도 보인다.

(74) 「あなたと草太さんの関係を加味したら, その問題も解消できますよ」

「へ~。じゃあ言ってもらおうじゃないの」

「フタリはあたしのファンサイトで出会ったんですよね。」(名探偵)

(75) 「三時の約束だな」圭木は腕時計を見た。

「あと二分か。私も約束を守る男だ。三時までは待とうじゃないか」

(復讐)

(76) 青柳が早くも牛尾のペースに巻き込まれている。

「ともかくこの道を北へ行ってみようじゃないか」

牛尾が提案した。(異端者)

위 예문에서는 〈まちのぞみ〉가 제안이나 의지표명 등의 〈양태적인 의미〉로 실현되기 때문에 다른 것들과 별도로 취급할 수도 있지만 의미적인 확장가능성은 인정되지 않으므로 인식용법의 연장선상에 있는 것으로 여기에서 간단히 소개하였다.

4.2.2. 의외성(意外性)

제5류의 비분석적의문문의 또 다른 타입은 다음과 같이 발화현장에서 예상하지 못 한 발견이나 놀라움 등 화자의 의외성을 나타내는 것이 있다.

먼저「デハナイカ」의 일본어 예문부터 보자.

(77)「一体どうして, 関根の事なんかに興味あるんだ?」
「実はあそこの息子と結婚しないかって言われてるの」
舟山は目を丸くして,
「そいつは凄いじゃねえか!」(結婚)

(78)「ここ, 素敵じゃないか! ねえ, あなた, どう?」
「うん……」(泥棒)

(79)「何がおかしい!」
「だって……可愛いじゃありません?スターの虚像をそのままに信じ切って, 憧れて結婚までしょうなんて。純情じゃありませんか」
(結婚)

(80) このとき, 安田は「おや」と言った。
「あれはお時さんじゃないか?」
え, と二人の女は目をむいた。安田の指す方向に瞳を集めた。

「あら, ほんとうだ。お時さんだわ」(点と線)

(81) 男二人は, ぎょっとして顔を見合わせたが, 次の瞬間,

「おい, のろじゃないか」

「勇みか」

高校時代の同級生の野呂久作であった。(学)

「おや, おい, 何だ, ほう, あら」 등의 감탄사와 같이 쓰이기도 하는 「デハナイカ」의 〈의외성〉 용법은 다음과 같이 일본어에서는 감탄부사 「なんと, なんて」 등과 같이 사용되면 감탄문으로 이행하게 되는 것 같다.[18]

(82) すると, まるで待っていたようにカーテンが開いたのだ。

マサル「あっ……」

顔を出したのは, 何と古沢先生ではないか。(白い手)

(83) 俊一が, 「ありゃ……!」と, 素っ頓狂な声。

見ると, 折からの夕陽の中で, 市原が歩行訓練をしていて, ……

何と, 肩を差し入れて抱き支えているのは, 古沢先生ではないか!(白い手)

다음은 한국어의 〈의외성〉을 나타내는 예문을 검토하자.

(84) 문성길 : 안녕하십니까?

오박사 : 예, 아니 어디서 뵌 거 같은데…

아, 문성길 선수 아닙니까? 맞죠?

문성길 : 네 (오박사)

(85) 정약용 : 별기대의 구총관아닌가. 여긴 웬일인가?

18) 감탄부사 「何て, 何と」의 경우 「何て人だ(ダロウ)」와 같이 사용되기도 하기 때문에 「デハナイカ」 문장과의 공기가 의무적이지는 않은 것 같다.

재겸 : 형참께서 와 계시는 줄은 몰랐습니다. 시생은 그저 이 댁에 변고가 생긴 것 같 아 들린 것 입니다. (영원)

(86) 인몽 : (얼굴을 확인하고)내시부의 이경출이 아닌가? 여긴 웬일인가?

이경출 : 아니, 전…. (영원)

(87) 본웅 : 아이! 자기 여자를 딴 놈에게 돌리면서 뭐 사랑한다구? 오~ 과연.

이상 : 천재 이상의 파격적 사랑아닌가.(금홍아)

(88) 소영 : 엄마, 물은?

김여사 : 보면 모르겠니.

지영 : 빈 통이잖아? 오다 다 마셨어요?

김여사 : 마시긴… 니 아부지가 중간에서 퍼지는 바람에 약수터까지 가지도 못했다.(오박사)

상기 예문은 모두 「-안 해」구문인데 각각 유사한 의미로 「문성길 선수잖아?」, 「별기대의 구총관이잖아.」, 「내시부의 이경출이잖아?」 등과 같이 「-잖아」구문으로 치환할 수 있다. 따라서 두 형식 모두 〈의외성〉 용법을 실현한다고 생각된다.

이와 같은 발화장소에서 화자의 발견이나 놀라움 등 〈의외성〉은 감탄사 「어/아/야」 등의 감탄사가 같이 사용되는 것으로 확인할 수 있다.

하지만 (88)의 경우는 발화상황에서 〈발견〉한 것을 나타내는 것이다. 또한 한국어는 수량적으로도 형식화도 일본어만큼 나타나지는 않는다. 이 용법에서는 일본어가 보다 더 문법화가 생산적으로 이루어진 것으로 생각된다.

4.2.3. 부정적평가

다음은 〈부정적평가〉라는 용법은 정보전달에 관한 기능 즉 문자대로 상대방에게 정보를 요구하지 않고 힐문(詰問)적인 뉘앙스를 수반하면서 비난 질책 포기 분노 등의 의미로 사용된다.

먼저 일본어 예문이다.

(89) 「いや, 運転してるほうが眠くならないから。」

「眠くなってるじゃないっスか!」

「……ああ, そうか……」大きなあくび。(101)

(90) 「遅かったじゃねえか!」ノッポの男は小男へ言った。

「仕方ないよ。どこの病院も閉まっちまって誰もいないんだよ。やっとこいちを見つけて引っ張って来たんだぜ」(セーラー)

(91) タイヤが路面にきしりをたて, 車体がスピンしかかりながら, 人影の少し手前でようやく停った。

「危ないじゃないか」

大矢は窓から首を出して, 人影に怒鳴った。

「すみません」(異端者)

(92) 「何ですって?」祐子は呆れて,

「そんな危ないこと! だめじゃないの」

「向うは私のことなんか知らないもん」(半分)

(93) 「女に話しかけるんだ」

「何を話す」

「ばか! それが実習じゃないか。何でもいいから, 女の気を惹く話題を考える」(学)

(94) 「全くお前って奴は, どうしてそう無鉄砲なんだ!」

と舟山がにらんだ。

「あなたこそ何よ, で出しゃばって!」

「相手は気が狂ってんだぞ, 死にたいのか!」(結婚)

상기「デハナイカ」문장은 각각 형용사나 동사술어의 예문으로 제4류의 〈인식요구〉용법에서 보다 문법화가 진행되어 이행되어 온 것으로 생각된다. 반면 (94)의 경우는 제2류 부정의문문에서 〈まちのぞみ〉라는 〈양태적인 의미〉을 지니면서 제2류 부정의문문에서의 이행이라고 보여진다.

이들 용법에서는 주어진 현실세계에 대한 화자의 강한 부정이 평가적인 감정으로 표현되는 것으로 생각된다.

한국어의 경우도 두 가지 경로(path)가 생각된다. 즉 〈부정적인 평가〉 용법에 사용되는 형식은 크게「-안 해」,「-못 해」,「-잖아」로 분류된다.

먼저「-잖아」구문이다.

(95) 태수, 실성한 사람처럼 걸어온다.

강씨 : (목소리) 그러게 내가 뭐랬우? 은행에 맡겨 두는 게 가장 안전하다구 했잖아요?

태하 : (목소리) 세상에 믿을 놈이 어딨우? 남한테 속아 가지구 퇴직금을 날린 사람이 한 둘인 줄 아슈, 한둘인 줄?

(왔습니다)

(96) 김계장 : 당장 나가서 택시라도 불러오세요!

박형사 : 도대체 왜 이러시는 겁니까? 눈 때문에 길이 막혀서 안 된다고 말씀 드렸잖아요!

김계장 : 불러오라면 불러오는 거지 왜 이렇게 변명이 많아!

(사랑)

(97) 김계장 : 어딜 들려서 나가요? 곧장 갑시다, 일단!

박형사 : 방금 지나간 사람 하는 얘기 못 들었어요? 길이 막혀서 못 간다잖습니까!

김계장 : (묵살하며 기사에게)내수리에서 금정리까지 걸어가면 얼마나 걸립니까!(사랑)

(98) 박정희 : 김형욱 이놈이! 임자 도대체 일을 어떻게 하는 거야, 처리됐다고 했잖아.

차지철 : 김부장, 그러길래 내가 뭐라고 했어. 말로는 안 되는 놈이라고 그랬지.(김형욱)

(99) 석희 : 내일 어디 가지 말고 일찍 들어와라. 아마 널 가르칠 형이 올 꺼다.

민석 : (놀라서)예?

석희 : 과외… 아침에 얘기 했잖아.

민석 : (흥분해서) 아버지, 이건 너무 기습적이에요. 전 과외 안 한다고 했잖아요. 제 의사도 묻지 않고… (언제나)

상기 「-잖아」 구문의 특징으로는 「P」와 「-P[19]」가 대립되는 콘텍스트에서 한번 발화된 내용이 적절하게 활성화되어 있지 않아서 다시 한 번 상대의 인식을 촉구하면서 불만이나 비난 질책 등의 부정적인 평가나 감정을 나타내는 것이다.

다음은 「-안 해」타입이다.

(100) 심애 : 너 엄마 안 보이니? 엄마 같은 인생을 살구 싶어?

지은 : 엄마가 부르짖는 거만큼 내용이 불행한 건 아니잖어. 고달프긴 해두 엄마랑 아 빤 행복한 부부아뉴?

박이사 : 어, 건 니가 잘 봤다, 우린 행복한 부부지 그럼.(사랑)

(101) 지은 : 결혼해.

대발 : 사람 환장시키네, 얘 난 자유가 좋아. 자유인이구 싶다

19) 「P」와「-P」에 대해서는 기술(既述)한 Lyons(1977)을 참조.

구! 자유인이고 싶다니까! 이 기집애 이거 아주 맹꽁이 중에 아주 상맹꽁이야. 너 진돗개야? 한번 물면 안 놔?

지은 : (발로 정강이 힘껏 갈겨 버린다)(사랑)

(102) 태하 : 형님은 그래두 아버지 덕에 그나마 논밭 다아 팔아서 대학두 가구, 공부두 했지 만 난 뭐유 난! 형 때문에 난 일생을 망칠 뻔한 놈야! 그런대두, 아니 내가 없는 돈을 해내랬어? 있는 돈 좀 돌려 달래는데 들은 척두 안 해? 그러구두 형야! 뭘 루 형야! 당신이 뭘루 형야 아! (왔습니다)

(103) 박형사 : 지금 도독놈 앞에 놓고 누구 물 멕이는 겁니까?

김계장 : (노려보며) 내 말이 말 같지가 않아요?

박형사 : (기분 나쁜 듯 한숨 내쉰다) (사랑)

이상은 「-안 해」구문인데 모두 「안 보이니?」, 「안 놔?」, 「안 해?」 등과 같은 구체적인 청자정보를 요구하는 것이 아니라 선행발화나 상대방의 행동 등이 부적절하다고 생각되어 비난이나 질책의 의미로 사용되고 있다.[20]

바꾸어 말하자면 화자는 현실세계에 대하여 강하게 부정적인 평가를 하고 새로운 현실을 바라는 〈まちのぞみ〉 라는 〈양태적인 의미〉 가 저변에서 작용하고 있다. 이러한 담화조건이 특정형식에 관계없이 〈부정적 평가〉 용법 전반에서 관찰된다.

다음은 「-못 해」구문이다.

(104) 지은 : 농담이 아니란 말야 그럼?

대발 : 너 우리말 못 알아들어? 영어로 해야 해?

지은 : …… (보다가) 진담야? (사랑)

20) 이러한 예문들도 부정명령문과 밀접하게 연관되어 있지만 논지에서 조금 벗어나기 때문에 다음 기회에 언급하기로 한다.

(105) 홍국 : 박사님…… 담배 드려요?

오박사 : 담배라니? 너 임마, 나 금연 선언했다는 소식 못 들었어?

홍국 : 아뇨 들었는데요, 혹시 담배생각이 나서 내려오셨나 하구요. (오박사)

(106) 지은 : 안 해, 싫어.

대발 : 너 나 좋아한다면서. 좋아하는데 것두 못 해? 목숨두 바치는데. 야, 난 목숨보다 더 중한 자유를 포기하구 하겠다는데 넌 것 도 못 해? (사랑)

(107) 미국 : 하와이 갔수. 휴가 내서 한 댓새 돼야 와요. 걔들은 하와이루 뜨구 나는 여기루 뜨구 그랬어요.

시모 : 그럼 하와이에선 즌화 못 해?

미국 : 별걸 다 신경 쓰네 참. 얘, 늬들 내려가 쉬어라 응? (사랑)

상기 예문도 모두 「못 알아들어?」, 「못 해?」, 「못 들었어요?」 등 청자에게 정보를 요구하는 문장이 아니다. 선행발화나 발화현장의 상황이 부적절한 것에 관하여 비난이나 질책 등의 의미로 사용되고 있다. 이 「-못 해」구문은 앞에서 지적한 대로 「-안 해」구문보다도 현실세계의 사건을 가능세계로 제시한다는 점에서 부정적평가의 의미가 보다 문법화 형식화된 것으로 보여진다.

5. 나오기

이상 한국어와 일본어의 비분석적인 부정의문문에 주목하여 문법화의 정도에 따른 분류와 그 하위유형들의 문법적인 특징에 관하여 고찰했다.

중요한 논의로는 우선 문법화의 관점에서 제4류와 제5류의 부정의문문으로 우선 크게 분류하였다. 전자는 부정문과 의문문의 기능을 상실한 경우이고 후자는 일본어의 경우 「デハナイカ」가 형용사술어문이나 동사술어문에 직접 접속하고, 한국어의 경우는 「-잖다」가 명사술어문의 계사에 직접 접속하는 등 술어문의 특징까지도 문법화 되어 확대된 경우이다.

또한 전자의 하위 타입으로는 〈가설제시〉〈행위요구〉〈인식요구〉 등이 있었고 후자는 〈인식요구〉〈의외성〉〈부정적평가〉 등이 인정되었다. 양자는 의미적으로 〈인식요구〉의 용법을 중심으로 연속되어가는 것으로 생각된다.

제5장「デハナイカ」와「ノデハナイカ」

1. 들어가기

다음 예문(1)의「デハナイカ」는 (2)의「ノデハナイカ」로 바꾸어도 약간의 뉘앙스 차이는 있지만 거의 같은 의미를 나타내고 있다고 할 수 있다.

(1)「張り切ってるね, 最近」
「ああ。だって, 晃次さんが, 芝居している時の私が, 好きって言ったから」
晃次は, 少し驚いた。「そんなこと言ったっけ?」
「そんなこと言ったっけ……? 言ったじゃない。この前, 喧嘩した時, 言った」
「喧嘩した時?」(最後)

(2)「張り切ってるね, 最近」
「ああ。だって, 晃次さんが, 芝居している時の私が, 好きって言ったから」
晃次は, 少し驚いた。「そんなこと言ったっけ?」
「そんなこと言ったっけ……? 言ったンジャナイ。この前, 喧嘩した時, 言った」

이 장의 목적은 이와 같은 문장에서 사용되는「デハナイカ」와「ノデハナイカ」라는 형식을 대상으로 공통점과 차이점을 과부족 없이 기술하는 데 있다.

이하 2에서는 이 논의에 관한 선행연구를 검토하고 그 문제점을 지적하기로 한다. 3에서는 구체적인 고찰에 앞서 부정의문문의 전체상을 검토한다. 4에서는 두 형식의 차이점에 관하여 형태론적인 관점, 구문론적인 관점, 담화론적인 관점의 순서로 고찰하기로 한다.

2. 선행연구와 문제점

2.1. 선행연구

이 두 형식에 관해서는 일찍이 국립국어연구소(1960)에서 논의가 보이는데 「デハナイカ」는 확인요구표현으로, 한편「ンジャナイカ」는 판정요구표현으로 분류하고 있다. 이와 같은 논의를 이어받은 최근의 연구로서는 安達(1999)를 들 수 있다.

安達(1999)에서는 동일형식으로 취급해 왔던 경향이 있었던 두 형식, 즉 「デハナイカ」와 「ノデハナイカ」와는 형태론적인 차이에 따라 기능적으로도 전자는 확인요구, 후자는 불확실한 판단으로 기능하기 때문에 양자를 구별할 필요가 있다는 점을 명시적으로 논의하였고 그 근거로 음성상의 특징을 비롯하여 다음과 같은 세 가지를 제시하고 있다.[1)]

첫 번째로는 음성상의 특징이다. 이 특징은 이미 田野村(1988)부터 지적되어 온 것인데 다음과 같이 (3)의 「デハナイカ」는 하강조 인토네이션을 취하고 (4)의 「ノデハナイカ」는 상승조를 취한다, 라는 것이다.

(3) バスが来たじゃないか。(↘)

(4) バスが来たんじゃないか。(↗)

---

1) 安達(1999)에서는 「デハナイカ」를 확인요구로,「ノデハナイカ」를 불확실한 판단이라고 부르지만 본서에서는 논의의 편의상 각 형식의 기능에 보다 더 부합하는 용어라고 생각되는 전자를 인식요구, 후자를 가설제시로 부르기로 한다. 인식요구는 필자의 용어이며 가설제시는 宮崎(1998)에서 원용한 것이다.

두 번째 특징은 텐스분화 여부이다. 즉 (5)와 같이「ノデハナイカ」는 과거형인「シタ」형을 취할 수 있어 텐스라는 카테고리가 분화하지만 (6)과 같이「デハナイカ」는 과거형을 취할 수 없어 시제가 분화하지 않는다는 것이다.[2)]

(5) 耕一「島脇って, お父ちゃんの, 兵隊ン時の」
　　愛子「そう。同じ上等兵で復員して来た人」
　　耕一「死んだんじゃなかった?」
　　愛子「死んだの。死んだのは, うちより早くて, もう七年になるって」
(ぶぞろい)

(6) *死んだじゃなかったか。

세 번째 특징은「かな」,「かしら」등의 접속여부의 문제이다. 이 점도 종래 연구에서 이미 지적된 것인데 예문(7)과 같이「ノデハナイカ」에는「かな」,「かしら」등이 접속될 수 있지만 (8)과 같이「デハナイカ」에는 접속이 불가능하다는 것이다.

(7)「ちょっと慎重になりすぎたね」
　　「……」
　　「赤井のときと立場がかわって, プレッシャー感じたん じゃないかな?」
　　「……それはないです」(ロッキー)

(8) *プレッシャー, 感じたじゃないかな

(以上(5)－(8)은 安達(1999:40－41)

2) 여기에서 시제가 분화한다는 것은 宮崎(1998)에도 지적되어 있듯이 실제로는 〈대상적인 내용〉에 관련되는 것으로 형식자체의 시제라고 생각하지는 않는다.

또한 이 문제에 관하여 구체적으로 논의한 것은 아니지만 宮崎(2000)에서는 「デハナイカ」를 청자유도형 확인요구표현이라고 하고 「ノデハナイカ」를 인식계 청자의존형 확인요구형이라고 하고 있다. 이어서 宮崎(2001)에서는 「ノデハナイカ」를 「ダロウカ」와 같이 화자자신의 〈우타가이〉를 나는내는 것이 본질이라고 하여 인식계 모달리티의 체계 안에서 이 〈우타가이〉형식의 위치를 검토하고 있다.

이들의 논의와 필자의 입장과 관련되는 범위에서 정리하자면 「ノデハナイカ」와 「デハナイカ」와는 별개의 형식이라는 입장이다. 이러한 입장은 宮崎外3人(2002)에서 보다 명확하게 나타난다고 볼 수 있다.

2.2. 문제점

문제를 제기하기 전에 인식요구의 「デハナイカ」와 가설제시의 「ノデハナイカ」라는 安達(1999)의 논의에서 두 형식은 「カ와ノカ, ダロウ와ノダロウ, カモシレナイ와ノカモシレナイ」 등과 같이 단순히 「ノダ」형식의 유무문제로 환원시킬 수는 없는 문제인가 하는 소박한 의문이 생긴다.

먼저 이 논의의 최대 문제점은 다음과 같은 명사술어문에서 나타나는 「デハナイカ」이다. 다음 예문은 「デハナイカ」가 과거형으로 쓰이고 있고 더구나 가설제시의 의미를 실현하는 예문이다.

(9) 「犯人はオートバイを乗り捨てた後どうしたんだ」
「そんなこと知らないわ」
「ちょっと待てよ。あのヒッチハイカー, 単車がガス欠になったと言っていたな。<u>犯人がオートバイを捨てた地点は, ヒッチハイカーがぼくらの車を停めた場所ではなかったのか</u>」
「あなたまさか, あのヒッチハイカーが私のお友達を……」(異端者)

(10) 「昨日の午前十時頃, どこにいましたか?」

「昨日の十時半ですか。私の家が, 成城にあるんですが, 大阪へ行くので, そろそろ, 家を出るところじゃなかったかな」
「昨日, 大阪へ行かれたわけですか?」
「そうです」(EF)

(11) 牛尾は金子を本署へ引っ張ってきて, 捜査本部が集めた新美の写真をさし示した。
「どうかね, そのとき大杉美奈子と話していた男は, この写真の主ではなかったかね」
牛尾から示された写真をじっと見つめた金子は, 反応を表した。
「この男です。この男にまちがいありません」(異端者)

이와 같은 문제를 安達(1999)에서도 물론 언급하고 있으며 다음과 같이 명사술어문의 경우는 동일형태로 두 용법 다 실현한다고 한다.[3]

(12) a. なんだ彼女は佳織じゃないか。〔ではないか〕
b.もしかすると彼女は佳織じゃないか。
〔のではないか〕(安達1999: 39)

이 주장을 그대로 받아들인다고 해도 다음 단계로 그럼 왜「デハナイカ」만을〈인식요구〉로 하는 것인가 라는 문제가 있다. 또한 언어연구의 대전제라고 할 수 있는〈형식〉과〈의미·기능〉과의 상관관계를 무시하게 된다.

두 번째 문제점으로는 다음과 같이 인식요구의 기능을 하는「ノデハナ

3) 宮崎外3人(2002:208)에서도 유사한 지적을 하고 있다. 이와 같은 생각의 발단은 田野村(1990: 127-130)라고 보여진다. 田野村(1990)는 술어의 종류와 「ノダ」와의 관련에 관하여 논의하면서 「君の車, 赤いの?」라는 물음의 대답으로 형용사나 동사술어문에서는 「赤いんじゃない。青いんだ」와 같이 「ノダ」가 필요한데 명사술어문의 경우는 「赤じゃない。青だ」와 같이 「ノダ」가 없어도 된다고 지적했다.

イカ」예문이 있다는 것이다.

(13)「どうも一嫁入りの前の女性が考えることじゃないね。
だから, 若い男が寄り付かないんじゃないか」
「私はお嫁には行きません。叔母帰り渓谷に行きます。
この目で事故の現場を見るんです」(奇)

安達(1999)도 이 현상에 관한 지적이 있고 다음과 같이 설명하고 있다.

表面上,「のではないか」という形式をとっているが,「ではないか」の内部に「の(だ)」が現れたものと考えた方がよいものには注意が必要である。
(安達(1999:39))

(표면상「ノデハナイカ」라는 형식을 취하고 있지만「デハナイカ」의 내부에「ノ(ダ)」가 나타난 것이라고 생각하는 것이 좋다는 것에 주의할 필요가 있다)

하지만「ではないか」의 내부에「の(だ)」가 나타난 것이라는 상기 설명은 쉽게 받아들이기 어렵다. 또한 실제 언어사용을 조사해 보면 다음과 같이「デハナイカ」와「ノデハナイカ」가 거의 유사한 의미를 실현하면서 호환이 가능한 예들을 그리 어렵지 않게 찾을 수 있다.[4]

(14)「何だ, 早く寝ないとだめじゃないか」
「何言ってんの, お父さんを待ってたんじゃない」
「おれを?」

4) 보다 상세한 것은 본론의 논의를 참조.

「そうよ」(泥棒)

(15)「そんなことを言われたって, おれにはわからないよ」

「変形か変身よ」

「それが不可能だから, 離婚するんじゃないか」

「離婚なんて, 話になりません」(愛人)

(16)「あなた, いったいなんなんですか! 薫るさんにはなに言われてもかまわないけど, 第三者が横からどうこう言う筋合じゃないんじゃないですか!」

尚人はたっぷり間をおいて言った。(101)

(17)「…とすると, 犯人はどこから逃げて行ったと思う?」

「普通に,ドアから出ていったんじゃないですか」

「だが, ドアにはちゃんと内側から鍵が掛かっていたんじゃないか」

「ですから, 外側から鍵が掛けられるような, 何か特別の道具を使って」(妖怪)

이상의 검토에서 알 수 있듯이 「デハナイカ」는 인식요구이며 「ノデハナイカ」는 가설제시의 용법이라고 선험적으로 단정하는 논의는 그다지 설득력이 없고 재고할 필요가 있다는 것을 확인할 수 있었다.

3. 고찰의 전제

구체적인 고찰에 앞서 安達(1999)의 의문표현 전체상에 관한 논의와 견해를 검토해 보기로 한다. 아래의 〈표 1〉은 본 논의에 앞선 선행연구로 제3장에서 언급한 田野村(1988)와 安達(1999)의 분류와 鄭相哲(1999a)의 분류를 필자 나름대로의 이해로 비교·정리하여 제시한 것이다.

安達(1999)는 田野村(1988)에 비교해 부정의문문을 아래 예문과 같이 〈대상적인 내용〉이 부정되는 상당히 좁은 의미의 것으로 한정시키고 「デハナイカ」와 「ノデハナイカ」의 두 형식을 고유용법을 실현하는 개별 형식으로 보고 있는 것이다.

(18) a. 雨が降っていないか。〔否定疑問文〕

b. 雨が降っているじゃないか。〔ではないか〕

c. 雨が降っているんじゃないか。〔のではないか〕

(安達(1999:28))

〈표 1〉

<table>
<tr><th>田野村(1988)</th><th>安達(1999)</th><th>拙稿(1999a)</th></tr>
<tr><td rowspan="2">第3類</td><td rowspan="3">否定疑問文</td><td>제1류</td></tr>
<tr><td>제2류</td></tr>
<tr><td rowspan="2">第2類</td><td>제3류</td></tr>
<tr><td>ンジャナイカ</td><td>제4류</td></tr>
<tr><td>第1類</td><td>ジャナイカ</td><td>제5류</td></tr>
</table>

安達(1999) 분류의 장점 중 하나는 부정의문문의 범위를 명확히 했다는 점을 들 수 있다. 하지만 이 분류를 지지하기 어려운 부분도 적지 않다. 제일 큰 이유는 부정사 「ナイ」가 공통적으로 사용되고 있는데도 불구하고 세 용법이 의미적으로 단절되어 불연속적인 것으로 보인다는 것이다. 바꾸어 말하면 형식과 의미를 별개로 취급하고 양자의 상관성을 부정한다는 점이다.

이하에서는 위와 같은 문제점을 해결하기 위해 필자의 분류에 따라 논의해 보기로 한다. 우선 각 용법의 예문을 「デハナイカ」와 「ノデハナイカ」를 1개씩 제시하면서 安達(1999)의 주장을 실제 언어현상에 적용해 보기

로 하자.[5)]

〈제2류〉

(19)「誰からの電話だ?」

「別に。使用です」

「そうか。…関根恭子じゃなかったのか?」(結婚)

(20)「もう一度ききますが, 井上かおるさんが殺された件ですが, 彼女を, 午後三時に, 見たというのは, どなたでしたかね?」

八木は, 三人の顔を見廻した。

「私たちですわ」と, 由美が, 京子と, ちらりと顔を見合わせてから, 八木に, いった。

「でも, 見たんじゃなくて, 三時頃, このペンションに戻ったら, 彼女の荷物が, 部屋に届いていたので, ああ, 彼女が着いたんだな, と思ったんです。(中略)」

「じゃあ, 実際に, 彼女をみたんじゃなかったんですか」

「ええ。」(EF)

〈제3류〉

(21)「みんな自分たちのことで手一杯ですもの。私たちの居場所を捜すような余裕, ありませんから」

「そう」

「奥さん……。私に何かご用じゃなかったんですか」

「そんなことないの。ただ, 寄ってみただけよ」(半分)

(22)「きみは, まだまだウブだ。どうだ, 正直に言いたまえ。女の人に話しかけにくいんじゃないか」

5) 제1류에서는「デハナイカ」가 명사술어문이기 때문에 나타나기 어렵고 각 타입의 특징이나 분류기준에 대해서는 본론 3장을 참조.

「……うん」

「見知らぬ女とうまく話す方法を訓練してみないか」

「訓練するといったって」(学)

〈제4류〉

(23)「加藤という部長が, 最近, ここへ来たのは, いつですか?」

「一昨日じゃなかったかしら?」(EF)

(24)「占い?」

「はい, 私, 最初は市川湧水が犯行にからんでいるのではないかと思っていました。彼が殺されたことでその考えは違ったのかと思う反面, やっぱり共犯者だったのではないかと」

「どういうことだ, 舞」(R邸)

〈제5류〉

(25)「そんなー 会いもしないで断るなんて, この子が傷つくじゃないか!」

「そりゃしかし, 見合いってのは, そういうものだからな」(やり過し)

(26)「お前はすぐおれのせいにする。フリーのモデルかもしれないじゃないか」

「とにかくヨウコに聞いてみたら?」(炎)

상기 예문으로부터 다음과 같은 점을 지적할 수 있다.

먼저 「ノデハナイカ」의 경우는 제2류에서 제4류의 부정의문문에서만 보인다. 반면 「デハナイカ」는 제5류까지 전 용법에 걸쳐 두루 사용되고 있다. 따라서 전자를 〈가설제시〉, 후자를 〈인식요구〉라고 하면 각 형식별로 각 단계에서 제외되는 용법이 너무나도 많다.

조금 더 이 문제를 자세히 논의하기 위해 이번 고찰에서 검토한 예문들의 양적인 특징을 보면「ノデハナイカ」와「デハナイカ」가 각각 제4류에서는 80%대 20%의 비율이다.[6)]

제4류의 가설제시 용법에서「デハナイカ」가 술어문 가운데 명사술어문에만 접속된다는 사실을 고려하면 20%라는 숫자는 극히 보통이라고 생각된다.

두 번째로는「ノデハナイカ」는 제2, 3류에서도 사용되며 제4류에서는 화자정보를 제공하는 〈가설제시〉 용법이 주된 용법이지만 예문(27)과 같이 화자와 청자가 공유하는 정보에 대한 〈인식요구〉의 용법이 있다는 사실이다.

(27)「女も, この旅館に来ていたということですか?」
　亀井は, 目を輝かせた。
　「その通り。そう考えれば, すべてが説明がつくんじゃないか」
(EF)

세 번째로는「デハナイカ」는 제2,3,4류에 걸쳐 사용되며 제5류에서도 〈인식요구〉가 주된 용법이기는 하지만 (28)(29)와 같이 〈권유〉나 〈의외성〉 등의 용법도 보인다.

(28)「富坂署の交通課にかかってきた通報者の錄音テープが来ました。
　お聞きになりますか」
　「うん, 聞こうじゃないか」(R邸)

(29) 男二人は, ぎょっとして顔を見合わせたが, 次の瞬間,
　「おい, のろじゃないか」

---

6) 대략 2천개 정도의 실례에서「ノデハナイカ」와「デハナイカ」가 각각 131예(80%)대 32예(20%)의 비율이다.

「勇みか」

高校時代の同級生野呂久作であった。(学)

따라서 「ノデハナイカ」를 제4류의 〈가설제시〉 용법의 전용형식이고 「デハナイカ」를 제5류의 〈인식요구〉 용법의 전용형식이라는 주장은 받아들이기 어렵다.

이상의 검토를 통해 이하에서는 용법과 기능에서 일단 벗어나서 형식적인 측면에 주목하여 「デハナイカ」와 「ノデハナイカ」의 차이에 대해 검토해 보기로 하자.

4. 「デハナイカ」와 「ノデハナイカ」의 이동(異同)

安達(1999)에서 두 형식의 차이점으로서 지적되었던 특징(음조, カナ・かしら접속, 시제분화 등)은 본서의 입장에서는 제4류와 제5류의 차이점으로 생각하는 편이 더 적절한 것 같고 이하에서는 형태론, 구문론, 담화론적 관점에서 두 형식의 차이점과 공통점에 관하여 살펴보기로 하자.

4.1. 형태론적인 현상

여기서는 두 형식의 차이점과 공통점을 알아보기 위해 형태론적인 현상부터 검토하기로 하자. 다음 〈표 2〉와 〈표 3〉은 제2류에서 제5류까지 형태론적인 패러다임을 긍정과 부정평서문, 긍정과 부정의문문의 순으로 정리한 것이다.

〈표 2〉「デハナイカ」

•제2류

	平叙文		疑問文	
	肯定文	否定文	肯定疑問文	否定疑問文
非過去	彼は学生だ	彼は学生ではない	彼は学生か	彼は学生デハナイカ
過去	彼は学生だった	彼は学生ではなかった	彼は学生だったか	彼は学生デハナカッタカ

•제3류

	平叙文		疑問文	
	肯定文	否定文	肯定疑問文	否定疑問文
非過去	×	×	彼は学生か	彼は学生デハナイカ
過去	×	×	彼は学生だったか	彼は学生デハナカッタカ

•제4류

	平叙文		疑問文	
	肯定文	否定文	肯定疑問文	否定疑問文
非過去	×	×	×	彼は学生デハナイカ
過去	×	×	×	(△)彼は学生デハナカッタカ

•제5류

	平叙文		疑問文	
	肯定文	否定文	肯定疑問文	否定疑問文
非過去	×	×	×	彼は学生デハナイカ
過去	×	×	×	×

〈표 3〉「ノデハナイカ」

•제2류

	平叙文		疑問文	
	肯定文	否定文	肯定疑問文	否定疑問文
ノダ	彼は学生なのだ 彼はうれしいのだ 彼は来るのだ	彼は学生なのではない 彼はうれしいのではない 彼は来るのではない	彼は学生なのか 彼はうれしいのか 彼は来るのか	彼は学生なノデハナイカ 彼はうれしいノデハナイカ 彼は来るノデハナイカ
ノダッタ	彼は学生なのだった 彼はうれしいのだった 彼は来るのだった	彼は学生なのではなかった 彼はうれしいのではなかった 彼は来るのではなかった	彼は学生なのだったか 彼はうれしいのだったか 彼は来るのだったのか	彼は学生なノデハナカッタカ 彼はうれしいノデハナカッタカ 彼は来るノデハナカッタカ
ノダ	彼は学生だったのだ 彼はうれしかったのだ 彼は来たのだ	彼は学生だったのではない 彼はうれしかったのではない 彼は来たのではない	彼は学生だったのか 彼はうれしかったのか 彼は来たのか	彼は学生だったノデハナイカ 彼はうれしかったノデハナイカ 彼は来たノデハナイカ
ノダッタ	彼は学生だったのだった 彼はうれしかったのだった 彼は来たのだった	彼は学生だったのではなかった 彼はうれしかったのではなかった 彼は来たのではなかった	彼は学生だったのだったか 彼はうれしかったのだったか 彼は来たのだったか	彼は学生だったノデハナカッタカ 彼はうれしかったノデハナカッタカ 彼は来たノデハナカッタカ

•제3류

	平叙文		疑問文	
	肯定文	否定文	肯定疑問文	否定疑問文
ノダ	×	×	彼は学生なのか 彼はうれしいのか 彼は来るのか	彼は学生なノデハナイカ 彼はうれしいノデハナイカ 彼は来るノデハナイカ
ノダッタ	×	×	彼は学生なのだったか 彼はうれしいのだったか 彼は来るのだったのか	彼は学生なノデハナカッタカ 彼はうれしいノデハナカッタカ 彼は来るノデハナカッタカ
ノダ	×	×	彼は学生だったのか 彼はうれしかったのか 彼は来たのか	彼は学生だったノデハナイカ 彼はうれしかったノデハナイカ 彼は来たノデハナイカ
ノダッタ	×	×	彼は学生だったのだったか 彼はうれしかったのだったか 彼は来たのだったか	彼は学生だったノデハナカッタカ 彼はうれしかったノデハナカッタカ 彼は来たノデハナカッタカ

•제4류

	平叙文		疑問文	
	肯定文	否定文	肯定疑問文	否定疑問文
ノダ	×	×	×	彼は学生なノデハナイカ 彼はうれしいノデハナイカ 彼は来るノデハナイカ
ノダッタ	×	×	×	(△)彼は学生なノデハナカッタカ (△)彼はうれしいノデハナカッタカ (△)彼は来るノデハナカッタカ
ノダ	×	×	×	彼は学生だったノデハナイカ 彼はうれしかったノデハナイカ 彼は来たノデハナイカ
ノダッタ	×	×	×	×

•제5류

	平叙文		疑問文	
	肯定文	否定文	肯定疑問文	否定疑問文
ノダ	×	×	×	彼は学生なノデハナイカ 彼はうれしいノデハナイカ 彼は来るノデハナイカ
ノダッタ	×	×	×	×
ノダ	×	×	×	彼は学生だったノデハナイカ 彼はうれしかったノデハナイカ 彼は来たノデハナイカ
ノダッタ	×	×	×	×

우선 두 형식의 유사점을 보자. 먼저 위 〈표 2〉에서 두 형식은 각 용법별로 긍정과 부정의 평서문, 긍정과 부정의문문이 형태론적인 패러다임이 거의 대응하고 있다.

또한 제2류에서는 두 형식이 형식과 기능이 가장 잘 대응하고 있다고 보여지는데 제3류부터는 화자의 주체적인 태도가 반영되어 문법화가 진행됨에 따라 그 대응관계가 무너지게 된다.

예를 들면 다음과 같이 두 형식이 치환이 가능해져 기능적으로 유사한 관계에 있다고 생각된다.[7]

(30) 確か, 今日は午後3時30分からスペインとサッカー試合が{あるんじゃなかったか/あったんじゃないか/あったじゃなかったか}?

다음으로 차이점을 보자. 먼저 「デハナイカ」가 문법화가 진행된 상기 예문(27)(28)(29)와 같은 독자적인 용법을 갖고 있는데 반해 「ノデハナイカ」는 내적요인으로서 〈대상적인 내용〉이 시제를 분화할 뿐만 아니라 형식자체도 시제가 분화되어 상당히 복잡한 체계를 갖고 있을 가능성을 우선 지적할 수 있다.

또 다른 문제로는 「デハナイカの内部にノダが現れたもの」라고 하는 종래의 견해는 다음과 같이 각기 대응하는 긍정문이 다르기 때문에 쉽게 같은 형태나 「ノ(ダ)」가 생략되었다고는 생각할 수 없다.

(31) a. 彼は学生ではないか。 ↔ 彼は学生だ。
b. 彼は学生なのではないか。 ↔ 彼は学生なのだ。

마지막으로 宮崎(1998)에서는 다음 예문 등을 근거로 하여 「(ノ)デハナカッタカ」를 「(ノ)デハナイカ」의 과거형이 아니라 상기(想起)의 「(ノ)ダッタ」를 부정 의문화한 형태라고 주장하는데 이 문제를 검토해 보기로 하자.

7) 이와 같은 치환관계는 상태성술어부터 발생한다는 것이 이미 宮崎(1998)에서 지적되어 있다. 필자의 입장에서 보다 정확히 말한다면 본격적인 변용(変容),혹은 형태체계와 기능체계의 대응관계가 붕괴되는 것은 제3류의 상태성술어에서 시작된다고 할 수 있다.

(32) 髪が濡れているところを見ると, 雨にあったんじゃ{ない/*なかった}?(宮崎1998)

분명히 상기〈표3〉에서 확인할 수 있듯이「(ノ)デハナカッタカ」라는 형태는「(ノ)ダッタ」를 부정 의문문화 한 형태이다. 그러나 필자는 동시에「(ノ)デハナイカ」의 과거형인 것도 사실이라고 생각된다.

이 점을 명확하게 하기 위해서는 예문(32)의「(ノ)デハナイカ」문이 어디에 속하는지를 우선 확인 해볼 필요가 있다. 콘텍스트를 고려하여 (32)를 음미하자면 이것은 제4류의「가설제시」용법이다. 시제가 분화가 되는 것은 주로 제2류와 제3류이지만 제4류의 경우도 일부의 예문에서 형식적인 과거형이 확인된다.

하지만 실제 시제의 작용역은〈대상적인 내용〉이다. 따라서 (32)는「(ノ)デハナカッタカ」라는 것이 상기의「(ノ)ダッタ」만을 부정 의문문화 했다고 생각하기에는 근거가 약하고「(ノ)デハナイカ」의 과거형이라는 사실, 즉 형태론적인 관련성을 완전히 무시하기는 어렵다고 생각된다.

또한 상기 예문(30)에서 알 수 있듯이「(ノ)デハナカッタカ」와「(ノ)デハナイカ」와는 양쪽 다 현실세계와 화자의 판단사이에 대립이 되는 경우를 그 동기로 하는 표현이라는 점이 전자가 후자의 형태상 과거형이라는 근거가 된다.

이상 형태론적인 레벨에서 두 형식의 차이점과 공통점을 검토하였다. 다음으로는 구문적인 레벨에서 검토해 보기로 한다.

4.2. 구문론적인 현상

여기에서는 구문론적인 레벨에서 두 형식의 차이점과 공통점을 살펴보기로 하자.

4.2.1. 문법화의 과정

먼저 유사점이라고 할 수 있는 것은 두 형식이 거의 평행하면서 문법화의 과정을 걷고 있다는 점이다. 다음 예문을 보자.

(33)「その一本はスタジオから母屋に向かい, もう一本は母屋からスタジオに向かっていた」
「……* (必ずしも/けっして)先生の足跡じゃなかったんですか」
「いや, ナチさんの靴だったことは確かなんだ」

(34)「きみは, まだまだウブだ。どうだ, 正直に言いたまえ。
*(必ずしも/けっして)女の人に話しかけにくいんじゃないか」
「……うん」

제2류와 달리 제3류의 상기 예문에서는 두 형식 모두「ナイ」라는 형식이 문중에서 부정사로 기능하지 않는다. 이 점은 부정극성표현과 공기하지 않는다는 것으로 확인할 수 있다.

다음으로 제4류에서는 질의성(質疑性)이 없어진다.

(35)「占い?」
「はい, 私, 最初は市川湧水が犯行にからんでいるのではないかと思っていました」(ナチ)

(36)「答えに辿り着いたのね」
「ああ, 僕はナチ先生は自分で考え付いた, 健脳法を実行していたんじゃないか, と思う」
「……健脳法?」(ナチ)

질의성이 없어졌다는 것은 응답의 문맥에서 사용된다는 점뿐만 아니

라 상기 예문에서 확인할 수 있듯이 동사「と思う/言う」의 보문이 될 수 있다는 것으로도 알 수 있다.

더욱이 제5류가 되면 부정사나 질의성의 상실에 추가하여「デハナイカ」는 다음 예문과 같이 동사나 형용사술어에 직접 접속하여 원망이라는 주체적인 무드를 의미하는 인식요구나 발견의 콘텍스트에서「이외성」이라고 할까 놀라움을 나타내기도 한다.

(37)「おじさま! 珍しいじゃない, 電話してくるなんて」(やり過し)

(38)「そんな一会いもしないで断わるなんて, この子が傷つくじゃないか!」

「そりゃしかし, 見合いってのは, そういうものだからな」(やり過し)

이상 두 형식의 공통점으로써 문법화의 과정이 〈부정사 기능상실 → 질의성상실 → 명사문의 특성상실〉라는 순서로 진행되고 있는 것을 확인했다. 이 결과를 알기 쉽게 〈표 4〉로 정리하면 다음과 같다.

〈표 4〉「「デハナイカ」 문장의 특성」

	デハナイカ	ノデハナイカ
제2류	부정문,의문문,명사문	부정문,의문문,명사문
제3류	의문문,명사문	의문문,명사문
제4류	명사문	명사문
제5류	술어문의 제한 없음	용법 없음

4.2.2. 스코프(scope)확장 기능

두 형식의 차이점으로 당연한 결과이기는 하지만 「ノデハナイカ」에는 「デハナイカ」와 달리 다음과 같이 구문레벨에서 부정의 스코프를 확장하는 기능이 있다.[8]

(39) 花子がすきだから, 連れていくのではないのか?

상기 예문에서 부정의 스코프는 종속절까지 확대되어 「花子がすきだから」가 부정의 초점(focus)이 된다. 다음 예문은 「ノデハナイカ」와 더불어 「ノ(ダ)」에 의해 의문이나 추량, 등의 스코프가 확장된 예들이다.

(40) 花子がすきだから, 連れていくのか?
(41) 花子がすきだから, 連れていくのではない?
(42) 花子がすきだから, 連れていくのだろう?
(43) 花子がすきだから, 連れていくのかもしれない?

이상 구문론적인 레벨에서 두 형식의 공통점과 차이점에 관하여 논의해 왔는데 이어서 다음으로는 담화레벨에서 검토해 보기로 하자.

4.3. 담화론적인 현상

다음으로 담화론적인 레벨에서 양자의 차이를 두 가지정도 지적하기로 하자.

8) 「ノダ」의 스코프기능에 관해서는 小金丸春美(1990), 工藤真由美(1996)을 참조.

4.3.1. 초점(focus)

우선 스코프와 연동되는 담화론적인 현상으로 부정의 초점에 관한 문제를 검토하기로 한다. 「デハナイカ」의 경우는 기본적으로 부정의 초점이 술어에 한정되는데 반해 「ノデハナイカ」의 경우는 부정의 스코프가 확장에 됨에 따라 문장 안에 거의 모든 요소가 부정의 초점이 될 수 있다.

(44) 「家に, ですか? どうしてです?」
「いえー だって, 家からかけてるんじゃないの?」
「いいえ」(半分)

(45) 「このカードがね, 嵐山町の山林の中に落ちていたんだ。きみが落したんじゃないのかね」
「わ, 私が」(異端者)

(46) 「遠慮しないで, タクシーは滅多に通らないわ」
「でも車でお出かけになったんじゃないんですか?」
「ベンツで行ったの。ロールスは使えるから今用意させるわ」(結婚)

(47) 「その領収証のコピーは李青玉氏から渡されたんじゃないんですか?」
「きわめて信頼すべき人物から渡されたとだけ答えておきましょう」(裁判)

(48) 「つまりだね……昨夜の事件は, 実はウチの若い者が起こしたことで……いやまったく, 私の監督が行き届かなかった点は深くお詫びしたい」
「行き届いたから, 起こったんじゃないんですか?」
「一どういう意味かね」(セーラー)

이러한 현상은 일견(一見)하기에는 규칙성이 없고 궁극적으로 담화레

벨에서 콘텍스트에 의존할 수밖에 없다고 생각되어 왔다. 하지만 工藤(1996)에서는 「デハナイ」문장의 초점이 되는 우선순위로서 「임의적요소 〉격관계요소 〉술어요소」라는 기본적인 원칙을 지적하였다.

상기 예문에서도 이 지적과 같이 「家から」, 「きみが」, 「車で」, 「李青玉氏から」, 「行き届いたから」 등이 이 문장에서 신정보(new information)이면서 부정의 초점이 되고 있다.

이와 같이 문장 안에서 술어이외에 많은 요소들이 부정의 초점이 되는 것은 「デハナイカ」문장에는 없는 「ノデハナイカ」문장만의 특징이라고 할 수 있다.

4.3.2. 텍스트 결속기능

마지막으로 모두(冒頭)에서 언급한 문제에 다시 돌아가 양자의 차이점에 대하여 생각해 보기로 하자. 이들은 제5류에 속하는데 둘 다 용인가능하고 앞 문장과의 결속성도 유지하고 있다.

결론을 먼저 말하자면 그 결속성의 성질에 차이가 있다. 즉 「デハナイカ」문장은 어휘적인 결속성인데 반해 「ノデハナイカ」문장은 문법적인 결속성이다.[9)]

먼저 예를 보자.

(49) 机にメモがあって, 客がロビーで待っているということだったので, 下りて来てみたのだが……。

「誰もいないじゃないか」

と, 肩をすくめて戻ろうとした時, その男に気付いた(半分)

(50) 尚人はそう言って, 薫の肩を軽く叩いた。薫は, 折り曲げた両膝の上に

9) 「ノダ」의 의미와 기능에 관한 중요한 연구로는 田野村(1990), 野田春美(1997), 奥田(1990)(2001), 佐藤(2001)(2009) 등이 있다.

顔を埋める。

「誰に, なに言われたっていいじゃないか」

「リボンの騎士がついているから?」

「そうさ」(101)

(51)「あら, それはわたしが拾ったものでしょう」

「いや, 拾ったのはお前だが, 一度, 捨てたではねえか」

大道寺は手帳を内ポケットに入れてしまった。(奇)

(52)「俺は妻帯者, 向うも亭主持ちだぞ」

「だから, 心配したんじゃありませんか。お二人とも独身ならプレー, プレーって旗振ってあげますわ」(結婚)

(53)「女も, この旅館に来ていたということですか?」

亀井は, 眼を輝かせた。

「その通り。そう考えれば, 全てが説明がつくんじゃないか」(EF)

(54)「どうやら, 各社から電話が殺到しているみたいですよ。それで, 明日の十時, 自宅で記者会見する, と言っています」

「……気に入らないな。極秘の情報だったんじゃないか」

「そうなんです」(奇)

우선 앞의 세 예문에서는 「デハナイカ」가 사용되었는데 선행문과 후행문의 결속은 어휘적이다. 즉 〈대상적인 내용〉이 주로 〈특징〉을 나타내는 명사나 형용사술어문의 경우 앞 문장의 배경을 의미적으로 설명하여 두 문장의 결속성을 유지시키는 것이다. 하지만 이러한 의미적결속성이 없는 동사술어문에서는 그 결속성이 약해져 문법적인 수단에 의하여 내용적인 결속성을 유지하는 수밖에 없어진다.

반면 뒤의 세 예문은 「ノデハナイカ」예문인데 이 경우는 전후 문장의 결속성이 문법적인 형식인 「ノダ」에 의해 생산적이며 규칙적으로 유지되고 있다.

5. 나오기

이상「デハナイカ」와「ノデハナイカ」문장을 대상으로 하여 그 유사점과 차이점을(형태론적인 현상에서 구문론적인 현상, 담화론적인 현상)의 관점에서 고찰하였다. 그 결과 개략적으로 정리하면 다음과 같다.

- 형태론적인 레벨에서는 각 타입별로 대응하는 긍정문과 부정문, 긍정의문문과 부정의문문의 형태체계를 우선 정리하였다. 그 결과 유사점으로는 두 형식이 상당히 유사한 형태체계를 갖고 있으며, 상이점으로는「ノデハナイカ」가 명제와 형식자체의 시제를 갖고 있는 내부요인으로 인하여 보다 복잡한 양상을 보인다는 점을 확인하였다.
- 구문론적인 레벨에서는 종래연구에서 두 형식의 차이점으로 지적되어 온 특징들은 대부분 제4류와 제5류의 차이점으로 생각하는 것이 타당하다는 점을 확인하였다. 또한 두 형식의 유사점으로는 문법화의 과정으로 〈부정사 → 질의성 → 접속방법〉라는 같은 경로을 보이고 있으며 차이점으로는「デハナイカ」문장은 문법화가 보다 많이 진행되어 술어문의 제약도 없어진 용법들이 보인다는 점을 지적하였다. 또한「ノデハナイカ」문장은「ノダ」의 영향으로 인하여 부정사의 작용역이 확대된다는 점도 고찰하였다.
- 담화론적인 레벨에서는 양형식의 차이점으로「ノデハナイカ」문장에서는「임의요소〉격표지 요소〉술어요소」라는 순서로(「デハナイカ」문과는 반대) 부정의 초점이 되는 원칙과 선행문과의 결속성이 생산적이며 문법적이라는 점을 지적하였다.

이상의 논의를 종합해 보면「デハナイカ」와「ノデハナイカ」는 별개의 형식이 아니라고 생각된다. 이 두 형식은「カ」와「ノカ」,「ダロウ」와「ノダ

ロウ」,「カモシレナイ」와「ノカモシレナイ」등과 같이 단순히「ノダ」형식의 유무(有無)문제로 환원시킬 수는 있는 것이다.

제II부 비전형적인 의문문

제1장 반어문의 문법적 특징

1. 들어가기

본 장에서는 일본어 의문표현의 전체상을 염두에 두면서 다음과 같은 현대일본어의 반어문을 대상으로 하여 그 의미적·문법적인 특징을 고찰하고자 한다.

다음 예문에서는 의문문의 형식을 취하고 있지만 기능적인 측면에서 보면 청자에게 청자정보를 요구하는 것이 아니라 각각「構わない」,「あんな町には帰らない」,「そんなことはできない」등 정보제공을 하는 평서문과 유사한 기능을 하고 있다고 생각된다.

(1)「僕ら, 家を勘当になるかもしれないな。明日も学校をサボって叱られるだろうし…」
「構うもんか!」

「そうとも!」(セーラー)

(2) 聡美:「お節介かも知れないけど, 一度家に帰った方がいいと思う」

三上:「今更, あんな町に帰れるかよ」

聡美:「嫌いなの?」(東京)

(3)「それじゃ方法はただ一つですね」

「何だ?」

「犯人をとっ捕まえるんです。私たちの手でね」

「そんなことができるか?」(結婚)

종래 의문문에 관하여 고찰한 선행연구에서 반어문을 의문문의 일종으로 취급하면서도 그 성립과정이나 문법적인 특징에 관한 논의는 거의 이루어지지 않았던 것 같다.[1)]

하지만 반어문은 의문문의 형식을 취하면서 화자의 주체성이 가장 현저하게 나타난다는 점에서도 상당히 흥미있는 문제가 될 수 있다. 또한 문법적인 관점에서 부정술어보다 긍정술어가 생산적이라는 점, 종조사 「ヨ」가 출현하기 쉽다는 점 등 전형적인 의문문과는 상당히 이질적인 특징이 보이기 때문에 의문표현 안에서도 특별한 위치를 차지하리라고 예상된다.

따라서 이와 같은 일본어 반어문의 특징을 고찰하는 논의는 일본어 의문문의 구조와 체계를 규명하는 것에 연동되는 것이며 또한 의문표현의 기본원리에 관한 이해를 심화시키는 작업도 겸하게 될 것이다.

이하 2에서는 고찰대상이 되는 반어문의 종류와 범위를 형태론, 의미론적인 관점에서 검토하고 3에서는 반어문에 나타나는 의미적, 문법적인 특징에 관하여 논의하기로 한다. 또한 4에서는 반어문과 평서문, ニチ

---

1) 일본어의 반어문에 관한 논의는 일찍이 坂倉(1957)의 논의가 있다. 그러나 이것은 반어문에 관한 의미적 혹은 문법적인 특징에 관한 논의가 아니라 고전어를 대상으로 하여 형식적인 측면에서의 고찰이다.

ガイナイ 등의 형식과의 차이에 관하여 살펴보기로 한다.

2. 반어문의 종류와 범위

여기에서는 구체적인 논의에 앞서 이하에서 구체적으로 논의하게 될 반어문의 범위와 종류를 명확히 규정하기로 한다. 주시하다시피 일본어에는 반어문의 전용형식이 없다. 하지만 본 논의에서는 편의상 형태론적인 특징 즉 「モノカ」와 「カヨ」[2]로 끝나는 것을 유표(有標)의 반어문, 일반적인 의문문과 동일한 형식적인 특징을 갖고 있는 반어문을 무표(無標)의 반어문이라 가칭해서 고찰하기로 한다.

2.1. 반어문의 종류

2.2.1. 유표(有標)의 반어문

먼저 유표(有標)의 반어문에 관해서 살펴 보자. 여기에 속하는 형식에는 이미 위에서 언급한 바와 같이 대표적인 것으로 「モノカ」와 「カヨ」, 「タマルカ」 등이 있다. 이러한 형식들을 사용한 다음 예문들을 반어문으로 인정하는 데는 별다른 큰 문제가 없을 것이다.

(4) 「もう観念した方がよさそうよ」
「まだまだ」
天埜はにやりと笑った。
「こんなことで参るものか」(青春)

2) 물론 「モノカ」에는 「モンカ」, 「モンデスカ」, 「モノデスカ」등의 이형태(異形態)를 포함하는데 이하에서는 이들을 대표하여 「モノカ」로 표기하기로 한다. 또한 「カヨ」는 정중체와 공기하기 어려운 성질을 갖고 있는 점이나 주로 남성이 사용하는 표현이라는 성차(性差)가 있다는 사실도 주의해야 한다. 또한 의문사를 사용하는 WH(설명)의문문에서는 「カ」를 생략할 수 있다.

(5)「すっぽんを食べるとどうなるの?」

「元気もりもり力が漲って, 奥さんなんかに負けるものか, という闘志が沸いてくる!!」

「本当かね?」(おいしんぼ46)

(6)「君らには無理だよ。泉さんと馬の足音だって聞き分けられまい」

「こんなところに馬がいるかよ, 馬鹿!」(セーラー)

(7) 三上:「どんな思いだよ?おまえ, 知ってんのか?」

永尾:「あ, いやーーとにかく俺に誓えよ?」

三上:「あ?」

永尾:「俺が好きなのは関口さとみだけだ, って」

三上:「(微笑って)そんなこと, おまえに言えっかよ」

永尾:「言えるだろ, 本気なら, ホラ, 言えったら」(東京)

(8)「これからどんな人に出会うかも分からないしね, 秋世だって」

「そうよ。安売りしてたまるか」

「〈現品限り〉って札でもつけとく?」(死が)

(9)「天堂だって馬鹿じゃないわ。私が裏切ったってことぐらいすぐ分るわ。そうなれば, 私だって殺されるのはいやだもの, あなたにおどされてやったってしゃべっちゃう。そうなれば, あなたたちなんか簡単にやられちゃうから」倉田はムッとした様子。

「そう簡単にやられてたまるか!」(青春)

상기 예문들은 의미적으로 각기「コンナコトデハ 参ラナイ」,「奥サンナンカニ負ケナイ」,「コンナトコロニ馬ハナイ」,「ソンナコト, オマエニ言エナイ」,「安売リシナイ」,「ソウ簡単ニヤラレナイ」라는 현재(顯在)적인 표현과는 반대의 내용을 잠재(潛在)적으로 주장하고 있다고 생각된다. 이들을 어렵지 않게 반어문이라고 인정할 수 있는 것은 아마도 형태론적으로 (4)(5)

는「モノカ」, (6)(7)은「カヨ」, (8)(9)는「タマルカ」[3]라는 형식이 도움이 되리라고 보여진다.[4]

2.2.2. 무표(無標)의 반어문

그러나 특별한 형태적인 특징이 없는 다음과 같은 보통의 의문문과 같은 형식을 취한 반어문도 있다.

(10)「どうせ死ぬなら同じだ」
「死ぬ……」
小松が和代をチラッとみて,
「じゃ, 殺すんですか?」
「当たり前だ。こんなことまでされて, 放っとけるか」(やり過ごし)

(11)「無礼者!出て行け!」
「頼まれたって, こんなところにいられるかい。そんなにこの家が大事なら, 1日中なめてみがいているがいいや!」(おいしんぼ)

(12)「全く妙な話だな」
「あら, 何が妙ですか? ちっとも妙じゃありませんわ」(結婚)

---

3) 「たまる(たまります)か」라는 동사의 긍정형은 주로 반어문에서만 사용되는 것 같다.

4) 물론「カヨ」가 나타난 모든 문장이 반어문은 아니다. 다음 예문과 같이 반어문이 아닌 것도 있다. 이러한 예에서는「カヨ」가 하나의 형식이 아니라「カ」+「ヨ」라는 식으로 분리해서 생각하는 것이 타당할 것이다.

- (有森神社の境内)マサルとキヨタカが金魚すくいをしている。
  マサル:「(逃げられた)あ, またカヨ。……ね, どうなった?」
  キヨタカ:「?……」
  マサル:「(ちょっと後ろめたいが, 一番の関心事だ)彼女の返事, 来た?」(白い手)
- 「受かったかも…… いや, 受かったと思う!」
  「ほ, ほんとかよ! やったな, 兄貴!」
  「おまえにも苦労書けたな」(101)

이 경우는 「放っとけない」, 「こんなところにはいられない」, 「全然妙じゃない」 등을 반어적으로 표현한다고 생각할 수 있다. 하지만 이런 해석의 가능성은 콘텍스트에 의존할 수밖에 없기 때문에 경우에 따라서는 반어문인지 아닌지가 애매할 수 있다.

2.2. 반어문의 범위

이하에서는 상기와 같이 무표(無標)의 반어문의 범위를 다음과 같이 「モノカ」와 「カヨ」로 치환할 수 있는 것으로 한정하기로 한다.

(13) 「どうせ死ぬなら同じだ」
「死ぬ……」
小松が和代をチラッとみて,
「じゃ, 殺すんですか?」
「当たり前だ。こんなことまでされて, 放っとけるか(≒モノカ／カヨ)」

(14) 「無礼者!出て行け!」
「頼まれたって, こんなところにいられるかい(≒モノカ／カヨ)。そんなにこの家が大事なら, 1日中なめてみがいているがいいや!」

(15) 「全く妙な話だな」
「あら, 何が妙ですか(≒ナモノカ／カヨ)? ちっとも妙じゃありませんわ」

(16) A:「あなたは, 学生ですか(≠ナモノカ／カヨ)?」
B:「いいえ, 違います」

상기 예문 (13)(14)(15)의 밑줄부분은 문장이 나타내는 의미적 차이에 큰 변화를 초래하지 않으면서 「モノカ」와 「カヨ」로 치환이 가능하기 때문에 반어문으로 인정할 수 있다. 하지만 예문(16)은 「モノカ」와 「カヨ」로 치

환이 불가능하기 때문에 여기서는 반어문으로 인정하지 않기로 한다.[5)]

2.3. 반어문과 주체성

의미적인 관점에서 보면 반어문은 「モノカ」와 그 외의 것들 사이에 다음과 같은 차이가 있다. 즉 「モノカ」는 「ものだ」가 갖고 있는 일반성(一般性) 혹은 항상성(恒常性)이라는 특성을 이용하여 화자의 주체성을 보다 과장하여 표현하고 있다는 점이다. 이러한 「モノカ」문장의 특징은 다음과 같이 텐스의 분화에 반영된다.

(17) ルリ子は目を輝かせて,
「私, 美香さんみたいな女性になりたいわ」
圭介は, 内心, 冗談じゃないよ, と呟いた。
これ以上, 世の中に詐欺師がふえてたま{る／#た}もんか! (やり過ごし)

(18) 「野田秋子の両親から警察へ捜索願が出て」
「でも駆け落ちにしちゃずいぶん急ですねえ」
「誰が二人ともと言った?」
「え?」
「野田秋子の方だけだ!」(結婚)

상기 예문(17)의 「モノカ」문장에서는 원문의 「スル」형을 「シタ」로 치환하면 부자연스러운 문장이 되어버리지만 예문(18)에서는 실제 원문이 「シタ」로 되어 있다.

---

5) 또한 예문(15)의 「ちっとも妙じゃありません」과 같이 숨겨진 화자의 잠재적 주장이 반어문과 같이 자연스럽게 나타나는가 하는 점도 생각할 수 있고 또한 화용론적인 요인이나 응답방법도 참고가 된다.

이러한 특성과 더불어 다음「モノカ」반어문에서 쓰인 화자의 주체성에 대하여 생각해 보자.

(19)「家内が狂っているという証言を君にしてもらうつもりだったんだが……」
「誰が, そんな証言するもんですか!あなたの方がよほど狂っているわ!」(結婚)

상기예문에서 정작 화자가 전하고자 하는 것은「私はそんな証言をしない」라는 것이다. 이 경우 우선 부정술어를 긍정으로, 평서문을 의문문으로의 치환은 물론이고 미래시제를 초시제/탈시제로 치환하였다. 환언하면 시간적인 한정성이 있는 문장을〈시간적한정성〉이 없는 문장으로의 치환이다.

또한 부분부정을 전체부정화, 즉 화자개인의 문제를「아무도 그런 증언을 안 한다」와 같이 일반적인 문제로 과장하여 표현하고 있는 것이다. 이러한 점에서 반어문은 화자의 주체성이 많이 반영된 수사적인 의문문이라고 볼 수 있다.

이상 일본어의 반어문에는 형태론적인 관점에서 유표와 무표의 반어문이 있다는 사실과, 무표의 반어문의 범위, 반어문의 주체성에 대하여 살펴보았다. 이상의 사실에 근거하여 다음으로는「モノカ」반어문을 중심으로 하여 반어문의 문법적인 특징에 대하여 고찰하기로 하자.

3. 반어문의 문법적인 특징

반어문에 한정된 지적은 아니지만 奥田(2002)에는 수사의문문(rhetorical question)의 성립에 관한 다음과 같은 지적이 있다.

Aタイプの疑問文にしても, Bタイプの疑問文にしても, 平叙文と同じ意味をもったレトリカルな疑問文としてはたらくばあいがたくさんあります。(「子をおもわない親がいるだろうか。」, 「だれがそんなことをするか。」など)。この事実は, 疑問文がすでにはなし手の判断をふくみこんでいるという前提から, 生じてくるのでしょう。出来事の正当さ, 必然さから, 疑問文の成立しないことを見いだしたとき, レトリカルな疑問文が成立します。

(奥田(2002:111))

YES-NO(판정)의문문이나 WH(설명)의문문이나 평서문과 같은 의미를 갖는 수사적인 의문문(rhetorical question)으로 기능하는 경우가 많이 있습니다. (「자식을 생각하지 않는 부모가 있을까」, 「누가 그런 일을 할까」 등). 이 사실은 의문문이 이미 화자의 판단을 포함하고 있다는 전제에서 나오는 것입니다. 사건의 정당성, 필연성으로부터 의문문이 성립하지 않는다고 생각했을 때 수사적인 의문문이 성립합니다.

위와 같은 사실을 염두에 두면서 이하에서는 주로 유표(有標)의 반어문을 중심으로 무표의 반어문과 의문문, 평서문과의 비교를 통하여 반어문의 의미·문법적인 특징에 관하여 고찰하기로 한다.

첫 번째로 종조사 「ヨ」와 「ネ」의 출현문제이다.

먼저 「ヨ」부터 보기로 하자. 주지하다시피 전형적인 의문문에서는 종조사 「ヨ」는 나타나지 않으며 또한 이것을 무리하게 접속시키면 부자연스러운 문장이 된다.

(20) A: 「#あなたは, 学生かよ」

B: 「いいえ, 違います」

하지만 반어문에서는 종조사 「ヨ」가 자연스럽게 공기(共起)한다.

(21) 「大変だ!ぼ, 僕は逃げ出します!殺されちゃ困る!」
「まあ落ち着いて」
「落ち着いてなんかいられますかよ!僕は直ちに退院します!」
(ハム2)

(22) 聡美:「お節介かも知れないけど, 一度家に帰った方がいいと思う」
三上:「今更, あんな町に帰れるかよ」
聡美:「嫌いなの?」(東京)

이와 같이 반어문에서 종조사 「ヨ」가 자유롭게 나타나는 것은 반어문이 보통의 질문문과 같이 청자정보를 요구하는 것이 아니라 화자의 정보를 청자에게 제공하는 기능을 하며 거기에 「ヨ」가 접속되어 〈대상적인 내용〉을 강조하는 것이다.

다음으로 「ネ」에 관하여 살펴보자. 종조사 「ネ」는 질문문이나 평서문에서는 자유롭게 나타나는데 반어문에서는 어떠한가. 이번 조사 자료에서는 「ネ」가 접속된 예문은 없었기 때문에 다음 예문으로 테스트해 보기로 하자.

(23) 「もう観念した方がよさそうよ」
「まだまだ」
天埜はにやりと笑った。
「＃こんなことで参るものかネ」

(24) 「全く妙な話だな」
「＃あら, 何が妙ですかネ? ちっとも妙じゃありませんわ」

상기 예문들은 문법적으로 용인(容認)가능한 문장이 될 수도 있다. 하

지만 반어문으로 해석하기에는 부자연스럽다. 즉 「こんなことで参るものかネ」, 「何が妙ですかネ」와 같이 「ネ」가 접속되면 대립적인 시점에서 융합적인 시점으로 담화상의 시점이 변환되어 화자의 정보를 제공하는 의미는 없어진다.[6] 그 대신 「一般的にこんなことでは参ったりしないものでしょう」라든지 「あなたも考えて見れば妙じゃないでしょう」 등과 같이 화자와 청자가 공유한 정보를 표시하는 문장이 되어버린다.

두 번째로는 반어문은 기본적으로 무제문(無題文)이라는 점이다.

다음 예문에서 확인할 수 있듯이 반어문에서는 〈주제(主題)〉을 나타내는 용법으로 사용되는 「ハ」는 사용되지 않는 것 같다.

(25) 「気違いじみてる!」
「あら, どうして!」
「だってそうだろう。着替えるだけなら, <u>どうしてそんな手間かけるんだ</u>?着替え持ってきて, デパートのトイレテレビ屋をででも着替えれば済むじゃないか」
紘子は蔑むような目つきになって,
「着替えがハンドバッグに入りますか?」(結婚)

(26) 「……貴方, パパさんに云い繕っておいてよ。とみイという子は, ときどきわるい口をきくけど, 根は上品で, 優しさにあふれているんだって……。」
「可笑しくって, <u>そんなことが云えるかよ</u>。ほんとにオヤジは怒ってやしないよ」(寒い朝)

(27) 「私みたいな男のために, 一人の女が命を捨てようとした。<u>これが感動しないでいられますか</u>」
「なるほどね」(愛人)

6) 담화에서의 시점에 관해서는 宮崎(1993)을 참조.

예문(26)에서 밑줄 친 부분인「ガ」를「ハ」로 바꾸면 아래의 (28)와 같이 되는데 이것은 용인하기 어려운 어색한 문장이 된다.

(28)「……貴方, パパさんに云い繕っておいてよ。とみイという子は, ときどきわるい口をきくけど, 根は上品で, 優しさにあふれているんだって……。」
「# 可笑しくって, そんなことハ云えるかよ。ほんとにオヤジは怒ってやしないよ」

이와 같은 현상은 반어문이 전형적인 판단문이라기 보다는 현상묘사문(現象描写文)적인 〈전체초점문〉[7]이라는 표현형식을 취한다고 하는 사실을 시사해 준다. 따라서 종래 상식적으로 반어문의 수사법으로 알려진 것은 술어형식과 문장유형의 변환이지만 상기의 사실을 고려하면 또 한 가지의 수사법으로 유제문(有題文)을 무제문(無題文)으로의 변환을 지적할 수 있다.

하지만 다음 예문을 보면 술어형식의 변환과는 달리 이 조건은 반어문의 절대적인 필수조건은 아닌 것 같다.

(29)「だまれ!そんな下品なテレビ屋を連れて来たおまえたちも同罪だ! 2階は貸すもんか!」
「そんな!」(おいしんぼ)

상기 예문에서 화자는「2階を貸さないよ」라는 것을 말하기 위해 표면적으로는「ヲ」격을 주제화한「2階は貸すものか」와 같은 반어문을 사용하고 있다. 이러한 사실을 보면 반어문에서는 주격이외의 격을 주제화한

7) 다음 장을 참조.

유제문(有題文)은 가능한 것 같다.

세 번째는 인칭제한의 문제이다. 반어문은 화자영역의 단정적인 정보를 강조하여 전달하는 문장이기 때문에 다음과 같이 일인칭이 주격에 오는 문장이 압도적으로 많다.

(30)「一で, 所長が, 面白そうだからこいつらをくっつけちまえ, とおっしゃって…」
「俺がそんなことを言うか!」
「そうですか?じゃ, ちょっと言葉は違うのかも知れませんけど, 大して変わりありませんわ」(結婚)

이번 반어문의 조사 자료에서 80%정도가 일인칭 주어 예문이다. 하지만 이것은 어디까지나 경향적인 측면이라고 할 수 있다. 따라서 원리적으로는 1, 2, 3 인칭이 모두 가능하다. 다음 예문은 2, 3인칭의 예문이다.

(31) 一也:「うるさい, 長男の俺が決める事だ!」
良明:「今, 昭和何年だと思ってるんだ」
一也:「うるさい!お前がガタガタ言う立場かよ。七年前にこの家を捨てたお前が!!」(宇宙)

(32)「大掃除の手間が省けますな」
と言ったのは, 対照的に小太りな男。
「おい, そりゃねえだろ。危うくボスがやられるところだったんだぜ」
「ボスが死んだりするもんか」(やり過し)

이와 같은 사실은 반어문이 평서문과 같이 인칭제한이 없다고 말할 수 있을 지도 모른다. 하지만 주격에 2, 3인칭이 오는 문장이라고 해도 그것이 청자영역 혹은 제3자 정보가 아니고 화자 영역의 정보라는 점에 주의

하지 않으면 안 된다.

네 번째는 시제문제이다. 다음 예문에서도 확인할 수 있듯이 유표(有標)의 반어문에서는 과거형(シタ)이 나타나지 않는다.

(33)「ここのコーヒーは苦いな」
「苦くないコーヒーなんてあるもんですか」
「うむ。それもそうだ」(結婚)

(34)「あの部屋だ。間違いねえや」
「だけど, いやに若くないか」
「年齢まで知るかよ」(泥棒)

상기 예문에서는 비과거형을 과거형으로 치환하면「#苦くないコーヒーなんてあッタもんですか」,「#年齢まで知ッタかよ」와 같이 비문법적인 문장이 된다. 이와 같이「モノカ」와「カヨ」의 반어문에서는 과거형이 부자연스럽다. 그러나 무표(無標)의 반어문에서는 과거형이 나타날 수 있다. 예문(18)을 (35)으로 다시 재게(再掲)하기로 한다.

(35)「野田秋子の両親から警察へ捜索願が出て」
「でも駆け落ちにしちゃずいぶん急ですねえ」
「誰が二人ともと言った?」
「え?」
「野田秋子の方だけだ!」(=(18))

(36)「何言ってんの。結婚できたら私に女王のような暮らしをさせるって言ったくせに」
高木が唖然として,
「おい!俺がいつそんなことを言った!」と抗議した。(ハム)

하지만 상기 두 예문은 〈대상적인 내용〉의 진위를 묻고 있는 측면이 남아 있어 보통의 질문문과 연속선상에 있다고 생각된다. 이 점은「モノカ」와「カヨ」문장에 치환해 보면 확인할 수 있다.

(37)「野田秋子の両親から警察へ捜索願が出て」
「でも駆け落ちにしちゃずいぶん急ですねえ」
「＃誰が二人ともと言ったもんですか?」
「え?」
「野田秋子の方だけだ!」

(38)「何言ってんの。結婚できたら私に女王のような暮らしをさせるって言ったくせに」
高木が唖然として,
「おい!＃俺がいつそんなことを言ったもんか!」と抗議した。

상기 예문은「モノカ」로 치환한 것인데 상당히 부자연스럽다. 따라서 이 의문문들은 완전히 반어문이 되지 않은 것으로 생각된다. 하지만「カヨ」문장으로는 치환이 가능한 것 같다.

(39)「野田秋子の両親から警察へ捜索願が出て」
「でも駆け落ちにしちゃずいぶん急ですねえ」
「誰が二人ともと言ったカヨ?」
「え?」
「野田秋子の方だけだ!」

(40)「何言ってんの。結婚できたら私に女王のような暮らしをさせるって言ったくせに」
高木が唖然として,
「おい! 俺がいつそんなことを言ったカヨ!」と抗議した。

다섯 번째로 조건문과 가능문과의 공기(共起)문제이다. 아직 이유는 명확하지 않지만 반어문은 가능문과 자주 같이 쓰이며 조건문의 귀결문(apodosis)으로도 자주 나타난다.

(41) 男がピストルを取り出した。
「さあ, 渡せ。けがをしたくなかったらな!」
「撃てるもんですか! こんなホテルの中で!」(結婚)

(42)「同性の一人として責任を感じる?」
「無理云うなよ。……他人のことで, 一々責任を感じたりしていられますか。第一, オレだって, 将来どんな大人になるものか, 今からでは見当もつかないもの ね」(寒い朝)

(43) いっぽう, 純平は桃子ほど樂天的ではなかった。
「どうして, 自分で自分の首締めるようなこと言うんだよ」と達郎を責める。
だが, 達郎のほうは動じる気配はない。
「心配すんなって。我に勝算あり, ってな。受かる見込みがなきゃそんなこと言うかよ」
「そりゃそうだけど……」(101)

(44)「あなたを愛人に譲ってやろうなんて, 死んだって思うもんですか!」
「当然だ」(愛人)

(45)「無礼者!出て行け!」
「頼まれたって, こんなところにいられるかい。そんなにこの家が大事なら, 1日中なめてみがいているがいいや!」(おいしんぼ)

상기 (41)(42)는 가능문으로 치환된 예문이고 (43)(44)는 반사실적 조건문의 귀결문에 반어문이 나타난 예문이다. (45)는 가능문과 조건문의 특징 둘 다 보이는 예문이다.

이 현상은 기본적으로 반어문이 화자의 개인적인 주장을 나타내고 있기 때문에 단정적인 정보이다. 즉 현실세계의 〈확인〉이라는 〈양태(modus)적 의미〉를 지닌 평서문이다. 그런데 화자는 〈현실세계〉의 문제를 〈가능세계〉나 〈가상세계〉의 문제로 치환하여 보다 과장해서 전달하는 주체적인 태도를 보이고 있다.

마지막으로 한 가지 검토해야 할 것은 술어형식의 제한이다. 즉 반어문에서는 다음 예문에서와 같이 표면적으로는 긍정술어문만 나타나고 부정술어문은 나타나지 않는다 라고 하는 점이다.

(46)「それで, その絹子ってのに, どこにいるか喋ったのか」
「喋るもんですか。今大阪にいて, ホテルから電話しているって言っておいたわ」
「信じがたい」(愛人)

(47)「貴様こそ何だ!」と, 怒鳴り返した。
「小犬をひき殺すところだったんだぞ!」
「知るかよ, そんなこと!」
「何だと一」(半分)

이 예문들을 동일한 콘텍스트에서 의도적으로 부정술어로 치환해 보면 다음과 같이 부자연스럽고 비문법적인 문장이 된다.

(48)「それで, その絹子ってのに, どこにいるか喋ったのか」
「#喋らないもんですか。今大阪にいて, ホテルから電話しているって言っておいたわ」
「信じがたい」

(49)「貴様こそ何だ!」と, 怒鳴り返した。

「小犬をひき殺すところだったんだぞ!」

「#知らないかよ, そんなこと!」

「何だと一」

하지만 부정술어가 반어문에서 잘 나타나지 않는 이유는 분명하지 않다. 현시점에서 한 가지 생각할 수 있는 것은 다음과 같은 제4류의 부정의문문이 부정술어를 사용하여 긍정의 주장을 하고 있다는 점이다.

(50) 「そういわれても, 知らないんだからどうしようもない。あの家がどうかしたのかい?」

「ちょっと調べていることがあって……」

「それなら, 今住んでいる人に訊いてみたらどうかね。何か知っているんじゃないか」(夢幻花)

반면에 반어문에서는 긍정술어를 사용하여 부정적인 내용을 주장한다. 이와 같이 양자가 기능 분담을 하고 있는 것이 아닌가 하는 점이다.[8] 하지만 보다 자세한 논증과 상세한 고찰은 다음 기회로 미룰 수밖에 없다.

이상 주로 유표(有標)의 반어문을 대상으로 하여 반어문이 갖고 있는 문법적인 특징에 관하여 고찰해 보았다. 이러한 특징을 근거로 하여 질문문과 반어문의 양면성이 보이는 무표(無標)의 반어문의 범위를 어느 정도 명확히 할 수 있어 보통의 질문문과의 구별이 가능해 진다.

---

8) 古座(1984), 佐藤(1998) 등에도 같은 취지의 지적이 보인다.

4. 반어문의 주장

4.1. 평서문과의 차이

이미 반어문의 문법적인 특징으로 문말 형식의 제한이 있다는 것을 지적하였다. 즉 반어문의 문말에는 기본적으로 단정형만이 올 수 있다.

(51)「五十階も階段をあがるのか!」
「まる一日かければあがれますよ」
「できるもんか!」(結婚)

(52)「あなたは嘘つきです!」
「な, 何だと!」
「一緒に死ぬと承知したのに, いざとなると」
「当たり前じゃないか!身も知らねえ女と心中なんかできるかよ!」
(結婚)

실제 조사에서는 비단정형이 나타난 예문이 없었기 때문에 아래와 같이 의도적으로 비단정형의 예문을 만들어보면 역시 비문법적인 문장이 된다.

(53)「ここへ十一時に来るって, 誰かに喋った?」
「いいえ, お父さんは出かけているしね」
「そうか…。でも犯人はどうして」
「智也は?言わなかった?」
「言う{*ダロウ／*ヨウダ／*ラシイ／*~シソウダ／*カモシレナイ／*ニチガイナイ}もんか!」

이러한 현상에 대한 원인은 아마 강조적인 전달의 대상이 되는 것은 화자영역의 직접경험적인 정보 즉 확신을 가지고 강하게 단정적으로 말할 수 있는 정보가 아니라면 무리하게 반어법적인 수사법을 사용하여 전달할 필요가 없기 때문일 것이다.[9]

이와 같이 화자영역의 직접적인 정보가 아니면 반어문의 명제가 될 수 없다는 점이 보통의 평서문과 큰 차이인 동시에 반어문의 특징이다.

4.2. 확신적 판단과의 차이

다음으로 반어문과 확신적인 판단을 나타내는 형식인 「ニチガイナイ」와 「ハズガナイ」와의 차이에 관하여 살펴보기로 하자.

(54) 迫田は, わざとさり気なく,

「きっと東京駅の地下に秘密の通路でもあるんじゃないですか?」と言ってみた。

急に沢井が真顔になって,

「おい, どこでそんな話を聞いた?」と, ほとんど問い詰めるような口調で言った。

「え? いえ, 勝手な想像ですよ」

と迫田は笑って見せて, 「それとも本当にあるんですか?」ときいてみた。

「知るもんか!」

9) 물론 다음과 같은 「ダロウカ」문장도 반어문이 아닌가 라는 것이 문제가 될 지도 모른다.
- 「だから, この日記をごらんくだされば, よくわかりますわ。わたくしはまさか犯人の子供とは夢にも思わず, それはかわいがって育てていましたのにまさか犯人……。こんなひどいことって, あるでしょうか」(氷点)
- 「村井先生ってあの人なの? いったいあの人のどこがよくてさわいでいるのだろう」(氷点)

이러한 예문들도 반어문을 의미적인 측면만을 기준으로 한다면 반어문일 수 있다. 하지만 이미 반어문에 관한 필자 나름대로의 기준에 비추어보면 화자의 「ウタガイ」가 남아있다는 점에서 주변적인 반어문으로 생각된다.

と沢井は言って席を立った。(課外授業)

(55)「~。しゃれた言い方をすれば, 重畳たる山岳の大自然 に挑んでる人たちです。それを人間の力で変える仕事で す。本当に, 男らしい男です。そんな男を見る毎に, さと子さんの心の中には, ぐうたらな自分の亭主が, 厭悪の対象として浮かんだに違いありません」(張込み)

(56)「親方ハ今日来ラレマスカ?」

「イヤ, 今日は来ルハズガアリマセン」(寺村1984)

먼저 「ニチガイナイ」와의 차이점은 반어문이 화자영역의 직접정보인 것을 표현하는데 반해 「ニチガイナイ」는 예문(55)과 같이 화자영역 이외의 간접 경험적인 것 즉 상상속의 사건을 나타내고 있다는 점이다. 이 사실은 다음 (57)과 같이 「ニチガイナイ」 문장이 「キット, カナラズ」 등의 부시와 같이 사용된다는 것으로 확인이 가능하다.

(57)「~。しゃれた言い方をすれば, 重畳たる山岳の大自然 に挑んでいる人たちです。それを人間の力で変える仕事 です。本当に, 男らしい男です。そんな男を見る毎に, さと子さんの心の中には, キット/カナラズぐうたらな 自分の亭主が, 厭悪の対象として浮かんだに違いありま せん」

다음으로 「ハズガナイ」와의 차이점은 반어문이 주로 화자영역의 정보를 수사법을 사용하여 표현하는 반면 위의 (56)과 같은 「ハズガナイ」는 기성(既成)사실을 근거로 하여 추론(推論)을 거친다는 차이가 있다. 즉 예문(56)는 寺村(1984)에서 지적하듯이 「親方は月曜日以外は毎日来る」, 「今日は月曜日ではない」 등과 같은 사실을 근거로 하여 추론하여 「今日は来るはずがない」와 같은 결론을 도출하는 것이다. 물론 예문(56)를 (58)와 같이 「かよ/もんか」와 같은 반어문으로 치환할 수 있다.

(58)「親方は今日来られますか?」
「親方が来るカヨ／モンデスカ」

하지만 상기 예문에서는「ハズダ」과 같이 기성(既成)사실을 근거로 하여 추론을 거친 결론이라는 것을 의미하지는 않는다. 이것은 반어문이 화자의 경험적 사실을〈대상적인 내용〉으로 하기 때문에 추론을 개입시킬 필요가 없기 때문이다.

5. 나오기

이상 현대일본어의 반어문을 대상으로 하여 그 문법적인 특징에 대해여 고찰해 보았다. 종래 반어문을 의문표현의 한 범주로 포함시킨다는 점에서는 연구자들의 의견이 일치하면서도 그 자리매김에 대해서 구체적으로 논의한 연구는 거의 없었다. 본 장에서는 이러한 사실에 주목하면서 공시적(共時的)인 관점에서 일본어 반어문의 아래와 같은 문법적인 특징들을 지적하고 논의하였다.

- 먼저 형태론적인 관점에서 반어문을 유표(有標)와 무표(無標)의 반어문으로 2분류하였다. 또한 이러한 분류을 근거로 하여 무표반어문의 범위를 명확히 하였다.

- 반어문의 의미·문법적 특징으로는

1) 종조사 ネ와 ヨ의 접속여부
2) 무제문(無題文)의 형식
3) 주격의 인칭제한문제
4) 시제의 분화여부문제

5) 반사실적 조건문과 가능문에서의 공기
6) 긍정 술어문에서의 생산성

등의 사실을 지적하고 이러한 현상들에 대한 적절한 설명을 하였다.

- 반어문을 통하여 나타나는 화자의 주장과 판단의 성격을 소위 평서문과 확신적 판단형식과의 비교·검토하는 작업을 통하여 규명하였다. 즉 반어문에서 화자의 판단내용은 화자정보영역의 확신적인 정보에 국한된다는 사실을 지적하였다.

하지만 반어문이 자주 사용되는 화용론적인 조건, 반어문의 성립사정, 수사법의 세부내용 등 이번에 논의하지 못 한 문제도 적지 않다. 한 가지만 예를 들자면 의문사의 사용법이다. 이번 조사에서 다음과 같이 「ダレ, ナニ, ドコ」 등의 의문사가 사용된 예문은 있지만 「ナゼ, イクラ」 등의 의문사는 사용된 예문은 발견되지 않았다.

(59) 「……きいてちょうだいよ, いい, 野口家ではそんなミットモナイことできないだって, 小姑のやつ。共稼ぎのどこがわるいのよ」
「ほんとだね」(結婚)

(60) 「家内が狂っているという証言を君にしてもらうつもりだったんだが……」
「誰が, そんな証言するもんですか!あなたの方がよほど狂っているわ!」(結婚)

(61) 「悩み事?」「僕が」
「だって, 難しい顔しているわ」
「ボールを頭にくらったんだ」
容子が声をあげて笑った。

「何がおかしいんだよ!」(課外授業)

(62) 「知らないものは答えられないわ。あなた, 日本語が分からないの?」

ドクは笑って,

「いや, 威勢がいい!実に結構」

何が結構なもんか。(セーラー)

물론 이러한 문제는 반어문의 의미적인 성질과 깊은 연관성이 예상되지만 상세한 논의는 금후의 과제로 하지 않으면 안 된다.

제2장 반어문의 정보구조

1. 들어가기

日本語記述文法研究会編(2007)에 의하면「反語とは, 疑問文の形をとりながらも, 事態の成立を強く否定することを表す表現である」라고 한다. 하지만 의문문은 아니지만 반어(反語)로 인정되는 표현도 많다. 다음 예문을 보자.

(1) (温泉の浴場に浸かりながら)「아아, 시원하다!」

(2) (テストで落第した子供に)「잘 한다, 잘 해」

(3) A: あっ! 俺, 10臆円のクジにあたっちゃった。

B: 嘘言え!

예문(1)(2)는 의문문이 아니라 평서문의 형식을 취하면서 어휘레벨에서 반대의 의미를 전달하고 있는 반어문이다. 즉 한국어에서는 어느 정도 관용화되어 많이 쓰이는 표현인데 (1)에서는「뜨겁다」라는 것을「시원하다」라고, (2)에서는「낙제는 잘 못 한 것이다.」라는 것을 반대로 표현하고 있다.

한편 일본어의 예문(3)에서는 믿기 어려운 현실세계에 관하여 부정명령문인「嘘を言うな」대신에 문장 타입을 바꾸지 않고 반대 내용인「嘘言え」라는 긍정명령문을 사용하고 있다.

이상의 예문에서 알 수 있듯이 반어문의 성립에 있어서 의문문의 형식을 취하는 것이 필수조건은 아니다. 오히려 반대의 표현이라는 조건이 반어문의 성립에 필수조건이라고 할 수 있다.[1)]

---

1) 본서에 앞서 山口(1999)에서도 같은 취지의 지적이 보인다. 山口(1999)는「非疑問形反語形式」라는 용어를 사용하고 있다.

하지만 또 다른 한편에서는 (4)와 같이 의문문의 형식을 취하여 표현하는 반어표현이 대다수 반어문의 전형적인 방식이라는 점도 사실이다. 반어문의 본질이 「반대 표현」이라는 점을 받아들인다면 의문문 형식을 취한 반어문은 이미 문장타입의 변환이라는 반어문 수사법 중의 하나가 사용된 것이라고 생각할 수 있다.

(4) 수진 : 나 회사 그만둘까?
철수 : 왜?
수진 : 그냥.
철수 : 전업주부 되고 싶어?
수진 : (잠시 생각하다) 응. 밥하구 빨래하구, 나 그러구 살면 안 될까?
철수 : 왜 안 돼? 나야 좋지. 근데 왜 갑자기?
수진 : 몰라. 그냥...(지우개)

이하에서는 의문문의 형식을 취하는 반어문을 대상으로 하여 정보구조이론의 관점에서 반어문의 정보구조에 관하여 한국어와 일본어의 예문을 대조분석하면서 살펴보는 것을 목적으로 한다.

2. 선행연구 검토

중국어학 등과 비교하면 일본어의 반어문에 관한 연구는 활발하게 진행되고 있다고 하기는 어려운 실정이다. 그 원인 중 하나는 반어문을 나타내는 전용형식이 존재하지 않는다는 점이다. 하지만 坂倉(1957), 山口(1999) 등 고전어를 대상으로 한 논의를 시작으로 현대어를 대상으로 한

논의가 없는 것은 아니다.[2)]

이하에서는 현대어로 한정시켜 몇 개의 선행연구를 소개하고 그 문제점과 한계에 대하여 살펴보기로 하자.[3)]

2.1. 鄭相哲(1998)

鄭相哲(1998)에서는 현대일본어의 반어문을 대상으로 하여 우선 반어문의 종류를 다음과 같이 「モノカ」, 「カヨ」에 의한 「유표(有標) 반어문」과 통상의 의문문형식으로 나타나는 「무표(無標) 반어문」으로 나누어지는 점에 대하여 논의하였다. 그리고 반어문의 의미 · 문법적인 특징으로 1)종조사 공기(共起), 2)무제문(無題文), 3)인칭제한, 4)텐스의 분화, 5)조건문과 가능문과의 공기(共起), 6)술어형식의 극성(極性) 등을 지적했다.

(5)「すっぽんを食べるとどうなるの?」
「元気もりもり力が漲って, 奥さんなんかに負けるものか, という闘志が沸いてくる!!」
「本当かね?」
(6)「君らには無理だよ。泉さんと馬の足音だって聞き分けら れまい」
「こんなところに馬がいるかよ, 馬鹿!」
(7)「どうせ死ぬなら同じだ」
「死ぬ……」小松が和代をチラッとみて,
「じゃ, 殺すんですか?」
「当たり前だ。こんなことまでされて, 放っとけるか」

(이상은 鄭(1998:218-9))

2) 예를 들면 安野(2003)은 モノカ에 의한 반어문의 표현기능에 대하여 논의하고 있다.
3) 그 밖에 大平(2003)는 반어문의 발화상황에 관하여 고찰하였다.

2.2. 김수진(2008)(2014)

김(2008)은 鄭相哲(1998)을 비판적으로 계승하면서 실증적인 방법론에 의거하여 최근 소설이나 시나리오 등에서 사용되는 자료를 대상으로 하여 일본어 반어문을 체계적으로 고찰한 것이다.

주요 논점을 간단히 소개하면 우선 다음과 같은 반어문을 대상으로 하여 반어문을 「疑問型反語文」, 「平叙型反語文」, 「命令型反語文」으로 재분류했다.

(8) 「スノーモービルを借り出せるよう, 事業本部に聞いてみ ます」

「駄目だ。こんな雪の中を山に向かうなんて, 正気じゃない!」

「係長, 麓への連絡も頼みます。今日の自分の当番については, あとで有休届でも出しますから」言うと同時に, 吉岡はもう駆け出していた。富樫も続き, 階段へ向かった。

「誰がそんなもの受け取れるか!」

石坂の怒鳴り声が, 頭上から降ってきた。

(9) 한나: (피식 웃으며) 남의 옷을 몰래 입었으면, 주머니는 비우는 게 예의 아냐?(정민, 할 말 없다.)

한나: 로맨스도 좋고 다 좋은데, 절대 물건은 사지 마라.

정민: (비웃는) 내가 너냐?

한나: 그래… 나처럼, 아니 옛날 강한나처럼 너 그 남자 앞에서 괜히 착한 척, 병신처럼 다 맞춰 주고 하 지마. 그래봤자 헤어질 땐 하는 말 뻔해. 성격차이. 니가 뚱뚱하고 못생겨서 싫단 말 절대 안할걸?

(이상은 金(2008:3-4), 번호와 밑줄은 필자)

또한 한국어와 일본어의 관점에서 문법적인 특징으로 1)의문화, 2)술

어 극성의 치환, 3)무제문화(無題文化), 4)텐스의 치환, 5)전체부정화(全体否定化), 6)가능동사의 출현, 7)특수조사(とりたて詞), 8)지시사 등의 지적하고 논의하였다.

2.3. 문제점

위에서 확인했듯이 현대일본어의 반어문에 관한 연구가 진행되어 나름대로의 성과가 축적되고 있다. 또한 흥미로운 문법적인 특징 등이 지적되고 있지만 한편으로는 보다 상세한 고찰이 필요한 부분도 있다.

우선 의문문형식을 취하는 반어문에 한정시켜서 말하더라도 어떤 수사법이 필수이고 어떤 것이 임의(任意)인가 또 그 구문적인 조건은 무엇인가 등의 논의를 심화시켜 갈 필요가 있다.

다음으로 반어문에서 쓰여지고 있는 문법적인 현상에 대하여 적절하고 타당한 원리적인 설명이 되어 있지 않다는 문제가 있다. 예를 들면,

(10) 「それで, その絹子ってのに, どこにいるか喋ったのか」
「喋るもんですか。今大阪にいて, ホテルから電話しているって言っておいたわ」
「信じがたい」(鄭(1998))

(11) 「何言ってんの。結婚できたら私に女王のような暮らしをさせるって言ったくせに」高木が唖然として,
「おい!俺がいつそんなことを言った!」と抗議した。(鄭(1998))

상기 예문에서 알 수 있듯이 예문(10)은 화자가 과거 사건인 「私はしゃべらなかった」라는 것을 「スル」로 표현하고 있다. 반면 예문(11)에서는 과거사건을 과거시제로 표현하는 경우이다. 이와 같이 시제의 치환이 일어나는 경우와 일어나지 않는 경우가 있다. 이러한 시제치환이 언제 일

어나는가 또한 일어난 경우에는 어떠한 효과를 나타내는가 하는 문제는 아직 설득력 있는 설명이 부족한 상황이다.

또한 (11)과 같은 반어문이 무제문(無題文)인 것은 鄭相哲(1998)과 金(2008)에서 지적되었는데 이러한 현상이 경향적인 문제인가 원리적인 문제인가 보다 심도 있는 고찰이 필요하다.

이하에서는 위에서 지적한 모든 문제를 전부 논의할 수는 없지만 우선 반어문이 무제문(無題文)인 점에 주목하여 정보구조이론의 관점에서 고찰하기로 하자.

3. 정보구조

먼저 구체적인 논의에 앞서 정보구조이론 중에서 특히 본 연구와 관련이 깊은 신/구정보와 전체초점화(全体焦点化)에 대하여 간단히 살펴보기로 한자.

3.1. 신정보와 구정보

일본어의 「ハガ」와 한국어의 「은/는」, 「이/가」와 관련해서 문장의 정보구조를 파악하기 위해서는 우선 「신/구정보」의 개념을 명확히 하지 않으면 안 된다.[4)] [5)]

종래 일본어학에서도 한국어학에서도 문장의 정보구조를 파악하기 위해 많은 연구자들이 여러 가지의 용어로 논의해 왔고 이 분야에서 이

4) 신/구정보와 관련해서 「ハ」, 「ガ」와 「은/는」, 「이/가」에 관한 논의도 많다. 예를 들면 일본어에 관해서는 天野(1998), 砂川(2000)(2005), 丹羽(1988)(2006) 등이 있고 한국어를 대상으로 한 것은 전영철(2006)(2009)(2013), 임동훈(2012) 등을 참조.

5) 예를 들면 田窪(1987) 등은 대조적인 관점에서 이루어진 논의이다.

루어진 연구 성과의 축적도 많다.

우선 문장 타입으로 전통적으로 일본어학에서는 유제문(有題文)과 무제문(無題文) 이라는 용어가 있다. 한편 한국어학에서는 비슷한 개념을 가르키는데 定言文(categorical sentence)과 措定文[6](thetic sentence)이라는 용어가 사용되고 있다. 그 중에서 有題文(定言文, categorical sentence)에 주목하자면 한일양국어에서 공통적으로 보이는 현상은 유제문(有題文)의 정보구조를 구성하는 주축이 되는 두 부분(요소)이 있다고 생각하는 점이다.

이하에서는 논의의 편의상 유제문(定言文, categorical sentence)의 정보구조를 〈topic(主題)-focus(焦点)〉[7]이라고 부르기로 하자.[8]

인간의 언어활동 목적을 정보교환에 있다고 한다면 구체적인 한 문장이 한 텍스트 안에서 적절한 문장으로 기능하기 위해서는 반드시 신정보를 포함해야 한다. 즉 정보적인 기여가 있어야 한다.

실제로 일반적인 유제문의 주제는 선행하는 문장과 연결자(connector)와 같은 기능을 하면서 그 문장의 제목을 제시하기 때문에 보통 구정보를 나타낸다.

반면 초점(focus)은 어떤 대상(주제)에 관하여 서술하는 기능을 하면서 해당 텍스트 안에서 적절히 기능하기 위해서 신정보를 나타낸다.

하지만 문제는 이 신/구정보라는 용어가 연구자에 따라서 조금씩 차이가 있다는 것이다. 편의상 대국적인 관점에서 보자면 이 신/구정보 용어가 다음과 같이 크게 두 가지 입장이 있다고 생각된다. 우선 예문을 보자.

(12) A. あなたが注文したのは和風饂飩ですか, 和風ちゃんどんですか?

---

6) 보다 정확한 용어로는 「제언문(thetic sentence)」이다.

7) 엄밀히 말하면 「topic-focus」, 「주제-초점」라는 용어도 연구자에 따라서 조금씩 차이가 있다. 하지만 여기서는 자세히 언급할 여유가 없다. 또한 丹羽(2006)에 의하면 초점의 종류에도 여러 가지가 있지만 이하에서는 우선 「주제초점」, 「술부초점」, 「전체초점」을 인정하고 논의하기로 한다.

8) 「topic-focus」이외에도 「topic-comment」, 「theme-rheme」 등의 용어도 보인다.

B. 僕は和風ちゃんどんです。

즉 하나는 언어표현에 의한 어떤 정보가 이미 선행문맥 등에서 알려진 정보인지 아닌지에 따라서 신/구정보가 정해지는 지시적(referential givenness/newness)인 개념이다. 다른 하나는 어떤 언어표현이 그 문장 안에서 정보적인 기여에 따라서 신/구정보가 정해지는 관계적(relational givenness/newness)[9]인 개념이다.

전자에 의하면 (12B)의 「和風ちゃんどん」은 이미 선행발화에서 언급된 내용이기 때문에 구정보가 된다. 반면 후자의 입장에서는 주어와 술어의 결합이 새롭게 연결되어 정보적인 기여가 있기 때문에 신정보가 된다. 다음 예문을 보자.

(13) A. ソウルとシドニーの中でどちらに行く?

B. シドニー

(14) A. 서울하고 시드니 중에서 어디에 갈래?

B. 시드니.

일본어에서나 한국어에서 대답 부분인 「シドニー(시드니)」는 문장의 초점이 된다. 따라서 한일 양국어 다 주제(topic)-초점(focus), 혹은 신/구정보라는 것은 후자 즉 관계적인 개념에 의해 정해진다고 보는 것이 자연스럽다.

---

9) 신/구정보에 관한 지시적(referential givenness/newness)개념과 관계적(relational givenness/newness)개념에 대해서는 Gundel, Jeanette and Thorstein Fretheim(2004), 전영철(2006)(2009)(2013) 등을 참조.

3.2. 전체초점화(全体焦点化)

종래 일본어학에서는 「火事!」와 같이 일어문(一語文)과 유사한 측면이 있는 「あっ!雨が降っている」와 같은 문장을 현상묘사문[10]이라고 하여 화자가 주관을 더하지 않고 현실세계 있는 그대로를 묘사한 문장이라고 정의하고 있다. 정보구조에 관한 앞의 논의도 참고하면서 이와 같은 현상에 주목한 두 개의 선행연구인 Kuroda(2005)와 전영철(2009)을 소개하기로 하자.

(15) Q: ano hito wa Toyota no dareka/hito desu ka that person who/what be Q 'who/what of Toyota is he?'

R: ano hito wa/ga Toyota no syatyoo desu that person president be 'he is the president of Toyota'

(Kuroda(2005:12))

(16) 가. 지금 철수가 뭐 해?

나. 지금 철수가 운동해요.

다. 지금 철수는 운동해요.

(전영철(2009:235), 번역은 필자)

Kuroda(2005)는 (15R)에서 「wa/ga」같이 주제라고 보고 있고 이 경우 주제 「ga」가 인정되는 조건을 망라적인 의미(the exhaustive listing reading)라고 한다.[11]

한편 Kuroda(2005)와 달리 전영철(2009)은 관계적인 개념(relational givenness)에 입각하여 기본적으로 자연스러운 문장은 〈주제-초점〉의 구조를 갖지만 (16나)와 같이 특수한 문장은 〈전체초점(全体焦点)〉을 갖는다

10) 丹羽(1988)를 참조.

11) 보다 자세히는 Kuroda(2005)를 참조.

고 한다.

즉 (16다)는 일반적인 〈주제(구정보)-초점(신정보)〉의 정보구조를 갖는데 반해 (16나)와 같은 문장에서는 〈초점(신정보)-초점(신정보)〉와 같이 문장 전체가 초점(신정보)가 된다고 하는 것이다.

Kuroda(2005)는 기본적으로 「wa」 주제표지설과 「ga」 초점표지설을 부정하는 것이 중요한 논지인 점과 「wa」 주제표지설이 어느 정도 일본어학계에서 시민권을 갖고 있다는 점, 무조사구문과 어휘적인 주제 등을 모두 종합해서 판단할 경우 조금 무리한 주장이라고 생각된다.

또한 일본어학에서는 일찍이 주로 명사술어문을 대상으로 하여 天野(1998), 丹羽(2006), 砂川(2005) 등에서 이러한 종류의 문장을 〈전체초점문(全体焦点文)〉이라고 논의하고 있고 그 내포(内包)와 외연(外延)에 조금씩 차이는 있지만 〈전체초점문〉 그 존재 자체에 관해서는 어느 정도 인정하고 있다고 보여진다.[12] 한 가지만 소개하기로 하자.

(17) 信号が赤になってるよ。気をつけて。

(18) 彼女を信頼して全てをまかせたのだが, これがとんだペテン師だった。(砂川(2005:95))

砂川(2005)에 의하면 상기 예문에서 앞의 예문이 「현상묘사문」이며, 뒤 예문이 「수사적 묘사문(修辞的描写文)」이라고 한다.[13]

이상의 논의에서 필자는 후자인〈전체초점문〉설이 보다 설득력이 있다고 보는 입장인데 한 가지 주목할 점은 이러한 종류의 문장이 「은/는(ハ)」도 「이/가(ガ)」도 가능한 문맥이라는 점이다. 즉 (16다)가 「은/는(ハ)」

12) 물론 〈전체초점문〉의 내포와 외연이 天野(1998), 丹羽(2006), 砂川(2005) 등에서 일치하는 것은 아니다.

13) 이것은 砂川(2005)의 용어로는 「기술문(記述文)」의 〈전체초점문(全体焦点文)〉이다. 그 밖에 동정문(同定文)의 예문으로는 「特におすすめなのがこれだ」 등이 있다.

에 의한 「주제(구정보)-초점(신정보)」라는 정보구조를 갖는 무표(無標, unmarked)적인 응답문인데 반해 (16나)는 「이/가(ガ)」에 의한 「전체초점화(초점(신정보)-초점(신정보))」 이라는 정보구조를 갖는 유표(有標, marked)적인 응답문으로써 제시하여 수사적(rhetorical)인 효과를 낳게 되는 것이다.

4. 반어문의 정보구조

鄭相哲(1998)과 金(2008)에서 지적하였듯이 반어문에서 사용되는 수사법을 위해 동원되는 문법적인 수단은 다양하다. 그 중에서 앞의 논의를 참고로 하면서 반어문의 정보구조에 주목하여 보다 자세히 검토하기로 한다.

4.1. 전체초점문

반어문을 정보구조적인 측면에서 보자면 화자는 반어문으로 전달하기 위해 기본적으로 해당 문장을 유제문(有題文)에서 무제문(無題文)으로 치환한다. 이 반어문의 무제문은 앞에서 논의한 〈전체초점문〉이 되는 것이다. 구체적인 반어문을 검토해 보자.

(19) 윤: 과거는 묻지 마...무조건 니가 용서 해, 그냥.
은채: ......
윤: 그때야 내가 뭘 알았냐? 니가 잠깐이라두 안 보이면 엄마 떨어진 아이처럼 불안하구, 니가 좋은 거, 맛있는 거 먹으면 내가 먹은 것보다 더 기분 좋구... <u>그게 사랑이란 걸 어떻게 알어, 내가</u>?
은채: (이상하게...감동해야 하는데....가슴이 답답해온다...)

(미안하다)

(20) 진영: 그것도 아님 만나는 사람이 누구냐니까, 왜 말을 못 해. (사이) 우리 블랙바 갈 거야. 언제? 이십분 후? 좋아. 그럼 일분도 늦지마. (하고, 끊는)

영철: (웃으며) 야, 니가 무슨 영우 와이프냐? 영우가누굴 만나든 니가 무슨 상관이야, 임마?

진영: 상관 있어. (고독)

(21) 원재: (버럭) 당신 동생은 구제 불능이야! 사업자금 보태 줬음 됐지 뭘 더 바래? 내가 무슨 당신네 집 봉인줄 알아? (가방 들고 나가며 내뱉는)사람들이 염치라는 게 좀 있어야지!

선영: (모멸감에 지그시 입술 깨물고)(AM)

상기 예문에서 화자가 말하고 싶은 것은「나는 그것이 사랑이라는 것을 몰랐다」,「너는 영우 와이프도 아니고 아무런 상관이 없다」,「나는 당신네 집 봉이 아니다」라는 내용이다. 이것들은 모두 유제문으로「topic(주제)+focus(초점)」이라는 정보구조를 갖고 있다.

그러나 화자는 청자에게 그 내용을 각각「그게 사랑이란 걸 어떻게 알어, 내가?」,「니가 무슨 영우 와이프냐? 영우가 누굴 만나든 니가 무슨 상관이야, 임마?」,「내가 무슨 당신네 집 봉인줄 알아?」라는 반어문을 사용하여 전달하고 있다.

첫 번째 예문으로 설명하면 여기서 사용된 수사법, 즉 문법적인 수단은 우선「모른다(긍정술어) → 안다(부정술어)」라는 술어극성의 치환과,「모른다(평서문) → 아냐?(의문문)」라는 문장타입의 치환을 생각할 수 있다.

하지만 또한「유제문(주제/구정보+초점/신정보) → 무제문(초점/신정보+초점/신정보)」라는 정보구조의 치환이 이루어졌다는 점도 주목하지 않으면 안 된다. 이러한 반어문의 무제문(초점+초점)은 앞에서 논의한 전체초점문이라고 생각된다. 이 반어문이 후항초점문(後項焦点文)이 아니라는

것은 일본어역을 한 다음 예문을 보면 명백하다.[14)]

(19-1)「#それが愛だということをどうして分かるの, 俺が?」

(20-1)「#お前がヨンウのワイプであるだけ?」

(21-1)「#俺があなたの実家のカモではない」

먼저 만약 (19-1)가 후항초점문이라면 문장의 초점부분에 강세를 동반한 발화가 가능해야 하는 데 그러면 부자연스러운 문장이 된다. 다음으로 후항초점문의 경우는「だけ」에 의한 한정이 가능하지만 (20-1)은 부자연스럽다. 또한 (21-1)와 같이 부정문으로 해도 용인성이 떨어지는 문장이 된다.[15)]

이상의 논의에서 보면 화자는 반어문의 수사법을 이용하여 청자의 주의를 끌기위해 유제문에서 무제문으로 즉 전체초점문(초점(신정보)+초점(신정보))로 정보구조를 바꾸어 그 내용을 전달하는 것이다.

하지만 이와 같은 정보구조의 치환은 많은 반어문에서 나타나는 현상이지만 이러한 정보구조의 치환이 일어나지 않는 무표(無標)의 반어문도 있다. 다음 예문을 보자.

(22)「こいつの態度をみろ!反省の色がまったくない。こいつはこれでも人間か!」止めに入っている陽生を押しのけて足蹴にしようとする父を冷ややかに見つめながら,

「あんたの血がながれてますからね」といった。

(金(2014), 下線は筆者)

14) 이 테스트는 砂川(2005)에서 사용된 것이다. 보통의 후항초점문은 이 세 가지 테스트를 전부 만족한다고 한다.

15) 이 테스트는 반어문이 후항초점문이 아니라는 것을 증명하는 것이다. 따라서 이것은 반어문이 전체초점문이라는 소극적인 증거일 뿐이다.

(23) 一七のとき, 三千万円の借金を山崎唯志に払ってもらった。それで救われたのは確かだったが, もともと意思の弱いところのある父は, いざなればたすけてくれる, とあてにするようになってしまったのだ。「ーお父さん」早紀は立ち上って言った。

「もう二度と唯志さんにちかづかないで」

「早紀。それでもお前は俺の娘か!」強がるほど, 永峰の怒鳴り声は務空々しく響いた。(金(2014), 下線は筆者)

(24) 최부장: 그럼 뭐야? 살인 청부야? 킬러? 야, 조, 뭐야? 얘들 언제부터 물기 시작한 거야?

조검사: 몇 일 안됐습니다. 아직 보고 드릴 단계가 아니라서.....

최부장: 너 스타 되고 싶어서 그래? 다른 사람들은 다 호구니?

조검사: 죄송합니다.(킬러)

상기 예문은 모두 반어문이라고 생각된다. 하지만 조사 「ハ」에서 알 수 있듯이 유제문(有題文)의 구조를 갖고 있다. 하지만 다음과 같이 유표(有標)의 「カヨ」반어문에서 「ガ」를 「ハ」로 치환하면 부자연스러운 문장이 된다.

(25) 「……貴方, パパさんに云い繕っておいてよ。とみイという子は, ときどきわるい口をきくけど, 根は上品で, 優しさにあふれているんだって……。」

「可笑しくって, そんなことが/*ハ云えるかよ。ほんとにオヤジは怒ってやしないよ」

(26) ルリ子は目を輝かせて, 「私, 美香さんみたいな女性になりたいわ」

圭介は, 内心, 冗談じゃないよ, と呟いた。

これ以上, 世の中に詐欺師が/*ハふえてたまるもんか!

이상의 논의에서 전형적인 반어문에서는 정보구조의 치환이 의무적이지만 비전형적인 반어문에서는 임의(任意)적 이라고 할 수 있다.[16]

또한 다음 예문은 한국어 반어문에서 보여지는 흥미로운 현상이다.[17]

(27) 신형사 : 김형사, 이 동네 공장에 다닌 적 있다 그랬지?
영호 : 예, 군대 가기 전에... 한 4,5년 전에요...
신형사 : 그럼 노조 문제는 좀 알겠네? 이번에는 김형사가 해보지
영호 : 전 한 번도 안 해봤는데...
강형사 : (어깨를 치며) 야, 누구는 첨부터 아냐? 하면서 배우는 거지 (요조숙녀)

(28) 대우 : 아니, 나는...하 참...너무 어이가 없어 웃음 이 나오네... 취미가 살인이세요?
미나 : (항변하듯 큰 소리) 누군 사람 죽이고 기분 좋 은 줄아세

---

16) 비슷한 현상이 텐스(시제) 치환에서도 일어난다. 즉 鄭(1998)의 용어로 말하자면 앞의 두 예문은 유표(有標)의 반어문에서는 비과거형인 「スル」형식으로의 치환이 의무적이다. 반면 마지막 예문과 같이 무표(無標)의 반어문에서는 임의적(任意的)이다.
- 「野田秋子の両親から警察へ捜索願が出て」
「でも駆け落ちにしちゃずいぶん急ですねえ」
「誰が二人ともと#言ったもんですか?」
「え?」
「野田秋子の方だけだ!」
- 「何言ってんの。結婚できたら私に女王のような暮らしをさせるって言ったくせに」
高木が唖然として,「おい!俺がいつそんなことを#言ったもんか!」と抗議した。
- 「野田秋子の両親から警察へ捜索願が出て」
「でも駆け落ちにしちゃずいぶん急ですねえ」
「誰が二人ともと言った?」
「え?」
「野田秋子の方だけだ!」

17) 반어문이라는 용어는 사용하지 않았지만 이미 채완(1977)에서 다음과 같이 흥미로운 예문을 지적하고 있다. 일본어에서는 「疑問詞+ハ」라는 조합이 부자연스럽다.
(160)누구는 도둑질이 하고 싶겠느냐?
(161)그가 무엇은 못 할까?
(162)고향을 떠난들 어디는 별 수 있을까?
(163)언제는 네가 얌전했니? (이상은 채완(1977:27))

요? 나도 괴로워 미치겠어요. (金(2014), 밑줄은 필자)

상기 반어문을 일본어로 하면 「誰が最初から分かるものか?」, 「誰が人を殺して良い気分になれるもんですか?」가 된다. 하지만 한국어에서는 「누구」에 「는」이 접속되어 〈누구는(誰もが)〉이라는 강조의 의미를 띄게 된다. 이 경우 정보구조의 치환이 이루어지지 않고 있다. 이것은 「누구(誰)」를 강조하는 효과가 있고 문장의 초점에 상응하는 기능을 하게 된다. 즉 전체초점화에 상응하는 반어문이 되는 것이다.

4.2. 「ハ」와 「은/는」의 출현

지금까지 논의해 온 반어문에서의 정보구조의 치환과 문장 중에서의 「ハ」와 「은/는」의 출현은 같은 레벨의 현상이 아니라고 생각된다. 이하에서는 앞에서 살펴 본 반어문에 나타나는 「ハ」와 「은/는」과는 조금 다른 「ハ」과 「은/는」의 예문을 보자.

(29) 수완 : 날라리 날라리 내 수많은 날라리들을 봤지만, 너 같은 쌩 날라리는 첨이다. 학교는 왜 다녀? 돈이 튀니? 그렇게 살고 싶어? 내 아무리 돈받고 하는 과외선생이지만 이러면 안 되지. 최소한의 예의라는 게 있는 거야. 인간이 안됐는 데 공부는 해서 뭐해? 이딴 게 다 무슨 소용이야? (동갑내기)

(30) 셋째 : 그래, 제대 소감이 어떠셔?
막동이 : 답답하지 뭐. 할 일도 없고… 형님은 어때?
셋째 : 나야 뭐 먹구 살기 바쁘지 뭐.
막동이 : 동네가 너무 많이 변했어. 신도시 들어서면서 팍 찌그러져 가지고...
셋째 : 전에는 뭐 별 거 있었나? (초록)

(31)「だまれ!そんな下品なテレビ屋を連れて来たおまえたちも同罪だ! 2階は貸すもんか!」
「そんな!」(鄭(1998))

상기 예문에서 밑줄 친 반어문을 보면 각각의 문장에서 논리관계가 「너 같은 사람은 학교에 다닐 필요가 없다.」, 「인간이 안됐기 때문에 공부를 해도 쓸모가 없다.」, 「전에도 뭐 별 거 없었다.」, 「2階を貸さない」인 것을 알 수 있다. 이것을 반어문에서 「ハ」와 「은/는」으로 표현하면 정보구조의 치환과는 관계없이 그 부분을 부각시키는 기능을 하는 「특수조사(トリタテ表現)」라고 생각된다.

다음 예문에서의 「는」도 마찬가지이다.

(32) 누군가 짝짝짝.. 박수를 친다. 보면, 어느새 지훈의 아버지가 따라와서는 보고 있었다.
지훈부 : (미소로) 시키..괜찮냐?
지훈 : 괜찮아.
지훈부 : 인자 내가 안 도와줘도 되겄다?
지훈 : 언제는 도와줬나 뭐.. 늘 내 혼자였지..
지훈부 : (물끄러미 본다) 그랬나?
지훈 : 늘 이래..아빠는 아는 게 없다구.. (동갑내기)

또한 한국어에서는 반어문이 관용화되어 그 안에서 나타나는 「는」도 있다. 예문을 보자.

(33) 판돌: 와? 니도 한번 타볼래?
(고개를 절레절레 저으며 그네를 배배 꼬는 시은.)
판돌: 싫긴 뭐가 싫으노... 이리 와봐라...(각설탕)

(34) 불량배1 : 이럴 거 없잖아, 같이 놀자는데

막동이 : 왜 그래요?

불량배1 : 뭘?

막동이: 왜 가만 있는 사람을 괴롭혀요?

불량배2 : 야, 이 …… 시발 니가 뭔데 나서?

불량배3 : 괴롭히기는 뭘 괴롭혀? 그냥 이야기하고 있는데.

(초록)

(35) 쭉빵1 : 모르면 말고..

창희 : 야, 진짜 쪽팔린다..짱이 과외가 뭐냐?

혁재 : 공부 잘하는 짱도 멋있지 않냐?

창희 : 새꺄 짱은 그저 쌈 잘하고 돈 잘 쓰면 돼. 공부는 지랄한다고 공부냐? 해봤자 지 좋은 거지 그게 우리 좋은 거냐?

(동갑내기)

(36) 황노인 : 워낙 노산이라 힘들 것 같어?

익두: 그럼 수술을 해야 되나요?

황노인 : 양수도 다 쏟구... 늦은 것 같은데...

시은 : 늦긴 뭐가 늦어요!

판돌 : 그라믄 죽는단 얘깁니꺼! 박사님 어떻게 좀살려보소 마!

(각설탕)

(37) 시은 : 경기 중에 파랑새가 이상했습니다. 그대로 달렸으면 위험했습니다.

김조교사 : 위험하긴 뭐가 위험해! 말에서 떨어지는 게 그렇게 무서워!

시은 : 제가 아니라 말이 위험했다구요! (각설탕)

이상의 예문에서 나타나는 한국어의 반어문은 제일 많이 보이는 구문이다.[18] 물론 여기에서는 구문이라는 문법적인 조건이 우선시되어 정보구조의 치환은 보이지 않고 또한 일반적인 정보구조와는 다른 이유로 「는」이 사용되고 있다고 생각된다.

4.3. 「야」구문

다음은 한국어에서만 보이는 「야[19]」구문이다. 먼저 예문을 보자.

(38) 희정 : 야, 증말.. 이런 상황에서 밥이 넘어가냐?
수완 : (밥물고) 넘어가지. 넘어가야지. 그 놈이랑 상대 할라면 속이라도 든든해야지.
희정 : 그래, 네가 첨부터 그렇게 접어주고 들어가는 게 아니었어. 이제라도 정면돌파, 정면승부, 하는 거야. 사실 너야 아쉬울 게 뭐 있냐? 아쉬운 건 그쪽이지. 돈만 많으면 뭐 하냐구. 그 나이에 아직 그러고 있으면 걔 잘 해 봐야 카페 주인 밖에 더 되겠냐구.(동갑내기)

(39) 시은 : 민자야 넌 말을 왜 탔어?
민자 : (발톱에 매니큐어를 칠하며) 나야 뭐 깡촌에서할 꺼 있냐? 농사짓긴 싫구, 돈은 벌어야겠구... 이 키에 이 얼굴에...에이 기집애...갑자기 청승은.. (각설탕)

(40) (동진) : 별일이야 있겠어. 병문안인데....벌건 대낮에... 안 그래? 이동진. 너 요새 야동 너무봤어. 남녀가 만나서 할 수 있는 건전한 일이얼마나 많아.
재범 : 자 떡볶이 왔습니다.(연애시대)

---

18) 한국어 반어문의 구문적인 패턴에 대해서는 한길(2005)을 참조.

19) 「야」는「야말로」와는 문법적인 기능이 다르기 때문에 별개의 형식이다. 또한 한국어학에서 이 「야」에 관한 연구는 그다지 많지 않은 것 같다.

상기 예문에서 화자가 말하고 싶은 것은 「사실 너는 부족한 것이 아무것도 없다」, 「나는 시골에서 할 것이 없다」, 「별일은 없을 것이다」라는 것이다. 만약 이것을 일본어로 보통의 반어문과 같이 정보구조를 바꾸면 다음과 같이 된다.

(41) 「事実あなたガ/*ハ足りないものが何があるか!」
「私が田舎でやることガ/*ハあるか!」
「たいしたことガ/*ハあるだろうか!」

위의 예문에서 예상대로 「ハ」는 부자연스럽고 「ガ」가 자연스럽게 용인된다.

하지만 상기 예문에서 일종의 특수조사(トリタテ表現)인 「야」를 사용하고 있다. 이 「야」는 구정보인 주제부분을 새롭게 부각시키는 역할을 하게 되어 초점(신정보)에 상당하는 유사한 기능을 한다. 따라서 원래 신정보인 술어의 초점과, 주제부인 「야」가 결합되어 만들어진 이 구문은 결과적으로는 전체초점문과 유사한 기능을 하게 되는 것이다.

또한 다음 예문은 주제부분 이외의 부분에서 「야」가 사용된 예문이다.

(42) 춘희 : 안 가?
철수 : (여전히 텔레비전에 시선을 두고) 여자들 말야, 끝났다, 헤어지자 이런 말 진짜로 하는 거니?
춘희 : 본심이 아닐 때도 있지.
철수 : (반갑게 춘희 쪽을 보며) 그렇지?
춘희 : 그래도 결혼까지 한다는데 설마 거짓말이야 했겠어? 게다가 상대도 아는 사람이라며? 금방 확인할 수도...
(미술관)

이것은「거짓말을 안 했을 것이다」라는 문장에서 주제이외의「거짓말(을)」이라는 요소를「야」로 부각시키고 있는 예문이다.[20]

5. 나오기

이상 한일어 대조적인 관점에서 반어문의 정보구조에 관하여 고찰해 왔는데 중요한 논점을 정리하면 다음과 같다.

먼저 전형적인 반어문에서는 有題文에서 無題文으로 정보구조의 변환이 일어나 문장 전체를 초점화하는〈전체초점화〉현상이 보인다. 하지만 비전형적인 반어문에서는 의문문적인 성격도 남아 있기 때문에〈전체초점화〉가 의무적이지 않다.

다음으로 한국어 반어문에는「떨긴 누가 떨어」,「춥긴 뭐가 추워」등 동어반복의 반어문이 있다. 이 경우에는 구문적인 조건이 우선시되기 때문에〈전체초점화〉가 일어나지 않는다.

마지막으로 한국어 반어문에서〈전체초점화〉가 일어나지 않는 경우는 특수조사「야」가 사용되는 예문이다. 이 구문의 경우「야」의 앞부분 즉 주제부를 부각시키는 기능을 하기 때문에 결과적으로는〈전체초점화〉된 반어문과 유사한 효과, 기능을 하게 된다.

20) 특수조사(とりたて表現)인「야」의 의미와 기능에 대하서는 흥미로운 문제이지만 아직 상세히 논의할 준비가 되어 있지 않다.

제3장 메아리 질문문

1. 들어가기

1.1. 목적

최근 일본어 의문문에 관한 연구가 활발히 이루어지고 있는데 이것은 주로 전형적인 의문문에 관한 연구이다. 의문문에 대한 보다 심도 있는 이해를 하기 위해서는 주변적인 의문문에 관해서도 주목할 필요가 있다.

이하에서는 이러한 문제의식 하에 일본어 의문문의 일종인 메아리 질문문에 주목하여 전형적인 의문문과 대조하면서 메아리 질문문의 문법적인 특징을 고찰하고자 한다.

1.2. 메아리 질문문의 하위타입

仁田(1991)에서는 선행발화를 전제로 하여 불확실한 부분이 존재하여 아래 (1)과 같이 선행발화의 일부분(혹은 전체)을 되묻는 의문문을 〈問い返し(메아리)〉이라고 하고 (2)와 같이 선행발화가 출현하는 상황자체가 이해되지 않는 의문문을 〈聞き返し(되묻기)〉라고 하고 있다.[1]

(1)「わかりました。その日は北海道に出張しています」
「え, 北海道に?」
「札幌に双葉商会といって私の方の大口の取引先があるのです。」
(点と線)

---

1) 하지만 岡崎(1993) 등에서는 일본어교육의 관점에서 상기 두 종류의 예문을 모두 메아리 질문문이라고 부르고 있다.

(2)「係長が毎晩なにやってるか, 矢吹さん, ごぞんじですか?」

「あの, ヤケ酒を……」

「違うんですよ」

「えっ?」

「もっとけなげで, もっとかわいそう……」(101)

이하에서는 仁田(1991)를 따라 (1)과 같은 의문문을 〈메아리 질문문(問い返し疑問文)〉으로 가칭하고 주된 고찰대상으로 한다.[2)]

2. 선행연구와 문제점

2.1. 南不二男(1975)

南(1975)는 메아리 질문문만을 직접적인 대상으로 논의한 고찰은 아니지만 질문문을 고찰하면서 메아리 질문문을 다음과 같이 3개의 하위타입이 있다고 지적했다.

A. 직접적인 메아리질문문(直接問い返し文)

(3) (ボールは見つかりませんでした)

「ボールは見つかりませんでした?↗(モットヨクサガセ)」

B. 간접적인 메아리질문문(間接問い返し文)

(4) (ボールは見つかりませんでした)

「ボールは見つからなかった?↗」

2) 기본적으로 예문(2)도 메아리 질문문의 연장선상에 있다고 생각되지만 구체적인 논의는 다음 기회로 미루기로 한다.

C. **부분적인 메아리질문문(部分的問い返し文)**

(5) (…を忘れました。…が聞き取れなかった部分)

「ナニを忘れました(って)?↗」(밑줄은 필자, 南(1985))

南(1975)는 직접과 간접 메아리 질문문의 차이를 대자경어(対者敬語) 분화의 유무에 있다고 하는 데 이것은 주로 연구자의 직관에 의존한 지적이기 때문에 보다 과학적인 근거를 찾아볼 필요가 있다. 상세한 논의는 본론으로 미루고 간접적인 메아리 질문문에 대해서만 간단히 개략적인 검토을 해 보기로 하자.

상기 예문(4)를 南(1975)는 간접적인 메아리 질문문으로 분류하고 있는데 일반적으로 간접적인 메아리 질문문이라면 安達(1989)의 명제레벨에 해당되어 다음 예문(4-1)과 같이 선행발화의 「ハ」가 「ガ」로 치환이 가능해야 한다.

(4-1) (ボールは見つかりませんでした)

「ボールガ見つからなかった?↗」

따라서 메아리 질문문의 하위분류에 대해서는 보다 면밀한 검토가 필요하다.

2.2. 安達(1989)

安達(1989)는 최초로 메아리 질문문을 대상으로 하여 정면에서 논의한 것으로 흥미로운 지적이 많아서 주목할 필요가 있다. 본 논의와 관련되는 직시(deictic)형식과 주제제약에 대하여 다음과 같은 지적을 하고 있다.

A.직시(deictic)형식

(6) 話者A「お前, この仕事, 手伝ってくれる?」

話者B「{お前? ／*わたし?} そんな言い方はないだろう」

(7) 女「あなたはズルイわ」

男「ぼくが? ／*あなたが?」

먼저 예문(6)에서는 선행발화의 직시표현형식인「お前」가 메아리 질문문에서도 치환을 하지 않은「お前」가 자연스럽다. 반면 예문 (7)에서는 선행발화의「あなたは」가 메아리 질문문에서는「ぼくが」로 치환되는 편이 자연스럽다고 지적하고 있다.

B.주제제약

(8) 話者A「お前は怠け者だな」

話者B「{お前は? ／*お前が?} 気安い言い方, 止めてくれよ」

(9) 話者A「太郎はもう行っちゃったよ」

話者B「{?? 太郎は? ／太郎が?} 本当かい」(이상, 安達(1989))

다음으로 주제제약에 관해서도 예문(8)에서는 주제표지형식인「ハ」가 그대로 사용되는 편이 자연스럽다. 반면 예문(9)에서는 선행발화의「ハ」가 메아리 질문문에서는「ガ」로 치환되는 것이 자연스러워 주제제약이 존재한다고 지적하고 있다.

이러한 언어현상에 대하여 安達(1989)는 메아리 질문문에는 성질을 달리 하는〈표현레벨〉과〈내용레벨〉의 메아리 질문문이 있다고 주장한다. 전자는 직시(deictic)형식의 변환도 일어나지 않고 주제제약도 없는데 반하여 후자의 경우에는 직시형식의 변환이 의무적이며 주제제약도 존재한다고 한다.

필자도 이러한 언어현상과 설명에 대하여 安達(1989)의 고찰은 적절하고 타당한 것으로 생각된다. 따라서 이하에서는 安達(1989)의 주장을 비판적으로 계승해 가기로 한다.

2.3. 문제점

다음 예문들은 安達(1989)의 분류로 말하면 모두 〈내용레벨〉의 메아리 질문문으로 분류되는 것인데 선행발화와 메아리 질문문과의 관계라는 관점에서 보면 상당히 이질적이라고 보여 진다. 구체적인 예문을 보기로 하자.

(10)「五十嵐さんが, 野村美矢子さんを, 恨んでいるということは, ありませんか?」
と, 広沢に, 訊いた。
「恨む? そんなことは, ないと, 思いますよ。」(謀殺)

(11)「待てよ。電話を切って損をするのはあんただぜ。忘れたんならおもいだしてやる。おれはあんたが殺した男だよ」
「おれが殺したって」(異端者)

(12)「われわれは, あなたを心配して, こうして, 話をしているんですよ。それとも, マネージャー殺しで, あなたを逮捕しますかね」
「私が, 犯人? 冗談じゃないわ」
「だが, あなたは, 里見マネージャーが殺された翌日, あわただしく, 誰にも行先を告げずに, 東京から, 逃げ出している」(謀殺)

즉 예문(10)은「恨んでいる」라는 선행발화를「恨む?」로 치환하여 단어레벨에서의 개념을 문제시하고 있다. 다음 (11)은 전형적인 메아리 질문문으로 선행발화의「あんた」에서「おれ」로 직시형식(인칭대명사)의 치환이 이루어 진 것이다. 또한 (12)는 선행발화와 메아리 질문문과 유사하지

만 선행발화의 일부분이나 전체를 원래표현 그대로 질문하는 것이 아니라 화자의 추론에 의해 선행발화를 재구성하여 되묻고 있는 것이다.

따라서 동일한 〈내용레벨〉의 메아리 질문문이라고 해도 적어도 세 가지 하위타입이 있는 것 같다. 또한 다음 예문들은 어디에 속하는 것일까.

(13)「しかし, こういう曲って, 眠くなりますね。誰なんスか?」
「ドヴォルザークだ」
「ドブ?」
「いい, いい, お前は知らんでもいい」(101)

예문(13)에서는 선행발화에서 언급된 어떤 단어를 인식하기 위해 즉 현실세계의 자극을 언어정보(아날로그 신호를 디지털 신호로)로 변환하는 과정에서 화자에게 인식상의 문제가 일어나 음성적인 레벨에서 그 확인을 하고 있는 것이다. 따라서 표현레벨에도 내용레벨에도 분류하기 어려울 것으로 보이는 예문이다.

이하에서는 우선 표현과 내용레벨이라는 安達(1989)의 분류를 계승하면서 위에서 언급한 문제를 해결하기 위해 내용레벨을 〈개념레벨〉〈간접인용레벨〉〈재구성(再構成)레벨〉이라는 3개의 하위타입으로 나누어 논의를 진행해 가기로 한다. 이하 3.에서는 표현레벨의 메아리 질문문을, 4.에서는 내용레벨의 메아리 질문문에 대하여 고찰하기로 한다.

3. 표현레벨의 메아리 질문문

표현레벨의 메아리 질문문은 상대방의 선행발화 전체 혹은 일부분을 그대로 반복하는 것이므로 문법적인 제약에서 거의 자유로울 것으로 예상된다. 이하에서는 되는데 鄭(1994)(2004b)을 따라 판단과 전달 그리고 발화 모달리티로 나누어 검토해 보기로 한다.[3)]

3.1. 간접인식

간접인식에 관여하는 판단 모달리티(epistemic modality)란 「ダロウ, ヨウダ, シソウダ, カモシレナイ, ニチガイナイ」 등 인식판단에 관여하는 형식이 여기에 해당한다. 우선 구체적인 예문을 보자.

(14) 「なぜ, 追われている?」
「あたし, なにか知っているらしいの」
「らしい?」
「よくわからないんです。ただ, 知っているだろうと言われて, それで追い回されて, 結局東京へ逃げてくることになっちゃった」 (黒い)

위 예문에서 대상적인 내용의 일부인 「あたし, なにか知っている」를 화자가 어떻게 파악했는가를 표현하는 「ラシイ」에 대한 메아리 질문문이다. 이러한 대상적인 내용의 인식에 관한 메아리 질문문에는 특별한 제한이 없는 것 같다. 다음 예문을 보자.

(14-1) 「なぜ, 追われている?」

3) 모달리티 분류에 대한 것은 鄭(1994)(2004a) 등을 참조. 또한 담화 모달리티는 다소 생소한 용어이기도 해서 「ノダ」「ワケダ」등을 설명 모달리티로 부르기도 한다.

「あたし, なにか知っているダロウ/ヨウダ/シソウダ/カモシレナイ/ニチガイナイ」
「<u>ダロウ/ヨウダ/シソウダ/カモシレナイ/ニチガイナイ</u>?」

또한 安達(1989)에서 지적되었듯이 표현레벨의 메아리 질문문은 주제 제약으로부터도 해방되지만 다음 예문은 「ハ」이외의 주제표현이 메아리 질문문에서 사용된 것이다.[4)]

(15) 「(中略) 他に何か気が付いたこととかー」
「あります。<u>いくらでも</u>」
「<u>いくらでも</u>」(七番目)

(16) 「<u>何も</u>起らなきゃいいけど」と亜由美が言った。
「え?」聡子が不思議そうに,
「<u>何も, って</u>?」
「うん。このショーに, 例の二人も来るのよ」
「例の二人?」
「そう。前川伸之と, 広田佐千子。」(七番目)

3.2. 문장유형

다음으로 소위 문장유형(sentence type)이라고 불리는 전달표현에 대해서는 다음 예문에서 알 수 있듯이 메아리 질문문의 대상이 되는 데에는 아무런 문제가 없는 것 같다.

---

4) 「ハ」, 「ダッテ」, 「モ」 등 주제를 표현하는 형식도 화자의 주체적인 태도를 표현한다는 점에서는 맥을 같이한다고 볼 수 있다. 이하 논의의 편의상 같이 논의하기로 한다.

(17)「兄貴, 元気出せよ」

もてる男には珍しく, 純平はもてない男にも優しい。そして, これも珍しいのだが, かなりのアニメ・オタクでもある。

「元気出せ? おまえに言われるすじあいなんかないぞ」(101)

(18)「そうしている中に, やっと, 思い出したんですよ。そうだ! 女優の野村美矢子ににているんだと, わかったんですよ。どうですか?」

「どうですかって?」

「本当は, 野村美矢子さんなんでしょう?」(謀殺)

예문(17)은 명령문이고 (18)은 질문문이 메아리 질문문의 대상이 된 것이다. 모든 문장유형의 예문을 제시하는 것은 생략하지만 여기에 준해서 생각해도 될 것 같다.

3.3. 종조사, 대우표현, 텍스트 결속표현

이어서 다음은 발화 모달리티인데 편의상 여기서는 크게 〈종조사〉〈대우표현〉〈텍스트 결속표현〉으로 크게 나누어 메아리 질문문의 초점 여부에 대하여 검토하기로 한다.

3.3.1. 종조사

우선 종조사 등의 이차적인 전달표현에서는 문장유형에서와는 달리 메아리 질문문의 성립에 상당한 제약이 있는 것 같다. 다음 예문을 보자.

(19)「兄貴, 元気出せよ」

「# ヨって? 」

(20)「どうした。うまくいったか」相手の声は沈んでいた。

「先生, 手遅れだったわ」

「# わって?」

「私が帰った時, 警察全員の水着を持って行ってしまった後でした」

(奇跡)

상기 예문에서 알 수 있듯이「ヨ, ワ, ゾ, ゼ」등의 종조사로 표현되는 주체적인 태도를 초점으로 하는 메아리 질문문은 부자연스럽다. 하지만 다음「ネ」의 경우는 사정이 보다 복잡한 것 같다.

(21)「今日は暑いですね」

「何, # ねって?」

(22) (店員が計算台でお客に)「全部で千円ですね」

「何, # ねって?」

우선 동의요구(同意要求)와 자기확인(自己確認) 용법의「ネ」인 (21)과 (22)에서는 다른 종조사와 같이 메아리 질문문에서의 사용이 부자연스럽다.[5] 하지만 다음 확인요구의「ネ」와「ヨネ」에서는 메아리 질문문이 가능한 것 같다.

(23)「あなたが金さんですね?」

「何, ですねって」

(24)「今度の東京の学会に行くよね」

「何, ヨネって」

이상 이차적인 전달태도를 나타내는 일부의 종조사를 제외하면 대부

5) 「ネ」의 하위타입에 관해서는 鄭相哲(2004a)를 참조.

분의 종조사들은 메아리 질문문에서 초점이 되기가 어렵다는 점을 확인하였다.

3.3.2. 대우표현

또 대우적인 태도를 나타내는 것도 다음과 같이 메아리 질문문의 초점이 될 수 있다.

(25)「あなたが金さんですね?」
「そうだ」
「何, そうだって?」

상기 예문에서「ダ」라는 보통체 표현이 메아리 질문문의 초점이 된 경우이지만 정중체에서도 동일한 결과가 예상된다.

3.3.3. 텍스트 결속표현

담화 정보적인 태도를 나타내는 것에는 접속사의 종류와 텍스트 결속정보를 나타내는 소위 설명 모달리티 형식이 있다. 예문을 보자.

(26)「こんなときは, 素直に考えるんだ。いいかい, 浴室の前に駆け付ける。ドアの鍵は内側から掛けられている。だから—」
「だから?」
「犯人はそのとき, まだ浴室の中にいたのさ」(奇跡)

(27)「昨日はどうして来なかったの?」
「実は風邪をひいたんです」
「何, #風邪をひいたんですって?」

예문(26)과 같이 접속사의 종류는 메아리 질문문의 초점이 될 수 있는데 반해 (27)과 같이 텍스트 결속성에 관한 정보를 나타내는 「ノダ」는 메아리 질문문의 초점으로는 부자연스럽다. 또한 지면상 구체적인 예문을 생략하지만 「ワケダ」, 「ハズダ」 등의 형식도 여기에 준해서 생각할 수 있다고 보여진다.[6)]

4. 명제레벨의 메아리 질문문

이미 언급한 바와 같이 명제레벨의 메아리 질문문은 편의상 〈개념레벨〉, 〈간접인용-레벨〉, 〈재구성레벨〉이라고 하는 세 가지 하위타입으로 나누어 검토하기로 한다.

4.1. 개념레벨

이 레벨에서는 주로 단어의 개념을 문제로 하기 때문에 대표적인 것으로는 WH(설명)의문문이 예상되지만 이하의 예문과 같이 YES-NO(판정)의문문도 선행문이 될 수 있다. 이 메아리 질문문의 특징으로서는 텐스와 같은 문법범주가 미분화된 상태로 단지 단어의 개념이 메아리 질문문의 초점이 된다.

(28) 「それでですね, 係長, 藤井さんって, バツイチらしいっスよ」
「バツイチ?」
「離婚経験者ってことですよ」(101)

(29) 「どういうことなの? あんた誰?」

6) 寺村(1984)에서는 설명의 무드에 넣지 않았던 형식인데 奥田(1990)(1992)(2001) 등에 따라서 「ハズダ」도 여기에 속하는 형식이라고 해도 좋을 것 같다.

「愛町者だ」

「アイチョウシャ?」

「町を心から愛してるんだ。そのためなら命も惜しかねえ!」(結婚)

(30)「私たちジョイントを吸うと思うけどあなたも吸うのよ, 何でもないから」と小声でささやいた。

「ジョイント? 何のこと?」

「ジョイントよ。マリファナのことよ。」(若い)

(31)「そうか, 星野さん, ちゃんと連絡しないでいたんだ」

「え? なに, ちゃんと, って」

「あ, いや, こっちのこと」(101)

(32)「足を縛られて動けないあいつを殴ったのか?」

「え?」とぼくの怒りをはねかえすために, 頬をこわばらせ口をとがらせて闘いの姿勢をとり兎口はいった。

「殴る?」(死者)

(33)「実は, あなたに謝らなければならないことがあるんです」

「謝る?」「ボクは部長なんかじゃないんです。」(101)

예문 (28)(29)(30)은 명사, (31)은 부사, (32)(33)은 동사의 어휘적 의미 즉 개념을 초점으로 한 메아리 질문문이다. 명사나 부사의 예문에서는 알기 어렵지만 마지막 동사의 예문에서는 선행발화「殴った」,「謝らなければならない」가 메아리 질문문에서는 각각 동사의 기본형인「殴る」,「謝る」로 변환되어 있다. 이것은 구체적인 콘텍스트에서 벗어나 동사의 개념만이 문제가 되고 있다. 하지만 다음 예문을 보자.

(34)「でも一お手伝いの人, いたじゃない」

「うん。何だか, 急にやめちゃってね」

「やめた?」

「今の若い人は, 分からないって, お袋が怒ってたよ」(七番目)

(35)「それ, どういうこと」

「あいつを殺してなんかいなかったんだんよ」

「殺していない?」

「そうさ。生き還ったんだ。」(異端者)

이 예문들도 일단 개념레벨에 속하는 것이지만「シタ」형과「シテイル」형식이 분화된 예문들이다. 전자의 경우는「ヤメル」로 치환하여도 문제가 없다고 보여지는데 후자의 경우「殺サナイ」는 조금 부자연스럽다고 생각된다.[7)]

(36)「安田に取られた」

「取られた?」永松は真赤になった。

「馬鹿野郎, 何故取られたんだ。あんなにいっといたのに」(伸)

(37)「それでは, 特に, あなたのことを恨んでるタレントとか, テレビ局の人間とか, 心当りのある人間を, 残らず, 書き出してくれませんか」と, 十津川は, いった。

「残らず?」

「そうです。犯人は, 何処にいるか知りませんからね」(謀殺)

상기 예문의 밑줄 부분을「取ッタ」나「残ル」로 바꾸어 보면 상당히 부자연스러워 진다. 따라서 술어극성이나 태(voice) 애스펙트(aspect) 등의 범주는 개념레벨에서도 치환이 불가능 한 것으로 생각된다.

또한 앞에서 언급했던 (13)의 예문도 일단 여기에 속하는 것으로 생각

7) 애스펙트의 경우는 조금 사정이 복잡한 것 같다. 그 이유는 명확하지 않지만 이미 언급한 예문(10)에서는 선행발화「恨んでいる」가 메아리 질문문「恨む?」와 같이 완성상 형식으로 치환가능하다.

할 수 있다.

(13)「しかし, こういう曲って, 眠くなりますね。誰なんスか?」
「ドヴォルザークだ」
「ドブ?」
「いい, いい, お前は知らんでもいい」(101)

이 예문을 여기에 분류하는 이유는 단어의 개념을 파악하기 위해 일단 화자 개인의 언어사전(mental lexicon)에 조회가 이루어졌지만 화자의 언어사전에는 등록이 되어있지 않았기 때문에 판독이 불가능하여 음성레벨에서 되물어 확인을 하고 있는 것으로 생각되기 때문이다.[8)]

4.2. 간접인용레벨

여기에 속하는 예문들은 소위 간접인용레벨이라고 하는 것들로 전형적인 메아리 질문문이다. 이 타입에서는 다음과 같은 문법적인 치환이 이루어 졌다고 보여 진다.

4.2.1. 대우법의 치환

이것은 이미 南(1975)에서 지적했듯이 대우법(대자경어)의 치환이 이루어진 예문이다.

(38)「それなら思い出しました。そうですか, あの晩のことですか。それなら, みましたよ」

8) 개념레벨에 속하는 것에는 음성이나 의미적인 문제, 문맥적인 문제 등 여러 가지 타입이 있다.

「え。見た?」重太郎は目を輝かした。(点と線)

위 예문에서도 알 수 있듯이 간접인용레벨에서 대자경어의 치환이 이루어진다는 南(1975)의 지적이 적절한 것 같다. 하지만 소재(素材)경어의 경우는 어떠한가. 구체적인 예문을 보기로 하자.

(39) 「おかあさまだってそうよ」菊も微笑した。
「おかあさまが……?」
この母はいつもやさしいと, 信夫は思って来た。(塩狩)

(40) 「先生がそうおっしゃったじゃないですか」
「俺が言ったって?」[9]

예문(39)의 경우는 소재경어의 변환이 일어나지 않은 예문이고 반면 예문(40)은 변환이 일어난 예이다. 따라서 소재경어의 경우는 변환이 의무적이라고 할 수 없다. 이것은 메아리 질문문에서 화자의 시점과 밀접한 관계가 있고 또한 지시사의 변환과도 같은 현상이라고 보여진다. 보다 자세한 논의는 후술(後述)하기로 한다.

4.2.2. 조사의 치환

간접인용레벨의 메아리 질문문에서 보여지는 조사의 치환에는 두 가지 종류가 있다. 하나는 주제를 표현하는 조사의 변환이 일어나는 경우이고 다른 하나는 연체수식절에서 주격으로 사용되는 「ノ」가 「ガ」로 변환되는 경우가 있다. 우선 전자의 예문을 보자.

9) 예문 출전이 없는 경우는 필자의 작문이다.

(41)「主人は憶えがないと申しております」

「その点は留保いたしまして, 奥さんは当夜, 新美のアパートに行かれませんでしたか」

「私が?行くはずないじゃありませんか」(異端者)

(42)「誰と一緒に来ていましたか?熊谷と一緒じゃないんですか?」

「熊谷ばかりじゃありません, いろんな男が五六人も一緒で中には西洋人もいました。」

「西洋人が?……」

「ええ, そうですよ, そうして大そう立派な洋服を着ていましたよ」

(知人2)

(43)「いや, 君は別さ, ナオミ君は度胸がいいから, ……まあ社交術の天才だね」

「浜さんだって天才でない方でもないわ」

「へえ, 僕が?」

「そうさ」(知人1)

상기 예문의 선행발화에서 (41)은「ハ」, (42)는「モ」, (34)는「ダッテ」로 주제를 표시하고 있었던 것을 메아리 질문문에서는 모두「ガ」로 치환되었다. 주제를 표현하는 다른 조사의 경우도 구체적인 예문을 전부 망라할 수는 없지만 이것과 같이 의무적이라고 생각된다.

다음은 연체수식절의 예문이다.

(44)「それも, 犯人の芸の細かいところかも知れませんよ」と, 亀井が, いった。

「芸が細かいって?」

「簡単に, あなたを殺してしまうと, 果たして, 犯人を目撃したために, 殺されたのか, それとも, 別の理由で殺されたのか, わからない」

(謀殺)

상기 예문의 선행발화의 종속절에서의「ノ」가 메아리 질문문에서는「ガ」로 변환되는 예문인데 주제제약과 달리 ガノ의 치환이 의무적이지는 않은 것 같다. 즉 상기 예문의 경우「芸の細かいって?」라고 해도 성립이 가능하다.

4.2.3. 인칭대명사의 치환

다음은 종래 자주 지적되었던 직시(deictic)형식 중에서 인칭대명사의 변환이다.

(45)「この香水入れに奥さんの指紋がついていたのです」
「私の指紋が」
美奈子の面に少し赤みがさした。(異端者)

(46)「ちょっとはしょったのよ。うちへ電話して来たのは, 亜由美さんのお母さん」
「うちの母?」
「そう。」(七番目)

(47)「鎌倉には, 家内がいるのです」
「奥さんが?」
「胸を悪くしていましてね。ずっと前から別居しているのです。」
(点と線)

(48)「それで, 話っていうのは?」
「ご両親にお目にかかりたいの」
「親たち?」
有坂は面食らった様子で「悪いけど一またスイスに行っちゃったんだ」(七番目)

하지만 3인칭대명사의 경우는 예문(49)와 같이 변환이 일어나는 경우도 있고 (50)과 같이 변환이 일어나지 않는 경우도 있다.

(49)「言ってるでしょ。もうあの女は戻らないの」
「そんなこと, 分んないじゃない」
「分っているって。私が追っ払ったんだから, あの女を」
「克代を? それ, どういう意味?」(七番目)

(50) A :「一村太郎, 彼は行きませんでした」
B :「何, 彼が行かなかったって?」

이러한 현상도 뒤에서 자세히 논의할 화자의 시점과 밀접한 관련이 있다.

4.2.4. 지시사의 치환

다음은 지시사에 관한 것인데 종래는 다음과 같이 지시사의 치환이 의무적이라고 취급해 왔다.

(51) 話者A「その自動販売機は故障していますよ」
話者B「{この/*その}自動販売機が故障している?」
(밑줄은 필자, 安達(1989))

하지만 아래의 예문에서는 지시사의 치환을 하면 오히려 상당히 부자연스럽고 의미가 잘 전달되지 않는다.

(52)「あなたみたいな人に, 週に一時間教壇に立たせたい わ。面白いこと, 喋ってくれるんじゃないかと思う。いまの子供たちって, そんなことに飢えているのよ」

「{そんな/*こんな}ことって?」
「つまるところ, 肉声ね」(黒い)

이와 같이 예문(51)에서는 지시사의 치환이 자연스럽고 반면 (52)에서는 치환이 이루어지지 않는 것이 자연스럽다는 반대의 현상이 보인다. 이것은 왜일까.

우선 생각할 수 있는 것은 전자는 현장지시의 용법이며 후자는 문맥지시의 용법이라는 점이다. 즉 지시사의 치환이 일어나는 것은 현장지시 용법에 한정된다. 하지만 문제는 그렇게 단순하지 않을 것 같다. 왜냐하면 다음 예문은 현장지시용법이지만 지시사의 치환이 일어나지 않은 편이 자연스럽고 문법적이다.

(53) (家族写真を見ながら友だちに)「これがうちの親父だよ」
「何, {この/*その}方がお父さんだって」

그렇다면 (51)과 (53)과의 차이는 무엇인가. 이것은 三上(1955)의 지적이 시사적이다. 三上(1955)에 의하면 지시사가 대립적 시점을 취하는「こ/そ」와, 융합형 시점을 취하는「こ/あ」가 있다고 한다. 즉 같은 현장지시의 용법이라고 해도 지시사의 치환이 일어나는 것은 전자인 대립형 시점을 취하는 경우에 한정된다는 것이다.[10]

이러한 사실은 이미 언급한 소재경어나 인칭대명사 등 직시표현 전반에 걸쳐서 적용이 가능하리라고 생각된다.[11]

10) 三上(1955)이외에도 담화의 시점에 관해서는 田窪(1990)나 宮崎(1993) 등도 참조.
11) 물론 田窪(1990)에서 지적한 대로 시간의 직시표현은 항상 융합형의 시점을 취하기 때문에 여기에 포함되지 않는다.

4.3. 재구성(restructuring)레벨

재구성레벨에서는 간접인용레벨에서 보여지는 문법적인 특징은 물론이고 선행발화를 전제로 이루어지는 메아리 질문문에 화자의 추론이 추가되어 그 내용을 재구성한 것이다. 그 하위 타입으로는 〈유의어(類義語)로의 치환〉, 〈문장유형의 치환〉, 〈어순의 재구성〉 등이 대표적이다.

(54) 「お前, おなごと遊んだことがあるんか」
　　不意に声を低めて隆士が言った。
　　「女の人と遊ぶって」
　　信夫は隆士の言った意味がのみこめなかった。(塩狩)

(55) 「暑くないですか?」
　　A: 「何, 暑くないかって?」
　　B: 「何, 暑いって?」

(56) 「明日, うちの会社に来て戴けますでしょうか。私は, **あなたを**, 相当な歌手になれる声だと見込んだのですが」
　　「え? 俺が歌手に」
　　「歌手になりたいと思ったことはありませんか?」(冬)

(57) 「なんでぼくを気にするのだ」
　　「**あなたが**ルームメイトを殺した犯人ではないかと疑っているらしいの」
　　「ぼくを疑う?[12]」(異端者)

먼저 (54)에서는 선행발화인 「おなご」가 메아리 질문문에서는 동의어/유의어인 「女の人」로 치환되어 있다. 다음 (55)에서는 A와 같이 선행발

12) 물론 이 예문은 개념레벨과 재구성레벨을 걸치는 양면성을 띠는 것이다.

화를 그대로 받아서 되묻는 「暑くないかって」라는 문장과, B와 같이 문장 유형을 바꾸어 「暑いって」라는 문장 모두 가능하다고 생각된다.[13)]

(56)(57)에서 굵은 글자로 표시한 선행발화 「あなたを」, 「あなたが」을 근거로 하여 화자가 밑줄 부분과 같은 메라리 질문문으로 재구성한 것이다. 이들은 선행발화의 종속절 일부가 메아리 질문문의 초점이 된다.

재구성의 메아리 질문문에 대해서는 다음 장에서 보다 지세히 논의하기로 한다.

5. 나오기

이상 현대 일본어의 메아리 질문문을 대상으로 하여 그 성립과정에서 나타나는 문법적인 제약과 특징에 관하여 고찰하였다. 중요한 논점을 요약하면 다음과 같다.

먼저 선행연구의 비판적인 검토를 토대로 하여 安達(1989)에서 주장한 표현레벨의 메아리 질문문과 명제레벨의 메아리 질문문의 기본적인 틀을 계승하여 논의하였는데 다음과 같은 사실을 논의하였다.

- 먼저 표현레벨의 메아리 질문문은 크게 〈간접인식〉〈문장유형〉〈종조사/대우표현/텍스트결속표현〉 등으로 나누어 고찰하였다. 〈간접인식〉와 〈문장유형〉에서는 메아리 질문문을 만드는데 있어 특별한 제약이 없었지만, 〈종조사/대우표현/텍스트결속표현〉에서는 구체적인 전달내용을 갖지 않고 화자의 심적 태도만을 나타내는 종조사(「ネ」(확인요구용법에서만 가능)「ネヨ」를 제외)가 메아리 질문문의 초점이 될 수 없고 텍스트 결속기능을 하는 「ノダ」 역시 메아리 질문문의 초

13) 물론 이와 같은 것이 가능한 것은 필자 분류로 하면 제3류의 부정의문문에 제한된다.

점이 될 수 없다는 사실을 지적하였다.

• 종래의 명제레벨의 메아리 질문문이 우선 〈개념레벨〉〈간접인용 레벨〉〈재구성레벨〉으로 하위분류 되어야 한다는 사실을 주장하였다.

또한 〈개념레벨〉에서는 시제 등의 범주가 중화되는 반면 극성(極性)과 수동 등의 범주는 여전히 분화(分化)된다는 현상을 지적하였다. 다음 〈간접인용레벨〉에서는 종래 일반적으로 직시표현들의 치환(置換)이 이루어지는 것으로 취급되어 왔는데 여기에서는 이것이 불충분하고 부적절하다는 점을 지적하고 반드시 三上(1955)의 대립형 시점에 한정하여 직시표현들의 치환(置換)이 이루어진다는 점을 주장하였다.

다음으로 〈재구성 레벨〉에서는 동의어/유의어의 치환과 문장 타입의 치환, 어순(語順)의 치환 등의 하위유형이 있는 점에 대하여 고찰하였다.

제4장 재구성의 메아리 질문문

1. 들어가기

1.1. 연구배경

주지하는 바와 같이 진술논쟁의 논의를 계승한 일본어 모달리티 연구는 1980년대 후반부터 더욱 더 활발히 논의가 진행되어 1990년대에는 하나의 전환기를 맞이했다고도 할 수 있다. 그동안 축적된 많은 성과 중에는 최근 문장유형(sentence type)의 하나인 의문문에 관한 연구도 보인다. 예를 들면 山口(1990), 安達(1999)나 宮崎他(2002), 宮崎(2005)와 같은 성과는 체계적인 연구를 시도한 것이다.

하지만 이러한 논의에서는 기본적으로 전형적인 의문문에 관한 논의가 선행되었고 비전형적인 주변적인 의문문까지는 아직 논의가 많이 부족한 것 같다.

1.2. 연구목적

이하에서는 다음과 같은 일본어의문문표현의 하위 타입의 하나인 메아리 질문문 그 중에서도 특히 〈재구성(再構成)의 메아리 질문문〉을 대상으로 하여 그 의미용법을 비롯하여 문법적인 특징에 대하여 고찰하기로 한다.

(1)「いや, 失礼。一私は村井といいます。教師です」
「学校の先生?」
「安井和美が高校のとき, 教えていたんです」(死神)

(2)「だからあり得ないというのです。秀夫さんがこの子の父親だなんて, まあ, 考えただけで気持悪い」

「気持が悪い?」

「そうよ。」(花)

메아리 질문문이란 선행발화의 일부분 혹은 전체를 반복하면서 그 의미내용이나 화자의 의도를 확인하는 것인데 그 <반복성>의 정도는 일정하지 않다.

상기 예문 (1)에서는 선행발화「教師」를 메아리 질문문에서는「学校の先生」로, (2)에서는 선행발화「気持悪い」를 메아리 질문문에서는「気持が悪い」로 반복하면서 확인을 하고 있다.

하지만 이와 같은 메아리 질문문은 그다지 많지 않고 오히려 아래와 같이 선행발화의 일부분이나 전체를 그대로 반복하는 메아리 질문문이 보다 일반적이다.

(3)「私たちジョイントを吸うと思うけどあなたも吸うのよ, 何でもないから」と小声でささやいた。

「ジョイント? 何のこと?」

「ジョイントよ。マリファナのことよ。」(鄭相哲(1999))

(4)「何も起らなきゃいいけど」と亜由美が言った。

「え?」聡子が不思議そうに,

「何も, って?」

「うん。このショーに, 例の二人も来るのよ」

「例の二人?」

「そう。前川伸之と, 広田佐千子。」(鄭相哲(1999))

이하에서는 이와 같은 관점에서 선행연구를 살펴보면서 문제점을 검토하고 그 후에 필자 나름대로 메아리 질문문의 분류를 제시하기로 한다. 그리고 이 분류에 따라 〈재구성(再構成)〉이라고 부르는 하위타입의 메아리 질문문에 주목하여 자세히 검토해 보기로 한다.

2. 메아리 질문문의 분류

우선 구체적인 고찰의 전제가 되는 메아리 질문문의 하위타입에 대하여 살펴보자. 메아리 질문문은 형태론이나 기능론적 관점에서 여러 가지로 분류되지만 종래 제일 주목되는 것으로 기능적인 관점에서 분류한 「표현레벨(表現レベル)」과 「내용레벨(事柄レベル)」이라는 분류를 검토하고 그 문제점을 지적한다. 그 다음 필자의 대안으로 「직접메아리 질문문(直接言述)」과 「간접메아리 질문문(間接言述)」이라는 분류를 제안한다.

2.1. 표현레벨과 내용레벨[1)]

종래 제일 주목되는 「표현레벨(表現レベル)」과 「내용레벨(事柄レベル)」이라는 분류는 安達(1989)에 의해 제안된 것이다. 이 분류의 근거는 다음과 같은 문법현상의 차이이다. 예문(5)(6)은 직시형식(deictic form)의 치환이 이루어진 것이고 (7)(8)은 주제제약이 존재하는 예문이다.[2)]

(5) 話者A「うちの息子が, 昨日, 熱を出しましてね」

---

1) 安達(1989)의 내용은 3장과 중복되지만 여기도 논의의 출발점이 되기 때문에 다시 한 번 소개하기로 한다.

2) 安達(1989)는 직시형식에 관해서 명확한 정의는 하지 않았지만 아마 일반적으로 지시나나 인칭대명사, 「行く, 来る」「やる, あげる」 등의 직시동사가 포함된 것으로 생각된다. 하지만 엄밀히 말하면 텐스형식도 여기에 포함되어야 하는 데 제외되었고 다음과 같은 대자경어(対者敬語)는 직시형식이 아니지만 같이 취급해도 좋을 것 같다.
   - 「それなら思い出しました。そうですか，あの晩のことですか。それなら，みましたよ」「え。見た?」重太郎は目を輝かした。(点と線)

話者B「{*うちの息子が?／お宅の息子さんが?}

それは大変でしたね」

(6) 話者A「うちの息子が, 昨日, 熱を出しましてね」

話者B「{うちの息子?／*お宅の息子さん?} あなた息子さんがいるんですか?」

우선 예문(5)에서는 선행발화의 직시형식인「うちの息子」가 메아리 질문문에서는「お宅の息子さん」으로 변환되는 것이 자연스럽다. 한편 (6)에서는「うちの息子」가 메아리 질문문에서도 치환되지 않은「うちの息子」가 자연스럽다고 지적하고 있다.

(7) 話者A「お前は怠け者だな」

話者B「{お前は? ／*お前が?} 気安い言い方, 止めてくれよ」

(8) 話者A「太郎はもう行っちゃったよ」

話者B「{??太郎は?／太郎が?}本当かい」

(이상, 安達(1989))

다음으로 주제제약에 관해서도 예문(7)에서는 주제표시인「ハ」가 메아리 질문문에서도 그대로 사용하는 것이 자연스러운데 반해 (8)에서는 선행발화의「ハ」가 메아리 질문문에서는「ガ」로 치환이 자연스러운 주제제약이 있다고 한다.[3)]

이와 같은 현상에 대하여 安達(1989)는 메아리 질문문에는 성질이 다른〈표현레벨〉과〈명제내용레벨〉의 두 가지 하위타입이 있다고 한다. 전자는 직시형식의 치환도 일어나지 않고 주제제약도 없는데 반해 후자의

3) 물론 安達(1989)에서는「대비(対比)」와「주제(主題)」의「ハ」를 구별하는 입장이며 전자의 경우는「명제내용레벨」의 메아리 질문문에서도 자연스럽게 나타난다고 한다. 또한 여기서「주제제약(主題制約)」이라고 하는 것은「ハ」만을 한정해서 진행한 논의인 것 같다.

경우는 직시형식의 변환이 의무적이고 주제제약도 존재한다고 한다. 구체적인 예문을 보기로 하자.

(9)「用件の方は, あなたが誰かに脅迫されている, ということですよ」
「脅迫?―ああ, そうだったわね」と, 春代は少し酔いが回ったのか, 顔がほてっていた。
「どうだっていいのよ, そんなこと」
「そんなこと?」
「大したことじゃないわ」(死)

(10)「こんな仕事, 何のためにやっているんだ?」と教授は, 強いて真面目な顔になろうとしながら, しかし笑いに息を弾ませていった。
「こんな仕事?」(死)

(11)「ご用は無事にすみました?」
「ええ」と, 山昌子は微笑んで,
「色々忙しいことがあってね。この年齢になると」
「この年齢, って……。お若いじゃないですか, 内山さん」(死)

예문(9)(10)(11)은 선행발화와 메아리 질문문이 각각「そんなこと―そんなこと」,「こんな仕事―こんな仕事」,「この年齢―この年齢」등과 같이 반복되어 지시사의 치환이 일어나지 않은 예문이다. 이들 예문들은 安達(1989)의 설명대로 선행발화의 의미적인 내용보다는 발화스타일이나 어투 등에 관해서 반복하여 화자의 감정을 표현하고 있는 것으로 보여 진다.

2.2. 문제점

하지만 다음 예문들은 어떠한가.

(12)「あの子もかなり大きくなったでしょうね」

「あの子?」

「山根貞治の遺児ですよ。」(花の骸)

(13)「今の話は, 君のお父さんとも関係があるわけだ」

「ええ一あの女, 殺してやりたい」

「あの女って, 室田春代のこと?」と夕里子が訊く。

「そうです。」(死神)

(14)「どうかな, ユキちゃん, 今夜この後」

「どうって何が?夜食にラーメンつきあえっていうのならお生憎。お腹バンバンなんだ」

「夜食のラーメンはその後でいいよ」

「そのあとって?まさかこれからドライブで湘南へ連れていくつもりじゃないでしょうね」(東)

(15)「以前この飯場にいた男が殺されて, その捜査にあたっています。協力してくれませんか」

「ここにいた者が殺されたんだって!?」

案の定, 棒心の警戒の姿勢がくずれて, 動揺した。(花の骸)

(16)「そうです。そしてその結果, この子が生まれた。つまり, この子の父親は大森秀夫だ。そのことを山根に知られた。そのためにあんたたちは共同して山根を殺した……そうじゃないのですか」

太田は一気にたたみかけた。

「この子の父親が秀夫さん……私と秀夫さんが共同して, 山根を殺したんですって……そんな馬鹿な!」

「なにが馬鹿なですか。」(花の骸)

우선 예문(12)(13)은 소위 관념지시용법인 선행발화의 「ア」계열의 지시사가 메아리 질문문에서도 그대로 「ア」계열로 반복되고 있다. 하지만

〈표현레벨〉이 아니라 〈명제내용레벨〉, 즉 선행발화의 내용에 관하여 확인이 이루어지고 있다.

다음으로 (14)(15)에서는 문맥지시의 「ソ」와 현장지시의 「コ」계열의 지시사가 치환이 이루어지지 않고 그대로 사용되고 있는데 역시 표현레벨이 아니라 명제내용레벨의 내용을 확인하고 있다.[4] 또한 예문(16)도 선행발화의 내용에 관한 확인인데 지시사의 치환이 이루어지지 않았다.

이러한 예문들은 지시사의 치환이 이루어지지 않았는데 내용에 관한 확인이며 또한 「ハ」와 「ガ」의 치환이 의무적이며 주제제약도 존재한다.

따라서 이러한 예문들을 단순히 예외적인 것으로 취급하기보다는 일견 유효하고 적절한 설명으로 보이는 〈표현레벨〉과 〈명제내용레벨〉이라는 安達(1989)의 분류에 원리적인 문제를 제기하는 것이다.[5] 즉 〈명제내용레벨〉의 메아리 질문문이 「주제제약」과 연동되는 필연성이 논리적으로도 원리적으로도 부합되지 않는 것이다. 바꾸어 말하면 〈반복성〉이라는 관점과 〈표현레벨〉—〈명제내용레벨〉이라는 분류가 논리적인 관계가 희박해 보인다는 것이다.

경험론적으로 말하자면 이번 조사에서 〈표현레벨〉의 예문이 거의 보이지 않았다. 이 점에서 상기 분류의 유효성과 타당성이 문제가 된다.

2.3. 필자의 분류

여기에서는 상기 분류의 한계를 극복하는 하나의 대안(代案)으로서 메아리 질문문이 「ッテ」 등과 같은 인용형식을 취하는 등 인용문과 밀접한

4) 지시사의 치환이 의무적인 것은 현장지시용법 중에서도 융합형시점이 아니라 대립형시점을 취하는 경우이다. 鄭相哲(1999b)에서도 같은 지적을 했다.

5) 鄭相哲(1999b)에서 고찰한 중요한 논점은 일본어 메아리 질문문의 문법적인 제약현상에 관한 논의였고 거기에서는 기본적으로 〈표현레벨〉과 〈명제내용레벨〉이라는 安達(1989)의 분류에 따라서 고찰했다. 그러나 이번 조사에서 수집한 예문을 늘려가는 과정에서 예외적으로 볼 수 없는 예문들이 많아서 이 분류의 유효성과 타당성을 재고(再考)하지 않을 수 없었다. 선험적(a priori)인 분류보다 자연언어현상에 보다 부합하는 분류가 바람직한 것은 물론이다.

연관성을 갖고 있는 점에 주목하여 그 하위분류에서도 「직접메아리(直接言述) 질문문」과 「간접메아리 (間接言述)질문문」으로 나누어 질 수 있다는 것을 제안한다.[6)]

즉 직접메아리 질문문이란 선행발화를 奥田(1986b)의 〈대상의 논리〉에 따라서 선행화자의 시점에서 반복하는 것이며, 간접메아리 질문문이란 선행발화의 시점이 아니라 메아리질문문 화자의 시점에서 〈화자(私)의 논리〉에 따라서 재구성하여 확인하는 것이다.[7)]

2.3.1. 직접메아리 질문문

「직접메아리(直接言述) 질문문」이란 메아리 질문문 화자가 아니라 〈대상의 논리〉에 따라서 선행발화를 반복하여 확인하는 것이다. 여기에는 당연히 선행발화의 내용에 관한 확인이 많지만 아래와 같이 표현스타일 등을 문제로 할 수도 있다.

(17) 「おまえはわたしの奴隷になれる可能性があるからね。ご褒美をあげよう」
「ご褒美って?」
「仰向けになって, 口を開きなさい」
「はい, 女王様」(イン)

(18) 「(中略) 他に何か気が付いたこととかー」

6) 메아리 질문문과 인용문과의 연관성은 아직 검증되지 않았지만 의미적인 측면에서 언어보편적일 가능성이 높다. 메아리 질문문의 형식이 인용문과 같은 형식을 사용하는 언어로는 일본어이외에 다음과 같이 한국어 「고」도 있다.
• 「저, 내일, 동경으로 출장갑니다」
「뭐, 동경이라고?」

7) 이 분류는 최근의 인용연구의 성과를 반영한 것이다. 필자의 분류는 간단히 설명하자면 영어의 「직접화법」과 「간접화법」에 해당하는 것이다. 일본어의 인용연구에 대해서는 藤田(1999)(2001)등을 참조.

「あります。いくらでも」

「いくらでも」(七番目)

(19)「兄貴, 元気出せよ」

もてる男には珍しく, 純平はもてない男にも優しい。そして, これも珍しいのだが, かなりのアニメ「オタクでもある。

「元気出せ? おまえに言われるすじあいなんかないぞ」(101)

2.3.2. 간접메아리 질문문

「간접메아리(間接言述) 질문문」이란 아래 예문과 같이 메아리 질문문의 화자가 〈화자(私)의 논리〉에 따라서 선행발화와 유사한 형태로 반복하는 것이다.

따라서 필연적으로 대자경어(対者敬語)와 광의(広義)의 직시형식의 치환이 이루어지고 주로 선행발화의 내용에 의문의 초점이 놓이게 된다.

이와 같은 간접메아리 질문문은 반복되는 간접성의 정도에 따라서 다시 분류하면 〈간접인용(間接引用)〉과 〈재구성(再構成)〉의 메아리 질문문으로 하위 분류된다.

(20)「…… 純と一緒になにかしたかったんだ」

「弟さんと?」

「海の中, 音, 聞こえないだろ?…あいつの感じてる音のない世界, それってどんなだろうって思って」(サマー)

(21)「この香水入れに奥さんの指紋がついていたのです」

「私の指紋が」美奈子の面に少し赤みがさした。(異端者)

(22)「そうですか? ……」

「蔵王に行ったとは, 全く知りませんでした」

「そのとき, お一人じゃなくて, 女性と一緒でした」

「女と?」老医師の眉間に, 深いしわが寄った。(日)

(23)「……余計なことしないでよ。勝手にお金払い込んだりしないで。私たちのことはほっといてって言ったでしょ?」
「金, 払い込むって何のこと?」夏目はきょとんとしている。(最後)

앞의 두 개가 간접인용의 예문인데 메아리 질문문의 시점 즉 화자의 시점에서 광의의 직시형식의 치환이 이루어 진 것이다. 이에 반해 뒤의 두 예문은 재구성의 예문인데 이 경우는 직시형식의 치환과 더불어 어휘의 변환이나 문장구조의 재구성 등이 더해진 형태로 반복하면서 확인이 행해지고 있다.

이상과 같이 종래의 문제점을 극복하는 하나의 시도로 〈메아리 질문문의 시점〉이라는 것을 기준으로 직접메아리(直接言述)질문」과 「간접메아리(間接言述)질문문」으로의 분류를 제안했다.

이하에서는 이 분류에 따라서 「간접메아리(間接言述) 질문문」의 하위타입 중에 하나인 「재구성(restructuring)」의 메아리 질문문에 주목하여 그 문법적인 특징에 대하여 보다 자세히 고찰하기로 한다.

3. 재구성(restructuring)의 메아리 질문문

선행발화를 반복할 때도 당연히 메아리 질문문 화자의 주체성이 관여된다고 생각된다. 이 주체성의 관여방법에 따라 그 하위 타입으로는 크게 〈어휘적 재구성〉과 〈문법적 재구성〉으로 분류된다.

또한 어휘적인 것에는 「개념파악레벨」, 「유의어로의 치환」, 「추론(推論)」 등의 하위타입이 존재하며 문법적인 것에는 「문장구조의 재구성」,

「문장타입의 재구성」 등의 하위타입이 존재한다.[8] 이하 순서대로 검토하기로 한다.

3.1. 어휘적 재구성

3.1.1. 개념파악(概念把握)

개념파악레벨의 메아리 질문문이란 선행발화의 일부분 혹은 전부에 대하여 이해를 할 수 없어 그것에 대하여 되물어 확인 작업을 하는 것이다. 구체적인 예문을 보자.

(24)「それでですね, 係長, 藤井さんって, バツイチらしいっスよ」
「バツイチ?」
「離婚経験者ってことですよ」(鄭相哲(1999b))

(25)「私たちジョイントを吸うと思うけどあなたも吸うのよ, 何でもないから」
と小声でささやいた。
「ジョイント? 何のこと?」
「ジョイントよ。マリファナのことよ。」(鄭相哲(1999b))

(26)「あなたは, お母さんに似ているのですね」
「さあ, どうでしょう。でも, 母のように強くはなれません」
「強い?」
「ええ, 強い人でした」(かりそめ)

(27)「犯人は, 殺すことを樂しんでいます」

8) 이 재구성의 메아리 질문문의 하위타입은 논리적이며 원리적인 분류가 아니기 때문에 중복되는 경우도 있을 것으로 예상된다. 따라서 엄밀한 의미에서 분류(classification)가 아니라 구분(division)이라는 용어가 적절할 것이다.

「樂しむー?」

「譬えは悪いですが,猫が鼠をなぶる感じです。そうしなければ, 犯人は, 気がすまないのも知れないし, そこに犯人の人間性が出ているような気がするのです」(十津川)

(28)「ええ, 今は眠ってる」

「ここを出た方がいいよ」と有田は言った。

「出るって?」

「一時的にでも, どこか都内のホテルに泊って。偽名で通した方がいい」(十字路)

이것도 크게 두 가지로 분류된다. 앞의 두 예문은 단어의 어휘적의미가 의문의 초점이 된 경우이다. 즉「バツイチ」와「ジョイント」가 메아리 질문문 화자 자신의 개인적인 어휘사전(mental lexicon)에 등록되어 있지 않기 때문에 그 어휘적 의미를 파악하지 못해 메아리 질문문으로 확인하는 것이다. 하지만 반복하는 것이 선행발화의 시점이라고 생각되므로 필자의 분류로는「직접메아리(直接言述) 질문문」에 속하는 것이다.

반면 뒤의 세 예문은「간접메아리(間接言述) 질문문」에 해당하는 것들이다. 이들은 어휘적의미 자체에 의문이 있는 것이 아니라 상황적/문맥적인 의미가 의문의 대상이 되는 것이다.

이 타입에는 술어성분이 의문의 초점이 되는 것도 있는데 이 경우 상기 예문에서 확인할 수 있듯이 개념자체가 의문의 대상이 되기 때문에「強くはなれません」,「樂しんでいます」,「出た」가 메아리 질문문에서는 각각「強い」,「樂しむ」,「出る」라는 형태로 나타난다.

이들은 상황적으로 혹은 문맥적으로 어휘개념의 적절성을 문제로 삼기 때문에 문법범주가 분화되지 않는다. 하지만 다음 예문과 같이 문법

범주까지 메아리 질문문의 초점이 되는 것도 가능하다.[9]

(29)「犯人は, 殺すことを樂しんでいます」
「樂しんでいるー?」

한편 개념레벨에서 모든 문법범주가 분화하지 않은 채로 메아리 질문문이 가능한가 하면 아래 예문과 같이 술어극성(極性)이나 태(voice) 등은 불가능한 것 같다.

(30)「太郎にやられていないのではない。次郎にやられたのだ」,「#やっていない/やられている」
(31)「それ, どういうこと」
「あいつを殺してなんかいなかったんだよ」
「殺していない /# 殺さない / 殺さなかった?」
「そうさ。生き還ったんだ。」

자세히 논의할 준비가 아직 충분하지 않기 때문에 언어현상을 지적만 하지만 계속상의 애스펙트에서도 긍정의 경우(예문(27))에서는 문법적이다. 하지만 부정의 계속상인 (31)을 완성상(「殺さない」)으로 제시하면 부자연스러운 문장이 되어버린다. 즉 애스펙트에서는 극성에 따라 차이가 있는 것 같다. 또한 과거시제를 반영한 「殺さなかった」로 하면 문법성은 상당히 높아지는 것 같다.

9) 문법범주까지를 메아리 질문문의 초점으로 하는 경우 간접성의 정도는 떨어지므로 당연히 재구성보다는 재인용이 되는 것이 많다.

3.1.2. 유의어로의 치환

어휘적 재구성의 다른 하나의 타입으로 선행발화와 유사한 어휘로 치환하는 경우이다. 구체적인 예문을 보자.

(32)「もう飲まない方がいいですよ」瀬名がグラスを取りあげようとすると, 南は言った。
「これだけさ, これ, みんな飲んだら, 気持にケリつくから」
「これ全部…?」瀬名は目を丸くした。(ロング)

(33)「大友さんは先日のお電話の様子では, 私を知っているようでしたけど, 私は, はじめてですわ」
アリサは追撃の手をゆるめなかった。
「はあ, そのう……私も間接的に存じあげていたもんで」
「間接に? だれを介してですの」
「いえ, そのうテレビで」(花の骸)

(34)「ご報告が遅れましたが, あのあとですね。大原茂登女が, 宝塚署の捜査員に, 突然, 泣きながら話したというんです。それは…彼女が隠してきた事実があったというわけで…」
「隠していた?」二階堂が聞き返した。
「つまり…被害者は, わりと早い時期に, 自分のバッグを見て,「これは違う」と気がついて内容をチェックしたようなんです。そして, 中には数千万の現金と, 一億円の小切手があったのです」(宝塚市)

위의 선행발화에서의「みんな」,「間接的に」,「隠してきた」라는 부분이 메아리 질문문에서는 각각「全部」,「間接に」,「隠していた」으로 치환되어 있다. 이러한 현상과 관련해서 김종현(1998)에서는 다음과 같이 의미적 제약으로 유사성이외에 친밀성이 필요하다는 지적을 하고 있다.

(35) P:「이제 군대에서는 때리는 것이 금지되어 있습니다」

Q:「# 구타금지라고요? 」(金(1998:118))

즉 위의 메아리 질문문이 부자연스러운 것은「구타금지(殴打禁止)」라는 어휘에 친밀성이 인정되지 않기 때문이라는 것이다. 하지만 예문에 대한 문법성판단이 한국어 모어화자들 사이에도 개인적인 차이가 예상되므로 이 이상 논의를 계속하는 것은 그다지 생산적이라고 생각되지 않는다.

그 보다도 이 타입에서 보다 흥미로운 것은 다음과 같은 예문이다.

(36)「病院, 大変ですよ」

「病院?」

「あなたが行方不明っていうんで。しかも, 置き手紙残してったでしょ。死のうとしてるんじゃないかって」

「手紙……。そんなもの, 書いたかしら」(死神)

(37)「あの…関東新聞社のものですが…ちょっと, 話していただけますか」

と, 太陽は, ストレートに細木に語りかけつつ, 事務所 の中へはいった。

「新聞社?…今はダメです。取りこみ中なので」と細木が眉間にたて皺を作って言った。(宝塚市)

위 예문에서는 선행발화 중에서「置き手紙」,「関東新聞社」라는 것이 상황적 혹은 문맥적인 의미가 명확하지 않기 때문에 메아리 질문문 화자가 놀라움이나 의외성을 동반하면서「手紙」,「新聞社」라는 상위어(上位語)로 반복하여 확인을 하고 있다.

이 타입에서 상위어와 하위어의 관계를 서로 바꾸어 사용하면 다음과 같이 상당히 부자연스러운 문장이 되어 버린다.

(38)「病院, 大変ですよ」
「病院?」
「あなたが行方不明っていうんで。しかも, 手紙残してったでしょ。死のうとしてるんじゃないかって」
「# 置き手紙……。」

(39)「あの…新聞社のものですが…ちょっと, 話していただけますか?」と, 太陽は, ストレートに細木に語りかけつつ, 事務所の中へはいった。
「# 関東新聞社? …今はダメです。取りこみ中なので」

이상 유의어의 치환은 기본적으로 동의어(同位語) 레벨에서 이루어진다. 물론 경우에 따라서는 「하위어(下位語)」를 「상위어(上位語)」로 치환해도 되지만 그 반대는 부자연스럽다 라는 점을 확인하였다.

하지만 이것은 원리적인 문제라기 보다는 메아리 질문문이 선행발화의 한 부분의 의미가 불분명하여 그 부분을 확인하여 의미내용을 명확히 해가는 것으로 이해한다면 간결화(簡潔化) 등과 같이 하나의 경향으로 파악하는 것이 적절한 것 같다.[10)]

또한 다음 예문은 「추론(推論)」과의 연속성을 시사한다는 점에서 흥미롭다.

(40)「プロポーズは確かにしたけど, 断れたよ。アキは……あいつはあんたのことを思って別ようとしたんだよ」

---

10) 다음은 문법적인 문장이라고 생각된다.
• 「あの…新聞社のものですが…ちょっと, 話していただけますか?」
「ひょっとして関東新聞社?」
하지만 이것은 메아리 질문문이라기 보다는 보통의 질문문으로 취급하는 것이 적절할지도 모른다.

「俺のため?」

「いや, そりゃ自分もあんたとつきあってくの, きつかったかもしれねえけどよ。あんたのためが八, 自分のため が二ってとこかな。自分はあんたにはやっぱり似合わないっておもったんだよ」(最後)

3.1.3. 추론(推論)[11]

다음은 유의어의 연장선상에 있다고 생각되는데, 메아리 질문문 화자의 추론이 반영된 것이다.

(41)「ええ。箱根へ一週間行ってくるといってましたよ。前にも, 箱根には行ったことがあるみたいで, その時にきれいな模様のある箱をもらいましたわ」

「箱根細工?」

「ええ。それ」(積木)

(42)「一人暮しの女性に, ドアを開けさせることができる仕事についている人間がという意味だよ。それなら, 顔見知りでなくても, 犯行は可能だからね」

「たとえば?」

「宅配に似た仕事を探せばいい」

「郵便配達?」

「それもある。他にもある。」(十津川)

(43)「ただ一お姉さんの話を聞いてたから, ニュースとか見てたの。被害者は室田克彦とかいったかしら。六十歳くらいで, 不動産を沢山持っ

11) 여기에서의 「추론」이란 지시사의 조응(照応)이나 개인 어휘사전(mental lexicon)과의 조회, 유추 등 소박하고 일상적인 것을 의미하는 것으로 연역(演繹)이나 귀납추론(帰納推論) 등 논리적인 것이 아니다.

てるとか……」

「お金の恨み? いやね」(死の骸)

(44)「もし, 島村太平が死んでいるとすれば, その近くにもギンリョウソウが咲いているかもしれませんね」

「島村の近くに?」太田は不審をこめた目を上げた。(花の骸)

(45)「どうして……これが……」星月の言葉は, 隅田には以外に響いたらしい。

「わたしの家内は, 匂いには敏感な女でね。昨夜, あれを突き落とそうとした男が, 強いシガーの匂いをさせていたのを, やっと思い出したってわけですよ」

「犯人がシガーの匂いを?」急に隅田はニヤニヤした。

「そうです」(日)

여기에서도 선행발화의 긴 부분을 메아리 질문문 화자의 추론에 의해 각각 「箱根細工」, 「郵便配達」, 「お金の恨なみ」, 「島村の近くに」, 「犯人がシガーの匂いを」로 치환하여 되묻고 있다.

이 타입에서 가장 특징적인 것은 선행발화의 간결화 혹은 단순화이다. 그리고 또 다른 하나는 일반질문문과 연속하여 그 경계가 애매해 진다는 것이다.

3.2. 문법적 재구성[12)]

3.2.1. 문장구조의 재구성

문장구조를 재구성한 단순한 예문은 다음과 같다.

(46)「偶然, 本で読んだのですけど, 男性ホルモンと抗癌剤は似ているのでしょう」
「抗癌剤と?」
「化学式というのかな, その形が…」(かりそめ)

(47)「奥さん, あなたは, 三年前の一二月三日から三日間, 東京へご主人に会いに行ったということでしたが, 本当は, 大森秀夫に逢いに行ったんじゃないのですか」
太田は一気に踏み込んだ。彼はすでに大森を呼び捨てにしていた。
「秀夫さんに……私が?」一瞬, 克子はキョトンとした。(花の骸)

위 예문들은「男性ホルモンと抗癌剤は似ている」,「あなたは大森秀夫に逢いに行った」라는 선행발화의 일부분을 각각「抗癌剤と(男性ホルモンが似ている)[13)]」,「秀夫さんに(逢いに行った)私が」라고 하는 식으로 반복하기 때문에 소위 어순(語順)이 바뀐 경우이다.

하지만 모든 예문이 이와 같이 간단하지는 않다.

(48)「じゃ, 何をしたの?」

---

12) 여기에서 어휘적/문법적인 재구성이라는 것은 어휘/문법적인 레벨만을 의미하는 것이 아니라 이전 단계의 것을 포함한다.

13) 어순변경이외에 다른 해석으로「(男性ホルモンと)抗癌剤と(が似ている)」라는 것도 당연히 가능하지만 어느 경우도 문장구조의 재구성이라는 점에서는 마찬가지이다.

「電話だよ。黄色の公衆電話があそこにあるのを見ていたから……」
「電話を? …… ここで借りないで?」
「ここで喋ると, 都合が悪いことがあるからさ」(日)

(49) 「それにね, ヒマワリをみとると, 静子やあんた達をみとるみたいで, おばさんまで元気が出てくるわ」
「私達みたい? ヒマワリが?」
「そうよ, いつだってお日さまの方を向いて, いつだって笑っとるみたいじゃないの」(かりそめ)

(50) 「それで?」
「私, さっき, ちょっとの間, 死体を拝見しました。そのときも, 耳を見たんです。そうしたら, その耳が, 最初のときよりも, 尖り方が小さい……というより, 丸い感じなので, 変だな, と思いました」
「耳の型が違う?」(日)

(51) 「ゆうべ, 純くんと知佳ちゃんから電話もらって」
「純と知佳が?」
「熱出してうんうん唸っているって」(サマー)

먼저 예문(48)에서는 「電話だよ」라는 명사술어문의 선행발화에서 「電話を(した)?」라는 메아리 질문문의 동사술어문이 만들어졌다.[14] 또한 (49)에서는 「ヒマワリをみとると, 静子やあんた達をみとるみたい」라는 선행발화의 조건문이 「ヒマワリが私達みたい」라는 명사술어문으로 치환되었고 어순도 바꾸어 메아리 질문문이 생성되었다.

다음 (50)은 「その耳が, 最初のときよりも, 尖り方が小さい……というより, 丸い感じなので, 変だな」라는 긴 문장이 「耳の型が違う」라고 간결화/단순화시킨 형태로 메아리 질문문을 만들어 확인하고 있다. 마지막 (51)은 「Aガ

14) 여기에서 「문장구조」라는 것은 주로 격관계나 종속절과 주절 등을 의미하지만 편의상 술어문의 종류도 포함하기로 한다.

BカラCヲもらう」라는 구문에서 「AガBニCヲする」라는 구문으로 치환되어 확인하고 있다.

이상 여기에서 공통적인 것은 메아리 질문문의 일반적인 특징이라고 생각되는 간략 · 간결화가 문법적으로 단순 · 집약화가 일어난 구문으로 제시되고 있다는 점이다.

하지만 일견 이와 같은 일반적인 경향에 역행하는 것으로 보이는 예문도 있다.

(52) 「ああ, まりちゃんか。でも, 何の風の吹きまわしなの, あたいを訪ねてくるなんて」
「ちょっと相談したいことがあってよ」
「あたいに相談?」(冬)

(53) 「敵だから」と僕は自信なく主張した。
「敵, あいつが敵だって?」と兎口は僕の胸ぐらをつか み, (後略)
(死が)

위의 선행발화에서 생략되었던 문장성분이 메아리 질문문에서 보충되어 간략화와 역행되는 것이다.

하지만 발화 의도나 의미를 명확히 해 간다는 메아리 질문문의 기능적인 측면이 간략화/단순화보다 상위에서 기능한다고 생각하면 오히려 위와 같은 예문의 존재는 당연할지도 모른다.

3.2.2. 문장타입의 치환

다음은 문장유형의 치환에 대하여 검토해 보기로 하자. 일반적으로 일본어의 메아리 질문문에서는 다음과 같이 다른 단어로 대용하는 일은 있어도 문장타입은 그대로 유지된다고 보여진다.

(54)「朝倉さんのルームメイトだった瀬名です」

瀬名はあっさり答えた。

「姉さん, そりゃ, まずいよ。いきなり若い男に乗り換えちゃったわけ?!」

「そうじゃなくて」

「そうじゃない…???」真二には訳がわからない。(ロング)

(55)「情けない真似して! さあ返して下さい!」

「返せ…?」(愛と)

(56)「どうなるんですか? 今後……」刑事は聞いた。

「どうするって?……一応, 身よりの人に, 訊いてみますが……。確か, あの人には, お嬢さんがいたはずです ね」(日)

하지만 다음 예문을 보자.

(57)「島村はどこかで生きていないでしょうか」

下田はふとおもいついたように言った。

「島村が生きているって?」太田がびっくりした声をだした。(花の骸)

(58)「島村はどこかで生きていないでしょうか」

「島村が生きていないかって?」

(59)「早く読みなさい」

A:「何, 早く読めって?」

B:「何, # 早く読むって?」

먼저 (59)B는 행위요구문 즉 명령문에서 문장타입을 치환해서 메아리 질문문을 만들 수 없다는 것을 보여주는 예문이다. 반면 (57)은 실제 예문인데 여기에서는 「生きていないでしょうか」라는 의문문의 선행발화를 메아리 질문문에서는 「生きている」라고 문장타입을 평서문으로 치환해

서 확인하고 있다. 문장 타입을 바꾸지 않는 (58)도 물론 성립가능하다.

그러면 모든 의문문에서 문장 형식과 발화 의도, 양쪽이 성립가능한가. 이러한 현상은 지금까지의 예문을 보면 모든 의문문에서 나타나는 것이 아니라 제I부에서 논의한 제3, 4류(가설제시) 부정의문문 특유의 현상인 것 같다.

4. 나오기

이상 메아리 질문문을 재분류하여 그 분류에 따라 필자가 〈재구성(再構成)의 메아리 질문문〉이라고 하는 것을 대상으로 하여 그 문법적인 특징에 대하여 고찰하였다.

하지만 남겨진 문제점이나 충분히 논의하지 못한 문제들도 적지 않다. 예를 들면 尾崎(1993)에서는 「聞き返し」라는 용어로 메아리 질문문에서 그 발화의도를 「反復要求」, 「聞き取り確認要求」, 「説明要求」, 「理解確認要求」, 「反復/説明要求」, 「聞き取り確認/説明要求」 등 6개로 분류하고 있다. 이러한 선행연구가 필자의 논의와 어디까지 연관을 가질지 자세한 검토가 필요한데 모두 금후의 과제로 할 수 밖에 없다.

결론

1. 본 연구의 정리

2. 앞으로의 과제

결론

1. 본 연구의 정리

본 연구는 현대일본어를 대상으로 하여 의문문 중에서도 특히 부정의문문(특수의문문 포함)에서 현저하게 나타나는 다양한 무드적인 의미 즉 화자의 주체성에 주목하여 고찰하였다.

이러한 특징을 적절하게 검토하기 위해 본서에서는 〈대상적인 내용〉과 〈양태(modus)적 의미〉와의 유기적인 상호작용, 그리고 문법화(grammaticalization)와 〈시간적한정성(temporal localization)〉이라는 관점에서 「의문문과 주체성」의 문제를 가능한 한 체계적이며 유기적이고 포괄적으로 기술했다. 그 중요한 내용을 간단히 정리하면 다음과 같다.

먼저 「서론」에서는 본 연구의 목적과 배경, 구성, 이론적인 배경에 대하여 간단히 소개하였다. 그리고 본론에 진행될 구체적인 논의의 전제로써 의문문의 일반적인 특징과 그 하위타입을 개괄적으로 설명하였고, 또한 본서 논의에서는 제외가 된 WH(설명)의문문에 대해서도 〈시간적한정성〉과 사실〈확인〉이라는 관점에서 개략적인 소개를 하였다.

「본론」은 제I부 전형적인 의문문과 제II부 비전형적(주변적)인 의문문으로 구성되어 있다. 우선은 제1부 1장에서 다뤄지는 본서의 틀이 되는 논의이다. 여기에서는 문법적인 근거의 입각하여 「デハナイカ」문장을 중심으로 부정의문문이 크게 5가지로 분류된다는 것을 제안하였다.

제2장에서는 중립의문문의 하위 타입과 술어극성의 치환, 응답방법, 「ソウダ」의 대용 등 중립의문문의 문법적인 특징에 대하여 검토하였다. 제3장에서는 분석적의문문을 검토하였다. 일본어와 한국어의 자료를 바탕으로 하여 보다 문법화가 진행된 비분석적의문문과 비교하면서 각각 타입들의 문법적인 특징과 문법화가 진행되는 부분으로 술어문, 부정문, 의문문이라는 특징에 주목하여 검토하였다.

제4장에서는 비분석적인 부정의문문에 관한 논의이다. 이 부분도 분석적인 부정의문문과의 비교를 통하여 〈대상적인 내용〉과 〈양태(modus)적 의미〉와의 유기적인 상호작용문장이 더욱 더 형식화 또는 문법화가 진행되어 가는 상태를 살펴보았다. 환언하면 〈대상적인 내용〉과 〈양태(modus)적 의미〉와의 유기적인 상호작용이라는 관점에서 한국어와 일본어의 실증적인 자료를 바탕으로 의문문이 다른 타입의 문장으로 이행되어가는 조건을 검토하였다.

제5장에서는 종래부터 논란이 되었던 일본어의 「デハナイカ」문장과 「ノデハナイカ」문장과의 이동(異同)에 관하여 논의하였다. 형태적, 구문적, 의미적인 관점에서 두 형식의 공통점과 차이점을 살펴보고 두 형식이 다 문법형식이 될 수 있는지에 대해서도 검토하였다.

제II부는 비전형적(주변적)인 의문문에 관한 논의이다. 제1장과 2장은 반어문에 관한 고찰이다. 반어문은 의문문의 형식을 취하는 경우가 많다. 하지만 실제 정보 기능론적인 관점에서 보면 화자의 정보를 청자에게 제공하는 평서문과 유사한 기능을 한다.

제1장에서는 일본어의 반어문의 종류와 범위에 대하여 살펴보았다. 먼저 반어문의 종류와 수사적인 효과를 극대화하기 위해 사용되는 문법

적인 수단(시제분화, 인칭제한, 가능문과 조건문등)에 관하여 소개하고 논의하였다. 그리고 반어문의 수사법에 동원되는 문법적인 특징에 관하여 〈화자의 주체성〉이라는 관점에서 고찰하였다. 제2장에서는 대부분의 반어문이 무제문(無題文)이라는 사실에 주목하여 정보구조의 변환(전체초점화)이라는 관점에서 보다 심도 있는 고찰을 시도하였다.

제3장과 4장에서는 선행발화의 일부분이나 전체를 반복하여 확인하는 일본어 메아리 질문문을 대상으로 하여 논의하였다. 먼저 제3장에서는 메아리 질문문에 대하여 기존의 틀(표현레벨과 명제내용레벨)을 받아들여 이 타입의 성립과 전반적인 특징에 관하여 검토하였다.

제4장에서는 메아리 질문문을 간접과 직접메아리 질문문이라는 필자의 분류를 주장하고 그 분류에 입각하여 화자의 주체적인 태도가 가장 현저하게 나타나는 〈재구성의 메아리 질문문〉의 특징에 대하여 고찰하였다.

2. 앞으로의 과제

본 서에서는 부정의문문과 무드적 측면을 〈대상적인 내용〉과 〈양태(modus)적 의미〉와의 상호작용, 상호침투라는 관점에서 유기적인 연관성을 주목하면서 고찰하였다. 본서에서 아직 다루지 못한 문제는 다음과 같은 점들을 생각할 수 있다.

우선 첫 번째로는 동사, 형용사, 명사술어문 등 모든 술어문을 대상으로 부정의문문의 각 용법별의 자세한 검토와 각 용법간의 연속성에 대한 상세한 고찰이 필요하다.

두 번째로는 부정의문문에서 발생하는 무드적인 용법의 상호 유기적인 연관성을 살펴볼 필요가 있다. 기본적으로 화자가 체험하는 현실세계와 화자의 예상과의 괴리에서 부정의문문의 성립요인을 찾는다면 감탄 등 〈의외성〉이라는 무드적인 용법과의 연속성은 상당히 설득력을 가지게 될 것이다. 이러한 점에 대한 심도 있는 고찰도 필요할 것이다.

세 번째로는 긍정의문문과의 상관관계도 형태론적인 패러다임의 문제를 비롯하여 보다 철저하게 망라하고 체계적으로 규명할 필요가 있다. 부정의문문에 비해 긍정의문문은 상대적으로 무드적인 용법이 결여되어 있는데 이러한 문제는 의문문의 성립과정이나 문법화의 과정부터 세밀한 검토가 이루어져야 할 것이다.

네 번째로는 공시적인 관점에서 일본어나 한국어의 여러 방언들을 살펴볼 필요가 있다. 각 방언에는 문법화의 정도와 단계에 따라서 여러 가지 이형태가 존재할 가능성이 높다. 이러한 형식을 검토하고 규명하고자 할 때 의문문의 본질적인 측면을 시사할 수 있다.

다섯 번째로는 통시적인 관점에서 역사적인 변천과정도 살펴볼 필요가 있다. 언어학이 역사과학이라는 사실을 받아들인다면 의문문도 예외가 될 수 없다. 의문문의 동태(動態)적인 과정이 규명된다면 의문문에 대한 심도 있는 이해도 기대해 볼 수 있을 것이다.

참고문헌

참고문헌

【일본어문헌】

青木博史(2010)『語形成から見た日本語文法史』ひつじ書房

安達太郎(1989)「日本語の問い返し疑問について」『日本語学』8-8 明治書院

________(1991)「いわゆる“確認要求の疑問表現”について」『日本学報』10 大阪大学文学部 日本学研究室

________(1992)「「傾き」を持つ疑問文」『日本語教育』77

________(1999)『日本語疑問文における判断の諸相』くろしお出版

________(2002)「疑問文とモダリティの関係」『日本語学』21-2, 明治書院

天野みどり(1998)「「前提.焦点」構造からみた「は」と「が」の機能」『日本語科学』3, pp.67-84.

荒正子(1989)「形容詞の意味的なタイプ」『ことばの科学3』むぎ書房

安野香子(2003)「<反語>のモノカ文の表現機能：動詞句を中心に」『静岡大学留学生センター紀要』2, pp.13-24.

井島正博(2011)『中古語過去·完了表現の研究』ひつじ書房

市川浩(1985)「直接的認識と間接的認識」『新岩波講座哲学2 経験言語認識』岩波

書店
井上優(1990)「「ダロウネ」否定疑問文について」『日本語学』9-12
______(1991)「受信情報の疑問文」『言語理論と日本語教育の相互活性化』津田日本語教育センター
______(1992)「否定疑問文に対する「有標の応答」」『日本語学』11-11
______(1993)「発話における「タイミング考慮」と「矛盾考慮」」『国立国語研究所報告105 研究報告集14』
______(1994)「いわゆる「非分析的な否定疑問文」をめぐって」『国立国語研究所報告106 研究報告集15』
井上優·黄麗華(1996)「日本語と中国語の真偽疑問文」『国語学』184
今井邦彦·中島平三(1987)『現代の英文法第5巻 文II』研究社出版
于日平(1984)「「うちけしのたずねる文」から「働きかける文」への移行について」『語学教育研究論叢』創刊号，大東文化大学語学教育研究所
内井惣七(1992)『推理と分析』日本放送出版協会
上野田鶴子(1972)「終助詞とその周辺」『日本語教育』17
_________(1982)「モダリティー(日本語·英語)」『講座日本語学11 外国語との対照II』明治書院
大江三郎(1975)『日英語の比較研究—主観性をめぐって—』南雲堂
岡崎明人(1993)「接触場面の訂正ストラテジー」『日本語教育』81, pp.19-30
太田朗(1980)『否定の意味』大修館書店
太田信夫(1988)『エピソード記憶論』誠信書房
大堀寿夫(2004)「文法化の広がりと問題点」『言語』4-44 大修館書店
________(2005)「日本語の文法化研究にあたって」『日本語の研究』1-3
奥田靖雄(1968)「を格の名詞と動詞とのくみあわせ(一)」『教育国語』12
________(1977/8)「アスペクトの研究をめぐって」『教育国語』53-54

________(1984)「おしはかり(1)」『日本語学』3-12

________(1985a)「おしはかり(2)」『日本語学』4-2

________(1985b)「文のこと·文のさまざま(1)」『教育国語』80

________(1985c)『ことばの研究·序説』むぎ書房

________(1986a)「まちのぞみ文(上)·文のさまざま(2)」『教育国語』85

________(1986b)「条件づけを表現するつきそい·あわせ文—その体系性をめぐって—」『教育国語』87

________(1986c)「現実·可能·必然(上)」『ことばの科学1』むぎ書房

________(1988a)「文の意味的なタイプ-その対象的な内容とモーダルな意味とのからみあい-」『教育国語』92

________(1988b)「時間の表現(1)」『教育国語』94

________(1988c)「時間の表現(2)」『教育国語』95

________(1990)「説明(その1)」『ことばの科学4』むぎ書房

________(1992)「説明(その2)」『ことばの科学5』むぎ書房

________(1993a)「説明(その3)」『ことばの科学６』むぎ書房

________(1993b)「動詞の終止形(その1)」『教育国語』2-9 むぎ書房

________(1996a)「文のことーその分類をめぐってー」『教育国語』2-22 むぎ書房

________(1996b)「現実·可能·必然(中)」『ことばの科学７』むぎ書房

________(1997)「動詞(その1)ーその一般的な特徴づけー」『教育国語』2-25. pp.2-11

________(1999)「現実·可能·必然(下)」『ことばの科学9』むぎ書房

________(2001)「説明(その4)」『ことばの科学10』むぎ書房

________(2002)「『小学生のための日本語』第1章への解説(草稿)」『教育国語』4-4

奥田靖雄著作集刊行委員会編(2015)『奥田靖雄著作集2言語学編(2, 3, 4)』むぎ書

房
神尾昭雄(1985)「談話における視点」『日本語学』4-12 明治書院
________(1989)「情報のなわ張り理論と日本語の特徴」『日本文法小辞典』大修館書店
________(1990)『情報のなわ張り理論』大修館書店
上村隆一(1987)「YES-NO疑問文に対する応答」『言語学の視界』大学書林
川端善明(1963)「喚体と述体—係助詞と助動詞とその層—」『女子大文学』大阪女子大學紀要(国文編)15号
________(1965)「喚体と述体の交渉」『国語学』63号
金水敏(1986a)「連体修飾成分の機能」『松村明教授古稀記念国語研究論集』明治書院
______(1986b)「名詞の指示」『築島裕博士還暦記念国語学論集』明治書院
______(1989)「『報告』についての覚書」仁田·益岡(編)『日本語のモダリティ』くろしお出版
______(1990)「述語の意味層と叙述の立場」『女子大文学(国文篇)』41
______(1991)「伝達の発話行為と日本語の文末形式」『神戸大学文学部紀要』18号
______(1992)「談話管理理論からみた「だろう」」『神戸大学文学部紀要』19号
金秀珍(2008)『反語文のレトリックに関する研究』韓國外國語大學校大學院 博士學位論文
______(2014)「反語文における時制に関する研究」『日本言語文化』27，韓国日本言語文化学会，pp.143-159
金田一春彦(1950)「国語動詞の一分類」『言語研究』15
__________(1953)「不変化助動詞の本質(上)(下)」『国語国文』22-23
喜屋武政勝(2009)「時間的なありか限定について」『ことばの科学12』むぎ書房
工藤浩(1982)「叙法副詞の意味と機能」『研究報告集3』国立国語研究所

______(1989)「現代日本語の文の叙法性序章」『東京外国語大学論集』39

______(2000)「副詞と文の陳述的なタイプ」森山卓郎·仁田義雄·工藤浩『日本語の文法3モダリティ』岩波書店

工藤真由美(1982)「シテイル形式の意味記述」『武蔵大学人文学会雑誌』13-4

__________(1989)「現代日本語のパーフェクトをめぐって」『ことばの科学3』むぎ書房

__________(1990)「現代日本語の受動文」『ことばの科学4』むぎ書房

__________(1991)「出来事の表現—テンス·アスペクト体系とその機能」『国語研究』9 横浜国大

__________(1995)『アスペクト·テンス体系とテクスト』ひつじ書房

__________(1996)「「~ノデハナイ」の意味と機能」『横浜国立大学人文紀要』43号

__________(1999)「青森県五所川原方言の動詞のアスペクトとテンス」『国語学研究』38

__________(2000)「否定の表現」仁田·益岡編『日本語の文法2』岩波書店

__________(2004)「ムードとテンス·アスペクトの相関性をめぐって」『阪大日本語研究』16, pp.172-192

__________(2006)「日本語のさまざまなアスペクト体系が提起するもの」『日本語の文法』6-2

__________(2007)「複数の日本語という観点から捉えるアスペクト」『月刊言語』36-9 大修館書店

__________(2012)「時間的限定性という観点が提起するもの」景山太郎編『属性叙述の世界』くろしお出版

__________(2014)『現代日本語ムード·テンス·アスペクト論』ひつじ書房

__________(2015)「「文のこと-文のさまざま(1)-(1985年を中心に)」を読む」『奥田靖雄著作集刊行記念 国際シンポジウム予稿集』国際シンポジウム実行委員会

工藤真由美編(2002)『方言における動詞の文法的カテゴリーの総合的研究 報告書 No.1』平成14年度科学研究費助成金(基礎研究(B)(1))

__________(2004)「研究成果の概要」『日本語のアスペクト·テンス·ムード体系』ひつじ書房, pp.34-76

工藤真由美·高江洲頼子·八亀裕美(2007)「首里方言のアスペクト·テンス·エヴィデンシャリティー」『大阪大学大学院文学研究科紀要』47

工藤真由美·仲間恵子·八亀裕美(2007)「与論方言動詞のアスペクト·テンス·エヴィデンシャリティー」『国語と国文学』84-3,pp.53-68

久野暲(1973)『日本文法研究』大修館書店

_____(1978)『談話の文法』大修館書店

_____(1983)『新日本文法研究』大修館書店

言語学研究会(編)(1983)『日本語文法·連語論(資料編)』むぎ書房

小金丸春美(1990)「ムードの『のだ』とスコープ『のだ』」『日本語学』4-3

国立国語研究所(1951)『現代語の助詞·助動詞』秀英出版

____________(1960)『話しことばの文型(1)』秀英出版

____________(1963)『話しことばの文型(2)』秀英出版

古座暁子(1987)「本来のたずねる文」『教育国語』91

_______(1989)「~か, のか—会話文における場合—」『教育国語』97

小矢野哲夫(1983)「副詞と呼応—誘導副詞と誘導形の一例—」渡辺実(編)『副用語の研究』明治書院

近藤泰弘(1989)「ムード」『講座日本語と日本語教育4』明治書院

阪倉篤義(1957)「反語について」『万葉』22号, pp.1-12.

佐藤里美(1992)「依頼文—してくれ, してください—」『ことばの科学5』むぎ書房

_______(1997)「名詞述語文の意味的なタイプ」『ことばの科学8』むぎ書房

_______(1998)『日本語文法の基礎-奥田靖雄著『にっぽんご宮城版』1984~93を

もとにｰ』(未公刊)
________(1999)「文の対象的な内容をめぐって」『ことばの科学9』むぎ書房
________(2001)「テクストにおける名詞述語文の機能」『ことばの科学10』むぎ書房
________(2009)「名詞述語文のテンポラリティー」『ことばの科学 12』むぎ書房
佐藤里美外2人(2005)「宮城県登米郡中田方言の述語のパラダイム」『日本語の研究』1-1
澤田治美(1975)「日英語主観的助動詞の構文論的考察」『言語研究』68号
________(1978)「日英語文副詞類(Sentence Adverbials)の対照言語学的な研究—Speech act理論の視点から—」『言語研究』74号
________(1993)『視点と主観性—日英語助動詞の分析—』ひつじ書房
柴谷方良(1978)『日本語の分析』大修館書店
________(1985)「主語プロトタイプ論」『日本語学』4-10
________(1989)「日本語の語用論」『講座日本語と日本語教育4』明治書院
島袋幸子(1987)「今帰仁方言における動詞のテンス·アスペクト」『琉球方言論叢』論叢刊行委員会
白川博之(1992)「終助詞「よ」の機能」『日本語教育』77
鈴木英一(1990)『現代の英語学シリーズ5統語論』開拓社
鈴木重幸(1972)『日本語文法·形態論』むぎ書房
________(1979)「現代日本語の動詞のテンス」『言語の研究』むぎ書房
砂川有里子(2000)「談話主題の階層性と表現形式」『文芸言語研究·言語編』38, pp.117 -137.
_________(2005)「文法と談話の接点を日本語の談話における主題展開機能の研究」くろしお出版, pp.1-72.
高橋太郎(1975)「文中にあらわれる所属関係の種々相」『国語学』103

________(1994)『動詞の研究』むぎ書房

________(2003)『動詞九章』ひつじ書房

高山善行(1986)「＜推定表現＞と＜質問表現＞の交渉」『待兼山論叢』20

田窪行則(1986)「語用論」『言語学の潮流』勁草書房

________(1987)「統語構造と文脈情報」『日本語学』6-5

________(1990a)「談話管理の理論」『月刊言語』19-4 大修館書店

________(1990b)「対話における知識管理について」『東アジアの諸言語と一般言語学』三省堂

________(1992)「談話管理の標識について」『文化言語学―その提言と建設―』三省堂

________(2010)『日本語の構造』くろしお出版

田中茂範(1990)『認知意味論―英語動詞の多義の構造―』三友社

田中俊子(1988)「いわゆる推量のラシイとヨウダ」『東北大学日本語教育研究論集』3

田野村忠温(1988)「否定疑問文小考」『国語学』152

__________(1990a)『現代日本語の文法Ｉ―「のだ」の意味と用法―』和泉書院

__________(1990b)「文における判断をめぐって」『アジアの諸言語と一般言語学』三省堂

__________(1991)「疑問文における肯定と否定」『国語学』164

鄭相哲(1996)「否定疑問文をめぐって」『日本学報』37. 韓国日本学会

______(1998)「日本語反語文の研究」『日本学報』41. 韓国日本学会

______(1999a)「日本語否定疑問文研究―中立疑問文を中心に―」『日語日文学研究』34. 韓国日語日文学会

______(1999b)「問い返し疑問文の統語制約について」『日本学報』43. 韓国日本学会

______(2002)「日本語認識モダリティの談話文法論的な研究」『日語日文学研究』43. 韓国日語日文学会
______(2004a)「〈再構成〉の問い返し疑問文について」『日語日文学研究』48, 韓国日語日文学会
______(2004b)『日本語認識モダリティの機能的研究』J&C
______(2012a)「韓国語の時間的限定性について」『奥田靖雄没後10周年シンポジウム要旨集』言語学研究会
______(2012b)「韓国語時相法研究のための幾つかの提言」『国語学』63, 国語学会(韓国)
______(2014)「非分析的な否定疑問文をめぐって」『東亜歴史文化研究』4.東亜歴史文化学会
______(2015)「「文の意味的なタイプ」を読む」『奥田靖雄著作集刊行記念 国際シンポジウム予稿集』国際シンポジウム実行委員会
______(2017)「反語文の情報構造について」『日本語文学』76. 日本語文学会
崔ビョル(2014)『現代日本語のWH疑問文のムード化に関する一考察』韓國外國語大學校大學院 碩士學位論文
陳常好(1987)「終助詞—話し手と聞き手の認識のギャップをうめるための文接辞—」『日本語学』6-10
角田太作(1991)『世界の言語と日本語』くろしお出版
寺村秀夫(1971)「'タ'の意味と機能」岩倉具実教授退職記念論文集出版語後援会編『言語学と日本語問題』くろしお出版
________(1979)「ムードの形式と否定」『英語と日本語と』くろしお出版
________(1982a)「テンス·アスペクトのコト的側面とムード的側面」『日本語学』1-12 明治書院
________(1982b)『日本語のシンタクスと意味 I 』くろしお出版

________(1984)『日本語のシンタクスと意味Ⅱ』くろしお出版

________(1990)『日本語のシンタクスと意味Ⅲ』くろしお出版

時枝誠記(1950)『日本文法口語篇』岩波書店

中右実(1979)「モダリティと命題」『英語と日本語と』くろしお出版

______(1980)「文副詞の比較」『日英語比較講座第2巻文法』大修館書店

______(1984)「質疑応答の発想と原理」『日本語学』3-4 明治書院

______(1984-6)「意味論の原理(1-24)」『英語青年』

______(1989)「ハリデイの機能文法を考える」『言語』17-10 大修館書店

中田一志(2017)「談話における否定疑問文の二つの機能」『日本語·日本文化』44，pp1-29

中畠孝幸(1990)「不確かな判断」『日本語学文学』1三重大学

________(1991)「不確かな様相」『日本語学文学』2三重大学

仁田義雄(1979)「文の表現類型」『英語と日本語と』くろしお出版

________(1980)『語彙論的統語論』明治書院

________(1981)「可能性·蓋然性を表す疑似ムード」『国語と国文学』58-5

________(1985)「文の骨組」『応用言語学講座Ⅰ』明治書院

________(1986)「現象描写文をめぐって」『日本語学』5-2明治書院

________(1987)「日本語疑問表現の諸相」『言語学の視界』大学書林

________(1989a)「述べ立てのモダリティと人称」『阪大日本語研究』1号

________(1989b)「現代日本語のモダリティの体系と構造」『日本語のモダリティ』くろしお出版

________(1989c)「行こうか戻ろうか」『日本語学』8-8 明治書院

________(1991)『日本語のモダリティと人称』ひつじ書房

________(1992)「判断から発話·伝達へ」『日本語教育』77

日本語記述文法研究会編(2007)「現代日本語文法3『アスペクト·テンス·肯否』くろ

しお出版, pp.1-192.

丹羽哲也(1988)「有題文と無題文, 現象(描写)文, 助詞「ガ」の問題(上)(下)」『国語国文』57-6·7

________ (2006)「日本語の題目文」和泉書院、pp.1-215

野田尚史(1989)「真性モダリティをもたない文」仁田·益岡(編)『日本語のモダリティ』くろしお出版

________(1996)『新日本語文法選書1はとが』くろしお出版

野田春美(1997)『日本語研究叢書9「の(だ)」の機能』くろしお出版

芳賀綏(1954)「"陳述"とは何もの？」『国語国文』23-4

______(1962)『日本文法教室』東京堂出版

橋本進吉(1948)『国語法研究』岩波書店

蓮沼昭子(1990)「対話における確認行為」軽井沢夏合宿レジュメ

________(1991a)「ヨウダ·ラシイとダロウ」『日本語教育論集』学研

________(1991b)「対話における「だから」の機能」『外国語学部紀要』4号 姫路獨協大学外国語学部

________(1992)「終助詞の複合形「よね」の用法と機能」『対照研究—発話のマーカーについて—』2号

________(1993)「日本語の談話マーカーダロウとジャナイカの機能—共通認識喚起の用法を中心に—」第1回小出記念日本語教育研究会論文集

林四郎(1960)『基本文型の研究』明治図書

林大編(1984)『講座現代の言語2言語と思考の発達』三省堂

早津恵美子(1988)「『らしい』と『ようだ』」『日本語学』7-4 明治書院

前田直子(1991)「"論理文"の体系性」『日本学報』10号 大阪大学文学部日本学研究室

牧原　功(1992)「ムードの形式と疑問化」軽井沢夏合宿レジュメ

益岡隆志·田窪行則(1989)『基礎日本語文法』くろしお出版
益岡隆志(1986)「モダリティの構造と意味」『日本語学』6-7
________(1987)『命題の文法―日本語文法序説―』くろしお出版
________(1989)「モダリティの構造と疑問·否定のスコープ」『日本語のモダリティ』くろしお出版
________(1990)「モダリティ」『講座日本語と日本語教育12』明治書院
________(1991)『モダリティの文法』くろしお出版
松尾文子(2004)「否定疑問文の解釈とその周辺」『梅光学院大学·女子短期大学文学部論集』37
松沢哲郎(1991)『チンパンジーから見た世界』東京大学出版会
松下大三郎(1928)『改撰標準日本文法』中文館書店(1978, 勉誠社, 復刊)
__________(1930)『標準日本口語法』中文館書店(1977, 勉誠社, 復刊)
マテジウス, V.(飯島周訳)(1981)『機能言語学』桐島書店
三尾砂(1942)『話言葉の文法―言葉遣篇―』帝国教育会出版部
三上章(1953)『現代語法序説』刀江書店(1972, くろしお出版, 復刊)
______(1955)『現代語法新説』刀江書店(1972, くろしお出版, 復刊)
______(1960)『象は鼻が長い』くろしお出版
______(1970)『文法小論集』くろしお出版
水谷信子(1985)『日英比較話しことばの比較』くろしお出版
南不二男(1974)『現代日本語の構造』大修館書店
________(1985)「質問文の構造」『朝倉日本語新講座文法と意味II』朝倉書店
________(1993)『現代日本語文法の輪郭』大修館書店
宮崎和人(1989)「疑問表現におけるモダリティの階層構造」『新居浜工業高等専門学校紀要(人文科学編)』25号
________(1990a)「判断文における言表態度修飾成分とモダリティの呼応」『新居

浜工業高等専門学校紀要(人文科学編)』26号

________(1990b)「現代日本語文の＜判断のモダリティ＞の体系と構造について」『岡大国文論稿』18

________(1991)「判断のモダリティをめぐって」『新居浜工業高等専門学校紀要(人文科学編)』27号

________(1992)「現代日本語の判定文について」『広島修大論集(人文編)』32-2

________(1993)「「~ダロウ」の談話機能について」『国語学』175

________(1998)「否定疑問文の述語形態と機能」『国語学』194

________(2001)「認識的モダリティとしての〈疑い〉」『国語学』206

________(2002)「終助辞「ネ」と「ナ」」『阪大日本語研究』14

________(2005)『現代日本語の疑問表現-疑いと確認要求-』ひつじ書房

宮崎和人外3人(2002)『新日本語文法選書4 モダリティ』くろしお出版

宮崎典男(1987)「よみ方指導のなかでのたずねる文」『教育国語』91

宮地裕(1951)「疑問表現をめぐって」『国語国文』25-9

______(1954)「いわゆる「文の性質上の種類」の原理とその発展」『国語国文』23-11

______(1958)「文と表現文」『国語国文』27-5

______(1959)「文末助辞と質問の昇調」『国立国語研究所論集1』秀英出版

______(1979)『新版文論』明治書院

宮島達夫(1972)『動詞の意味·用法の記述的研究』秀英出版

________(1983)「状態副詞と陳述」渡辺実(編)『副用語の研究』明治書院

村木新次郎(1991)『日本語動詞の諸相』ひつじ書房

村田勇三郎(1989)「機能英文法のすすめ」『言語』17-10 大修館書店

毛利可信(1989)「迫りくる機能主義の波」『言語』17-10 大修館書店

森田良行(1980)『基礎日本語2』角川書店

________(1988)『日本語の類義表現』創拓社

森山卓郎(1988)『日本語動詞述語文の研究』明治書院

________(1989)「認識のムードとその周辺」仁田·益岡(編)『日本語のモダリティ』くろしお出版

________(1990)「意志のモダリティについて」『阪大日本語研究』2

________(1992)「日本語における「推量」をめぐって」『言語研究』101

八亀裕美·佐藤里美·工藤真由美(2005)「宮城県登米郡中田町方言の述語のパラダイム」『日本語の研究』1-1

八亀裕美(2002)「＜短信＞非動的述語の継続相相当形式-青森五所川原方言の場合-」『国語学』208武蔵野書院

________(2008)『日本語形容詞の記述的研究』明治書院

ヤコブセン,ウェスリー·M(1989)「他動性とプロトタイプ論」久野·柴谷(編)『日本語学の新展開』くろしお出版

山口尭二(1983)「疑問表現の原理」『国語国文』52-3

________(1984)「疑問表現の情意」『研究集録』大阪大学教養部(人文·社会科学)32号

________(1985)「不定方式の不確定成分」『国語国文』54-1

________(1989)「疑問表現の推量語」『国語と国文学』66-7

________(1990)『日本語疑問表現通史』明治書院

山田小枝(1990)『モダリティ』同学社

山田孝雄(1936)『日本文法學概論』宝文館出版

山梨正明(1986)『発話行為』大修館書店

吉川武時(1976)「現代日本語のアスペクトの研究」金田一春彦(編)『日本語動詞のアスペクト』むぎ書房

劉雅静(2008)「「デハナイカ」の用法間の連続性について」『言語学論叢』37, 筑波

大学
柳炅希(2008)『日本語の否定疑問文に関する研究』韓國外國語大學校大學院 博士學位論文
渡辺実(1953)「叙述と陳述」『国語学』13·14号
________(1958)「辞の連続」『国語学』33
________(1968)「終助詞の文法論的位置」『国語学』72
________(1971)『国語構文論』塙書房

【영어문헌】

Aikhenvald, A. (2016) "Sentence Types," Nuyts, J. and van der Auwera, J.(eds.) Modality and Mood, Oxford University Press.
Akatsuka,N. (1985) "Conditionals and Epistemic Scale," Language,61.
______(1990) "On the Meaning of daroo,"in Kamada, O. and Jacobsen, W.(eds.) On J apanese and How to Teach It, The Japan Times.
Aoki, H. (1986) "Evidentials in Japanese." in Chafe,W. and Nichols,J.(eds.) Evidentiality: The linguistic Coding of Epistemology, Ablex Publishing.
Austin,J.L. (1962) How To Do Things with Words, Cambridge MA : Harvard University Press. ((1978)『言語と行為』坂本百大訳, 大修館書店)
Bhat, D.N.S. (1999) The Prominence of Tense, Aspect and Mood. Amsterdam : John Benjamins. pp.93, pp.103-183
Bybee, J.L., Perkins, R. and Pagliuca, W.(1994) The Evolution of Grammar Chicago : University of Chicago.
Bolinger,D. (1977) Meaning and Form, London:Longman.
Comrie, B. (1976) Aspect. Cambridge: Cambridge University.

Dahl, ö. (1985) Tense and Aspect Systems. Oxford: Basil Blackwell.

Delancey, S.(2001) The mirative and evidentiality. Journal of Pragmatics33, pp.369-382

Dixon, R. M. W. (2012) Basic Linguistic Theory, vol.3 : Further Grammatical Topics. Oxford University Press.

Givón, T. (2001) Syntax, vol Ⅰ. Amsterdam: John Benjamins.

Gundel, Jeanette and Thorstein Fretheim(2004) Topic and Focus. In L. R. Horn and G. Ward(eds.) The Handbook of Pragmatics, 175-196. Blackwell.

Heine. B (2003) Grammaticalization. The Handbook of Historical Linguistics. Blackwell

Hopper,Paul.J.,and Sandra A.Thomson.(1980)"Transitivity in grammar and discourse," Language, 56.

Hopper, Paul. J., and Traugott, E. C. Traugott (2003) Grammaticalization. Cambridge : Cambridge University.

Huddleston, Rodney. D. and Geoffrey, Pullum. K. (2002) Cambridge Grammar English Language. Cambridge University.

Inoue, K. (1982) "AN INTERFACE OF SYNTAX, SEMANTICS, AND DISCOURSE STRUCTURES," Lingua, 57. North-Holland Publishing Company.

______(1990) "Three Types of Elliptical Sentences in Japanese," in Kamada, O. and Jacobsen, W. (eds.) On Japanese and How to Teach It, The Japan Times.

Jacobsen, W. M. (1992) The Transitive Structure of Events in Japanese, Kurosio Publishers.

Jespersen, O. (1924) The philosophy of grammars, London: George Allen and Unwin.

______(1933) Essentials of English Grammar, George Allen & Unwin Ltd, London

Kamio,A. (1979) "On the notion Speaker's territory of information," in Bedell,G., Kobayashi,E.and Muraki,M. (eds.) Explorations in Linguistics: Papers in Honor of Kazuko Inoue,Tokyo: KENKYUSHA.

Kuno, S. (1987) Functional Syntax, The University Chicago Press.

Kuroda,S.Y. (1992) Japanese Syntax and Semantics, Kluwer Academic Publishers.

______(2005) Focusing on the matter of Topic : A Study of Wa and Ga in Japanese. Journal of East Asian Linguistics, 14.1, pp.1-58.

Lakoff, George. (1987) Women,Fire,Dangerous Things, The University Chicago Press.((1993)『認知意味論』池上嘉彦·川上誓作他訳紀伊國屋書店)

Levinson, S. C. (1983) Pragmatics, London: Cambridge

Lyons,J. (1970) New Horizons in Linguistits. (『現代の言語学』田中春美監訳, 大修館書店)

______(1977) Semantics II, London: Cambridge University

M.A.K.Halliday and R. Hasan. (1976) Cohesion in English, London:Longman.

M.A.K.Halliday. (1985) An introduction to Functional Grammar, Edward Arnold.

Martin Haspelmath , Matthew S. Dryer, Davd Gil, Bernard Comrie (eds.) (2005) The World Atlas of Language Structures. Oxford University Press.

Muraki, M. and Koizumi, M. (1989)“Territorial relations and Japanese final particle ‘ne’,” in Inoue.K. (ed.) Report Territicaland Empirical Studies of the Properties of Japanese in term of Linguistic Universals Monbusho-Grant for Specially Promoted Research (1) No.60060001.

Nakau, M. (1976) “Tense, Aspect, and Modality,” in Sibatani,M. (eds.) Syntax and Semantics Vol.5 : Japanese Generative Grammar, Academic Press.

Palmer, F. (1979) Modality and English Modals, London: Longman.

______(1986) Mood and Modality, London: Cambridge University Press.

______(1990) Modality and Modals, London: Longman.

______(2001) Mood and Modality. Cambridge : Cambridge University.

Shopen, T. (ed) (1985) Language Typology and Syntactic Description.Ⅲ. Cambride UP. pp.202-258

Slobin, D. and A. Aksu. (1982) Tense, aspect and modality in the use of the Turkish evidential. in P. Hopper(ed. 1982.) Tense and Aspect, TSL #1, Amsterdam: J. Benjamins Posner,M.I. (1989) Foundations of cognitive science, The MIT Press.

Shiffrin,D. (1987) Discourse markers, Cambridge University Press.

Sibatani,M. (1985) “Passives and related constructions”, Language, 61.

______(1990) The languages of Japan, Cambridge University Press.

Traugott, E. C. and B. Heine.(1991) Approaches to Grammaticalization II. John Benjamins.

【한국어문헌】

구종남(1992)「국어 융합형 부가의문문의 구조와 의미」『언어』17-2, pp.285-312

고영근(1965)「현대국어의 서법체계에 관한 연구」『国語研究』15

김동식(1980)「현대국어의 부정법의 연구」『국어연구』42, pp.1-102

______(1981)「부정아닌 부정」『言語』6-2 韓国言語学会

김종현(1998)「한국어의 메아리질문」서울대학교 언어학과 박사학위논문

______(1999)「한국어의 메아리질문」『담화와 인지』6-1 담화인지 언어학회

남풍현(1986)「국어 부정법의 발달」『文法研究』3 文法研究会

노은주(1999)「Echo Questions: A variety of matarepres-entations」『담화·인지언어학회논문 발표집』

박진호(2015)「보조사의 역사적 연구」『국어학』73, pp.375-435.

배주채(2002)「'잖' 구문에 대하여」『정신문화연구』25-4, pp.217-240

이성하(1998)『문법화의 이해』한국문화사

임동훈(2012)「'은/는'과 종횡의 의미 관계」『국어학』45, pp.119-144.

______(2015)「보조사의 의미론」『국어학』73, pp.335-373.

성기철(1986)「경험과 추정」『文法研究』4 文法研究会

안명철(1983)「현대국어의 양상연구」『国語研究』56

장경희(1982)「국어 의문법의 긍정과 부정」『国語学』11

장경희(1985)『현대국어의 양상범주 연구』塔出版社

장경기(1986)「국어의 부정의문문과 전제」『語学研究』22-1, pp.1-149

장석진(1973)「A Generative Study of Discourse」『語学研究』9-2, pp.19-40

전영철(2006)「대조화제와 대조초점의 표지 '는'」『한글』274, pp.171-200.

______(2009)「'이/가'주제설에대하여」『담화와인지』16(3), pp.217-238.

______(2013)「한국어 제언문/정언문 구별과 정보구조」『국어학』68, pp.99-

133.
최창렬(1978)「우언적 의문의 의미구조」『言語』3-1 韓国言語学会
한길(2005)『현대 우리말의 반어법 연구』 역락, pp.145-269.
채완(1977)「현대국어 특수조사 연구」『국어연구회』39, pp.1-56.

〈용례출전〉

1. 일본어자료

◆ 소설

赤川次郎『哀しい殺し屋の歌』実業之日本社文庫 →(哀しい)

『死が二人を分つまで』講談社文庫 →(死)

『死神のお気に入り』講談社文庫 →(死神)

『やり過ごした殺人』光文社文庫 →(やり過ごし)

『半分の過去』新潮文庫 →(半分)

『いつもの寄り道』新潮文庫 →(いつも)

『僕らの課外授業』角川文庫 →(課外授業)

『復讐はワイングラスに浮ぶ』新潮文庫 →(復讐)

『勝手にしゃべる女』新潮文庫 →(勝手)

『七番目の花嫁』角川文庫 →(七番目)

『卒業』角川文庫 →(卒業)

『十字路』角川文庫 →(十字路)

『昼下がりの恋人達』角川文庫 →(昼)

『セーラー服と機関銃』角川文庫 →(セーラー服)

『さびしがり屋の死体』角川文庫 →(さびしがり屋)

『結婚案内ミステリー風』角川文庫 →(結婚)

『三姉妹探偵団4』講談社文庫 →(三姉妹)

『青春共和国』角川文庫 →(青春)

『吸血気よ故郷を見よ』集英社文庫 →(吸血気)

『ハムレット(上·下)』集英社文庫→(ハムレット)

『泥棒』角川文庫 →(泥棒)

浅田次郎『地下鉄に乗って』講談社文庫 →(地下鉄)

『天国までの百マイル』朝日文庫 →(天国)

井上　靖『春の嵐·通夜の客』角川文庫 →(春の)

池波正太郎『男のリズム』角川文庫 →(男)

『梅安針供養』講談社 →(梅安)

石坂洋次郎『寒い朝』角川文庫 →(寒い朝)

市川哲也『名探偵の証明』創元推理文庫 →(名探偵)

五木寛之『白夜の季節の思想と行動』角川文庫 →(白夜)

糸井重里『話せばわかるか』角川文庫 →(話せば)

岩木章太郎『捜査一課が敗けた』立風書房 →(捜査一課)

内舘牧子『クリスマス·イヴ』角川文庫 →(クリスマス)

『ひらり1, 2, 3, 4』講談社 →(ひらり)

遠藤周作『海と毒薬』講談社 →(海)

『ぐうたら会話集第2集』角川文庫 →(ぐうたら)

片岡義男『ふたり景色』角川文庫 →(ふたり)

川端康成『雪国』新潮文庫 →(雪国)

『山の音』新潮文庫 →(山の音)

『眠れる美女』新潮文庫 →(眠れる)

北方謙三『黒いドレスの女』角川文庫 →(黒い)

北川悦吏子『最後の恋』角川文庫 →(最後)

『ロングバケーション』角川文庫 →(ロング)

北 杜夫『悪魔のくる家』新潮文庫 →(悪魔)

金 泰吉『チャンムン』汎友文庫 →(チャンムン)

キムスンオク『無尽紀行』汎友文庫 →(無尽)

邦光史郎『夜の回路』春陽文庫 →(夜の)

光瀬龍『明日への追跡』角川文庫 →(明日)

小松佐京『シナリオ復活の日』角川文庫 →(シナリオ)
斎藤栄『宝塚市殺人事件』中央文庫 →(宝塚市)
笹沢左保『愛人物語』文春文庫 →(愛人)
佐野　羊『二人で殺人を』角川文庫 →(二人で)
『遠い声』徳間文庫 →(遠い声)
柴門ふみ『ＴＶ版シナリオ集東京ラブストーリー』小学館→(東京)
篠田節子『女たちのジハード』集英社文庫 →(女たち)
島田一男『同心部屋御用帳』春陽文庫 →(同心部屋)
曽野綾子『春の飛行』文春文庫 →(春)
高木彬光『女か虎か』角川文庫 →(女か虎か)
『失踪』角川文庫 →(失踪)
貴志祐介『鍵のかかった部屋』角川文庫 →(鍵)
多岐川恭『氷柱』講談社 →(氷柱)
武者小路実篤『友情』新潮文庫 →(友情)
『幸福者』新潮文庫 →(幸福者)
立原正秋『あだし野』新潮文庫 →(あだし)
田辺聖子『返事は明日』集英社 →(返事)
つかこうへい『シナリオ蒲田行進曲』角川文庫 →(シナリオ蒲田)
筒井康隆『心狸学･社怪学』講談社 →(心狸学)
富島健夫『二人が消えた夜』春陽文庫 →(二人)
西村京太郎『消えたドライバー』角川文庫 →(消えた)
『十津川警部の試練』光文社文庫 →(十津川)
『EF６3形機関車の証言』角川文庫 →(EF)
『謀殺の四国ルート』角川文庫 →(謀殺)
野島伸司『101回目のプロポーズ』角川文庫 →(101)

『愛という名のもとに』角川文庫 →(愛)

花登　筺『どてらい男』角川文庫 →(どてらい)

林芙美子『浮雲』新潮文庫 →(浮雲)

東野圭吾『疾風ロンド』角川文庫 →(疾風)

『夢幻花』PHP研究所 →(夢幻花)

『容疑者Xの献身』文芸春秋 →(容疑者)

『祈りの幕が下りる時』講談社 →(祈り)

平岩弓枝『日本のおんな』新潮文庫 →(日本のおんな)

深谷忠記『Nの悲劇』光文社文庫 →(Nの悲劇)

松本清張『鬼畜』双葉文庫 →(鬼畜)

『事故』文春文庫 →(事故)

『水の肌』新潮文庫 →(水の肌)

『点と線』新潮文庫 →(点と線)

三浦綾子『氷点(上·下)』角川文庫 →(氷点)

『積木の箱』朝日新聞社 →(積木)

宮島健夫『若葉の炎』春陽文庫 →(若葉)

『今夜の花』集英社 →(今夜)

宮部みゆき『人質カノン』文春文庫 →(人質)

森村誠一『棟居刑事の純白の証明』中公文庫 →(純白)

『異端者』角川文庫 →(異端者)

『花の骸』角川文庫 →(花の骸)

『不良社員群』角川文庫 →(不良)

森　揺子『ホテル·ストーリー』角川文庫 →(ホテル)

山口　瞳『考える人たち』文春文庫 →(考える)

三好　徹『風に消えた男』角川文庫 →(風)

結城昌治『炎の終り』角川文庫 →(炎)

『魚たちと眠れ』角川文庫 →(魚)

吉行淳之介『子供の領分』角川文庫 →(子供)

『夕暮まで』新潮文庫 →(夕暮)

渡辺淳一『病める岸』講談社 →(岸)

『かりそめ』新潮文庫 →(かりそめ)

和久峻三『裁判官の陰謀』角川文庫 →(裁判官)

◆ 시나리오·소설전집

① シナリオ作家協会編『'90年鑑代表シナリオ集』映人社

旭井　寧· 井筒和幸『宇宙の法則』→(ｳﾁｭｳ)

一色伸幸『病院へ行こう』→(ﾋﾞｮｳｲﾝ)

斎藤　博『さわこの恋』→(ｻﾜｺ)

佐藤繁子『白い手』→(ｼﾛｲﾃ)

じんのひろあき『櫻の園』→(ｻｸﾗ)

西岡琢也『マリアの胃袋』→(ﾏﾘｱ)

野沢　尚『さらば愛しのやくざ』→(ｻﾗﾊﾞ)

松岡錠司『バタアシ金魚』→(ﾊﾞﾀｱｼ)

丸内敏治『われに撃つ用意あり』→(ﾜﾚﾆ)

山田太一『少年時代』→(ｼｮｳﾈﾝ)

② 『芥川賞全集第十二巻』文藝春秋

尾辻克彦『父が消えた』→(ﾁﾁ)

重兼芳子『やまあいの煙』→(ﾔﾏｱｲ)

青野　聰『愚者の夜』→(ｸﾞｼｬ)

高橋三千綱『九月の空』→(クガツ)

高橋揆一郎『伸予』→(ノブヨ)

森　禮子『モッキングバードのいる町』→(モッキング)

吉行理恵『小さな貴婦人』→(チイサナ)

2. 한국어자료

◆ 소설

공지영(2014) 『무소의 뿔처럼 혼자서 가라』지식공감 → (무소)

______(2009) 『도가니』창비 → (도가니)

김승옥(2004) 『무진기행』문학동네 → (무진)

김인숙/박민숙(2012) 『신사의 품격1.2』아우름 → (신사)

김중혁(2008) 『악기들의 도서관』문학동네 → (악기)

김진명(2010) 『무궁화 꽃이 피었습니다.1.2』새움 → (무)

김 훈(2010) 『내 젊은 날의 숲』문학동네 → (숲)

노희경(2015) 『세상에서 가장 아름다운 이별』북로그 컴퍼니 → (이별)

박범신(2010) 『은교』문학동네 → (은교)

이문열(1998) 『우리들의 일그러진 영웅』다림 → (영웅)

______(2004) 『사람의 아들』민음사 → (사람)

______(2005) 『젊은 날의 초상』민음사 → (초상)

정기훈(2012) 『반창꼬』박이정 → (반창꼬)

◆ 시나리오

① **www.20woo.com**

② **www.kbs.co.kr/drama/sundaybest/script00090.html**

『동갑내기 과외하기』 → (동갑내기)

『초록 물고기』 → (초록)

『넘버 쓰리』 → (넘버쓰리)

『찜』 → (찜)

『키스할까요』 → (키스)

『내 머리속의 지우개』 → (지우개)

『벙어리』→ (벙어리)

『연애의 목적』→ (연애)

『AM』→ (AM)

『강아지』→ (강아지)

『연애시대』→ (연애시대)

『요조숙녀』→ (요조숙녀)

『킬러들의 수다』→ (킬러)

『타짜』→ (타짜)

『각설탕』→ (각설탕)

『동감』→ (동감)

『미술관 옆 동물원』→ (미술관)

『신부수업』→ (신부수업)

『첫사랑』→ (첫사랑)

『불새』→ (불새)

『겨울연가』→ (겨울연가)

『지우개』→ (지우개)

『미안하다 사랑한다』→ (미안)

『사랑따윈 필요 없어』→ (사랑)

『새드 무비』→ (새드)

『계약결혼』→ (계약)

『고독』→ (고독)

『그녀』→ (그녀)

『우편배달』→ (우편배달)

『한강대교』→ (한강)

『내시의 처』→ (내시)

『풀 하우스』→ (풀)

『아름다운 이별』→(이별)

『수영장에서 만난 그녀』→(수영장)

『달중씨의 신데렐라』→(신데렐라)

『마누라가 수상해』→(마누라)

③ 제6회 94한국방송작가상 수상작품집

『76인의 포로들』→(76)

『정팔도라는 노인』→(노인)

『열세 살의 하느님』→(하느님)

『사과 하나 별 둘』→(사과)

『육체미 소동』→(육체미)

『밤 비』→(밤비)

『왔습니다』→(왔습니다)

『김형욱 실종 미스터리』→(김형욱)

『언제나 영화처럼』→(언제나)

『종 자』→(종자)

『재야인사 장준하의 죽음』→(장준하)

『오박사네 사람들』→(오박사)

④ 제7회 95한국방송작가상 수상작품집

『신문화 백년』→(백년)

『서울의 달』→(서울)

『21세기 신한국의 선택』→(21)

『송성일의 최후의 시합』→(시합)

『축 복』→(축복)

『한 강』→ (한강)

『돌아온 영웅』→ (영웅)

『가위 바위 보』→ (가위)

『명 태』→ (명태)

『광복의 메아리』→ (광복)

『성교육 제1장』→ (성교육)

『갯벌은 살아있다』→ (갯벌)

일본어 부정의문문에 관한 연구

무드적 용법을 중심으로

초판 인쇄 2018년 3월 30일
초판 발행 2018년 4월 6일

지은이 정상철
발행인 김인철
총괄 · 기획 가정준 Director, University Knowledge Press
편집장 신선호 Executive Knowledge Contents Creator
도서편집 박현정 Contents Creator
전자책편집 이리나 e-Contents Creator
재무관리 문수진 Managing Creator
사전 · 출판 정준희 Contents Creator
마케팅 파트장 백승이 Chief Marketing Creator
마케팅 김민수 Marketing Creator
발행처 한국외국어대학교 지식출판원
02450 서울특별시 동대문구 이문로 107
전화 02)2173-2493~7
팩스 02)2173-3363
홈페이지 http://press.hufs.ac.kr
전자우편 press@hufs.ac.kr
출판등록 제6-6호(1969. 4. 30)
디자인 · 편집 (주)이환디앤비 02)2254-4301
인쇄 · 제본 네오프린텍 02)718-3111

ISBN 979-11-5901-273-0 93730 정가 22,000원

*잘못된 책은 교환하여 드립니다.

HUiNE은 한국외국어대학교 지식출판원의 어학도서, 사회과학도서, 지역학 도서 Sub Brand이다. 한국외대의 영문명인 HUFS, 현명한 국제전문가 양성(International +Intelligent)의 의미를 담고 있으며, 휴인(携引)의 뜻인 '이끌다, 끌고 나가다'라는 의미처럼 출판계를 이끄는 리더로서, 혁신의 이미지를 담고 있다.